新闻学与传播学"十四五"规划教材·案例型系列教材

新闻采写基础

黄晓军　田颂云 / 编著

中国传媒大学出版社
·北京·

献礼百年校庆 百年 “薪传”书系

Celebrating the Centennial Anniversary of Nanchang University

目 录

Chapter 1
第一章　认知采写

第一节 采访的定义

采，从字面上讲，是采撷、撷取、采集的意思，就是搜集、采录；访，就是寻访、访问、寻求、调查的意思。采访，就是搜集寻访，了解情况，从某种意义上讲，也是一种调查研究。采访是新闻工作者必须具备的一项基本功。关于新闻采访的定义，众说纷纭，主要的观点有以下几种。

梁一高等的调查研究说："新闻采访，是记者认识客观事物，寻找与挖掘新闻事实的调查研究活动。"

刘海贵等的搜集素材说："新闻采访是'新闻工作者为搜集新闻素材所进行的活动'。"

丁柏铨的信息搜集说："新闻采访是有关人员出于大众传播的目的，通过观察和访谈等手段，对可能受到广泛关注且鲜为人知的信息的搜集活动。"

界定采访的定义，我们还是要从认识和理解新闻的定义开始。关于新闻的定义，一般大家比较认同陆定一的提法："新闻是新近发生的事实的报道。"但随着认识水平的提高和观念的变革，此定义又有新的附加内容，如"新闻是新近发生和正在发生的事实的报道""新闻是新近发生的大众应知欲知而未知的事实的报道""新闻是最新变动的事实的传播"等，这些观点对新闻是事实的认识是趋同的、一致的，只是在时效的认识上及到底称报道还是传播上还存在差异。为此我们对新闻采访的界定也应强调获得事实，即新闻采访是新闻工作者为了了解和获得新闻事实而进行的情况搜集和调查探究活动。"了解和获得新闻事实"是新闻采访的直接目的和重要特征，也是把新闻采访和其他采访、其他调查区别开来的重要特征。在此定义中，有三个要素值得说明。首先，新闻采访是新闻工作者的职业活动，非新闻工作者进行的提问、调查等称不上新闻采访；其次，采访的目的是向大众传播，为特定的个人或组织需求而进行的调查求证不是新闻采访；最后，采访活动一般包括三项内容，即收集资料、认识事物、发掘报道素材。正是这三个要素使得新闻采访与其他采访与调查区别开来。

"采访"这个词，并非为新闻记者独用，我们在日常生活中也常常用到，如在一些场合，我们经常会听到"我采访采访你"，这里的采访其实就是提出问题，更多的是强调提问，一般不包含观察。新闻采访目的明确，是为了获取新闻事实，采访时记者除了以言语交流，还运用现场观察等手段。党政机关、群众团体、司法部门等把深入基层了解情况、总结经验、解决问题、获取证据等称为调查研究，虽然他们的调查研究也基于对事实的了解，也运用访问、座谈、观察等手段，但他们了解的事实不要求具有新闻性，不要求鲜活生动，不要求发表，他们的调查研究主要是为制定相关政策、推进某项工作提供依据和参考，与记者进行的调查有许多不同。新闻采访的目的是：为新闻报道服务，为满足大众的新闻需求服务。

采访是新闻报道活动中第一步工作——基础性工作。新闻采访的性质是以客观事实为对象，以新闻报道为目的的活动。新闻媒介应该至少包括通讯社、报纸、杂志、广播、电视、网络等新兴媒体这六种。其中报纸媒介产生最早，影响最大。新闻采访主要是以报纸为基础产生的，新闻采访和新闻写作的相关理论，都来源于报纸研究理论。我们学习采访和写作，更多的是学习报纸新闻采访、报纸新闻写作。通讯社原是为报纸、电台提供产品的，改革开放后，通讯社才开始自己创办刊播媒介，如新华通讯社相继创办了报纸、杂志，还成立了新华社音像中心。之后，电视成为强势媒体，除传统电视外，近年出现了楼宇电视、网络电视、手机电视，以及安装在飞机、轮船、地铁、轻轨、城铁、火车、长途汽车、公交车、出租车上的移动电视，移动互联网的发展使得手机等移动终端成为最有发展前景的媒体。报纸、广播、电视、网络、手机这几种新闻媒介（平台），有共性特征，也有个性特征，新闻采访所使用的工具不同，采访方法也不同。

采访活动并非传统媒体独有的行为，也存在于网站、自媒体等新媒体中。我们看到的自媒体大 V 对舆论事件当事人的独家采访、视频博主针对特定话题做的街头采访等和传统媒体做的新闻采访本质上是一样的，都是通过访问、观察等方式获取素材，用于报道。新媒体时代，只要有网络以及移动终端等设备，人们就能够随时随地进行信息的筛选和获取。新媒体采访工具得到了极大丰富，除了手机、话筒、录音笔等工具，还有计算机网络以及数字化采访、传输工具。

尽管新媒体时代的采访活动是遍在的也是便利的，但新闻采访权仍然是新闻单位及其网站特有的。根据我国现行的《互联网站从事登载新闻业务管理暂行规定》，非新闻单位的网站不具有新闻采访权。非新闻单位的网络媒体，如我国主要的门户网站新浪、网易、搜狐等，只能对省级以上新闻单位发布的新闻进行转载，而无权刊登网站自采新闻。门户网站、自媒体等在无法获取采访权的情况下，只能另辟蹊径，如充分利用编辑权在新闻的再加工环节彰显优势、发表独到的新闻评论等。

随着传播技术的普及与创新，越来越多的普通大众参与新闻生产和传播，他们来自各行各业，遵循自身的习惯和兴趣，发表意见并和他人共享信息，“用户新闻生产者”悄然出现。但专业记者的职业属性和用户的非专业属性使得二者在信息内容的选择与采集上有较大差异，也就是现在常说的 PGC（专业生产内容）和 UGC（用户生产内容）的差别。

相较于用户，专业记者对信息内容的选择多集中在正面事件以及大型的媒介事件上，如奥运会、阅兵仪式等，专业媒体由于自身特有某些媒介资源，较容易深入现场，其专业的采编队伍能够对这一事件做大量的深度报道、追踪报道以及全方位报道，专业的机器设备如摇臂、转播车等能够多机位、精细化、立体化地展现事件的全过程。相较之下，用户参与报道的新闻主要是突发性灾难性事件与调查性揭丑性事件，所借助的传播工具主要为各类移动终端，对采集到的素材往往不进行专业化处理，而是以原始、粗糙的面貌呈现。

用户在信息的采集上专业性不强，并且用户是零散随机分布的，他们报道的新闻多为“碰”上的，所以他们的报道手法较为粗糙，或以目击者身份记录下特定角度的事情真相，或以个性化的隐性采访获取事件信息。用户在对信息的报道上不专业，行文表现出随意性和浅层化，对事件的报道仅仅停留在“传达和告知”上，在高度和深度上往往不能和专业记者的新闻报道相提并论。同时，侵犯隐私、网络暴力、虚假新闻等问题也时常出现在用户的新闻采访和报道中。在可以预见的将来，用户无法取代专业记者，网络时代更需要专业记者作为权威信息的发布者、新闻伦理的捍卫者以及公众观点的引导者。

第二节　采访的基本方式

一、访问

新闻访问是采访的一种基本方式，是记者通过与被访者谈话，对客观事物进行调查研究的一种重要方式。记者同采访对象交谈，从中弄清事情的来龙去脉，进而收集构成新闻的事实材料。记者必须学会并善于访问，否则很难成为优秀的记者。

（一）访问的类型

按人数分，访问可以分为“一对一”的访问、“一对多”的访问和“多对一”的访问。

“一对一”的访问是最常见的访问方式，调查新闻、现场报道、人物报道等各类新闻报道中都要用到“一对一”的访问，这种访问在时间和空间上都具有灵活性。“一对多”的访问主要是以座谈会的形式完成访问，访问人与众多被访者在一个空间内针对特定话题进行交流，访问集中进行，信息获取的效率得以提高。“多对一”的访问最常见的形式是记者招待会，政府或社会组织以这种形式发布政策或信息，解释政府或组织的重大政策和事件。记者招待会上，通常会有一个答记者问的环节，众多记者通过与新闻发言人的充分沟通，增进对整个新闻事件的理解，更全面地掌握背景资料。

按是否公开分，访问可以分为明访和暗访。明访又叫显性采访，是以记者身份进行的公开采访。采访过程中，记者需公开自己的身份、采访的真实意图、采访的工具和设备等。从突发事件现场报道，到人物专访，我们日常生活中接触到的大多数新闻报道，其报道材料都是通过显性采访取得的。因为职业新闻活动本质上是一种公开的社会活动，在大部分情境下，记者没有必要隐瞒身份和意图，信息公开反而有助于赢得采访机会、保障采访效果。从这个意义上说，所谓“显性”，所谓“明访”，本就是采访的常规形式。

然而，由于行为的公开性，对象的依赖性和制约性，某些选题如果记者使用显性采访，很难获得采访机会，或者达不到理想的采访效果。于是，一些媒体从业者转而采取门槛更低、更易实现采访目的的“暗访”，即隐性采访，它是在采访对象不知情的情况下，记者通过偷拍、偷录等记录方式或者隐瞒记者身份，获取已发生或正在发生的新闻素材的采访形式。隐性采访方式比较隐蔽，可以收集到常规采访无法获得的信息，也最能还原事件的本真，具有真实性，新闻报道后往往产生轰动效应，具有震撼力。

（二）访问的基本步骤

访问的第一步是明确采访目的，我们首先要清楚这次访问需要了解什么事件、获取什么素材；然后就是联系采访对象，预约合适的采访时间和地点；随后要做好充分的访前准备，通过查阅资料了解采访对象和采访主题，拟定采访提纲；万事俱备后，访问到了见面的环节，在正式提问开始前，记者最好营造出融洽的访问氛围；在提问过程中，要注意延伸和收拢话题；提问结束后，记者再进行素材的梳理和整合，一个完整的访问就完成了。

二、现场观察

在采访过程中，现场观察也是获取信息的重要手段。在文字报道中，记者的观察所得会使报道内容更丰富和生动。所谓新闻采访的现场观察，是指记者的大脑及眼、耳、鼻、舌、身同时运动起来，以眼为主，从而使主观认识与客观实际一致的现场采访形式。卓有成效的采访应该是“协同作战”，也就是除了有提问外，还应有现场观察。

现场观察的重要性在于，视觉是人最灵敏的感觉器官，人从客观现实中接收的信息，85% 是由眼睛提供的。因此，在采访活动中，记者应当自觉强化视觉功能。记者通过观察，可以拿到第一手材料，而第一手材料对新闻报道非常重要。直接观察比较容易获得细节材料，这些细节往往是独家新闻的重要组成部分。比如，一个记者去采访奥巴马，如果只是电话采访或面对面提问，那么获取的信息就会相对有限；如果记者能与奥巴马共同生活半天或一天，现场观察他的生活习惯和工作安排，显然可以写出更具新闻价值的报道来。

三、体验

体验是获取新闻素材的一种重要方式。体验式采访是指记者直接投入到所要报道的新闻事件中去体验，获得新闻报道所需要的素材，进一步认识新闻事件。体验式采访的优点在于：能更深入地了解事件真相，能更方便地获得需要的材料，能写出更生动的报道。体验式采访与普通采访的一个重要区别在于，它首先已经知道了采访对象、采访地点，甚至采访的主题，是一种策划后的采访。我国新闻界前辈范长江在 20 世纪 30 年代采写的《中国西北角》《塞上行》，20 世纪 50 年代抗美援朝时魏巍的《谁是最可爱的人》，可称作此类报道的不朽名作。

新闻记者在进行体验式采访时应该注意几个事项。一是体验式采访具有很大的局限性。体验式采访要求记者以当事人的身份直接参与某项活动，记者具有采访者和当事人的双重身份，记者能力有限，许多事难以体验。二是进行体验式采访时，记者要遵守道德规范和法律规范，既要积极主动、千方百计做好新闻采访，又要途径正确、方法得当、行为规范。三是体验式采访要防止片面性。

四、阅读文献

采访中的“采”就是采集材料，无论是提问式采访、现场观察式采访，还是体验式采访，最终目的都是获取报道素材。除了用眼睛去观察，用嘴去询问获得新闻材料，也可以从丰富的文献中找寻所需的报道素材，这就是文献阅读式采访。

新闻记者在确定了新闻报道的主题后，可以将采访分为前后两个阶段，前一个阶段主要是收集与报道主题相关的材料，这是为了更好地认识报道的对象和事件。记者要广泛了解事件的各个侧面、各个阶段的信息，从而认识整个新闻事件判断新闻价值。在新闻主题确定之后，新闻采访就进入了第二个阶段，记者根据新闻主题和报道框架深入到事件中去，以现场观察、提问等方式发掘更为生动、新鲜、有说服力的素材。阅读文献是采访的前一个阶段常用的方法，记者主要对报道对象的相关文献资料进行收集、阅读、整理、分析，获得重要的新闻素材，这一阶段的工作是下一阶段采访工作得以开展的基本前提。

阅读文献首先能帮助记者解决新闻报道中的实际问题。例如，你报道一群科学家进入可可西里考察藏羚羊，那么不管你是不是要在报道中加入这些内容，你都需要了解有关可可西里和藏羚羊的知识。有时候，你可能会碰到热心的专家耐心地向你解释，介绍你需要知道的东西，但大多数时候，没有人能够提供给你有用的帮助，你需要自己去了解，而自己去了解就需要阅读文献。

阅读文献还可以帮助记者系统、全面和深入地了解一个话题。记者通过阅读文献的方式了解某一话题，这是其他任何方式都不能比拟的。这是因为记者在阅读文献时并不是只读一篇文章、一本书，只看一个网站，而是要综合比较多篇文章和多个网站中的内容。只有记者自己经历了文献阅读中的不确定性过程，才可能形成对问题的独特理解，才能更好地评估所听到的，所看到的，才能更准确地报道。

有时候，文献还可以为记者提供新闻报道素材，帮助记者发掘有深度的采访问题。大量有新闻价值的科学知识和发现都埋藏在科学论文中，有心的记者运用自己文献研究的能力和通俗易懂的文风，可以帮助科学工作者传播科学知识。对于人物类报道，阅读与采访对象相关的文献资料能使记者在后续提问中问出更有价值更切中要害的问题。

访问、现场观察与体验都需记者与外界互动，从而得到信息，需要记者走出去，在动态过程中完成采访；而阅读文献则需要记者坐下来，静心熟悉新闻主题与人物。记者从浩如烟海的文献中提取与报道对象相关的资料，细细研读，深入了解报道对象。所谓文献，包括以下几类资料。

（1）被采访单位制作的宣传稿、公关稿、会议材料、工作报告等。

（2）与被采访者所处行业相关的一些知识性的资料，包括行业背景、重大行业会议和活动、行业发展报告书及相关的专业书籍。

（3）某些相关的报道材料。

（4）目标新闻人物的背景资料以及自传、其他著作等。

在网络社会，充斥着各种信息，一些证据不足、站不住脚的说法常常比真实信息更有诱惑力，更容易让人相信，如制造恐慌、打击竞争对手的消息。网络是一个巨大的信息资源聚集平台，也是伪信息的滋生地。记者要做一个敏锐、能够进行批判性思考的读者。记者要做一个独立的信息分析员，否则，很容易被他人操纵。

第三节　采访的基本特征

一、专业性

新闻采访是一项专业性很强的工作，它要求记者训练有素，必须具备较高的专业素质，有较强的采访基本功，熟练掌握采访的方法和技巧，如善于把握谈话的方向，善于提出问题，能熟练使用采访工具等。新闻采访也是调查研究活动，又不同于其他调查研究活动。新闻采访是专为获取新闻事实、写作稿件、新闻传播而进行的工作。新闻采访是特殊的调研，调查、访问可以占有材料，研究是消化材料。新闻采访不同于一般的采访，除了要提问外，还要观察，还要借助相应的工具进行采访，如上网采访、录音采访、视频采访、电话采访、书信采访等。

二、及时性

迅速及时是保证新闻时效的前提，没有时间要求的新闻，就不能称为新闻，新闻价值也会大打折扣。绝大多数新闻，都要求新闻工作者快采、快写、快编、快发。这也决定了记者的职业特点，那就是反应迅速，雷厉风行，不容许有半点迟疑和懈怠。记者应该时刻保持良好的竞技状态，如箭在弦上，一触即发，第一时间到达新闻现场。新闻不一定是最新事实的报道，但一定是事实的最新报道。新闻采访又有时间的持续性特点，事物的本质特性有一个逐步显露的过程，因此，有时需要有间隔又有联系地开展采访活动。有些重大题材因时空跨度大，内容繁复，也需要持续采访报道，由此形成连续报道、系列报道。

三、广泛性

这是由大众传播面广量大的特点决定的，受众需求、口味不同，采访活动也因此涉及方方面面。采访内容涉及的范围大、领域广，采访对象形形色色。哪里有新闻就要到哪里去采访，谁手里有新闻资源就要找谁去挖掘。记者因此似乎无所不知、无孔不入。新闻采访的广泛性特点，也对记者素质提出了要求，即记者的知识面一定要宽，涉猎一定要广，努力做“杂家”。记者要能通过各种方法获得新闻事实，还要多掌握几种能力，熟练驾驭多种体裁。

四、突发性

有些采访项目和内容不可预知，带有突发性，如地震、火山爆发、火车相撞、飞机失事等自然灾害和交通事故发生后，记者要第一时间赶赴新闻事件发生地，迅速采访报道。

2019 年 7 月 3 日晚上，温州鹿城区山福镇茅垟自然村受暴雨侵袭，河水暴涨，15 名人员被困山中。浙江之声记者从消防通讯群里得知消息后，第一时间与在现场的消防救援人员取得了联系，对新闻线索的真实性进行了确认，当晚 11 点多，记者冒着大雨驱车赶往现场进行采访报道，第一时间将消息发布到浙江之声新闻中心群，并在凌晨 2 点多发出稿件《鹿城区山福镇茅垟村突发山洪，致使 15 人被洪水围困山涧，一场生死大营救立即展开》。

面对突发事件，记者一定要练好“快字诀”，快速反应，快速行动。

五、艰辛性

记者是个危险性很高的职业，采访也是一项很艰苦的工作。好多从业者说好新闻是跑出来的，一个“跑”字，道出了其中的甘苦、辛劳。有时记者为了完成新闻采访任务，还要受到人身安全方面的威胁。

记者周玉，摄像记者刘树文、荆诚历时半年的真诚体验与艰难记录，才换来中央电视台蹲点扶贫纪录片《扶贫周记》的成功播出。在大山深处采访，他们经历了肩扛手拿、马匹运送器材，经历了在猪圈羊圈上搭帐篷，经历了在连夜大雨中边行进边采访，一边拍一边摔……《扶贫周记》播出后，许多观众留言感谢节目组真实展现了贫困地区的生活，也让大家看到了令人信服的扶贫工作。这种真实展现，正是基于记者们在一线的体验与客观记录。

六、社交性

访问是在交谈中了解事件，获取素材，而交谈属于社会交往的一种形式。我们常说的营造融洽的采访氛围、拉近与采访对象的心理距离，本质上都是为了促进这种社会交往的顺利进行。在这种交往中，记者通过与采访对象有来有往的问答沟通，渐进地获取报道素材。如果记者要做合格的倾听者，重在态度与礼仪；如果记者要成为合格的对话者，则重在把握主题，熟悉沟通对象，只有做足了功课，有备而来，才能成为合格的对话者，采访对象才有对话的兴致，愿意与记者知无不言。记者要接触形形色色的被访者，因此对记者而言，善于打交道十分重要。记者要能打开被访者的话匣子，这考验的正是记者的沟通力与社交能力。

除此之外，新闻采访还有政策性、求实性等特点。

第四节　采访的基本任务

采访的基本任务是依据报道思想，迅速采集真实的、有新闻价值的、典型的新闻事实。新闻采访包含五个要素：拿到事实，拿到真实的事实，拿到有新闻价值的事实，拿到典型的事实，快速拿到事实。

一、拿到事实

只要是新闻采访，记者的基本任务就是想方设法拿到事实材料。正如著名记者艾丰所说：记者目不转睛地盯着事实，他发现事实、了解事实、选择事实、核实事实、参加（检验）事实、追踪事实，最后报道事实。记者采访的哪一种、哪一步可以离开事实呢？记者只有拿到了事实，拿到了确凿的新闻事实，才获得了报道的“准生证”。

记者一定要努力去采集原始信息。社会生活是丰富多彩且瞬息万变的，要给受众提供一个更真实的生活画面，记者就必须到第一线去采集事实，而不是在别人提供的公关稿件或者网络中抄袭事实。具体来说就是做到以下几点：拒绝预约采访和“三包”采访；认真核对被采访单位奉上的材料包括宣传稿、公关稿和新闻通稿等；不要过分依赖网络。

记者竭尽全力获取事实——衣带渐宽终不悔，为伊消得人憔悴。在一线采访的记者，常常要付出很大的辛苦。有些记者在采访中遇到重重障碍，受尽了刁难和冷遇，常常弄得心力交瘁，但是如果他们最终拿到了关键性事实，他们就成了胜利者。《南方周末》耗时半年多的独立调查报道《安元鼎：北京截访“黑监狱”调查》系列报道、记者亲自深入事件内部写出的《富士康“八连跳”自杀之谜》系列报道都是记者不畏艰难，竭尽全力才制作出来的。

在很多关键时刻，一个记者的顽强意志会帮他大忙，能帮助他克服绝望气馁的情绪，促使他不断尝试，不断努力，找到关键的采访对象，创造采访奇迹。正是有千千万万的记者在一线采访奔波，他们风餐露宿，日夜兼程，忍受着艰苦和劳累，随时出现在事发现场，将原本发生在千里之外、交错复杂的事件的真相及时呈现在受众面前，将公众的感官延伸，使他们看到原来看不到的现场，听到原本听不到的声音，新闻事业才显示出它在现代社会中保障各方面信息通达的桥梁作用，新闻工作才尽到了社会瞭望者的崇高职责。

二、拿到真实的事实

在新闻这个领域，“真相”的价值是极大的，记者拿到的事实在多大程度上可以经受住真实性的检验，是每个记者在采访中时刻要考虑的问题。

真实性，主要是指新闻报道必须反映客观事物的原貌。按照新闻学的观点，真实性是新闻的根本属性，是新闻的生命线，是新闻赖以生存的基础，是新闻报道的基本原则。作为新闻的基本属性，真实性是由新闻自身的规律所决定的，是广大读者的要求，也是报纸、广播、电视等大众传媒取信于民的关键。

新闻真实性要求新闻基本要素必须准确。基本要素是指：发生新闻的主角（谁）、发生的事情（什么）、发生的时间、发生的地点、发生的原因。五要素用英语来表示就是who（谁）、what（什么）、when（时间）、why（原因）都以w开头，所以，新闻五要素又简称为新闻的五个W。这些都是新闻赖以生存的条件，或者说弄清楚一个事实的起码条件，几个基本环节，在任何一个环节上有半点虚假，都会招致读者对整个新闻事件的怀疑，因此新闻基本要素必须真实可靠。

任何事物都是在一定环境和历史条件下产生的，新闻报道中的新闻事实也不是孤立存在的，而是与其所处的环境以及其他事物相联系；同时，任何新闻事实的现状，总是联系着它的过去，总是有一个从量变到质变的过程，总有来龙去脉，前因后果。因此，在新闻报道中，我们除了报道新闻事实本身外，还常常涉及与新闻事实有关的某些材料，以便让读者正确认识、理解新闻事实。对于一则新闻，无论是表面的事实还是背景材料，只要有一点失实的地方，都是毁灭性的。

所谓拿到真实的事实，指每个事实的深层次原因要真实。新闻报道除了报道某一具体事件外，相当多的时候还要对涉及这一事件的大量相关事实进行综合概括和分析。这种概括和分析也要符合客观实际，这是在更高层次上对新闻真实性的要求。例如，某年我国粮食丰收，一些地方出现了“卖粮难”问题，新闻界如实报道了“卖粮难”的具体表现，如农民卖粮食要排长队、国营粮站收购不了等。但有些记者在进行进一步报道的时候，把这些具体事实概括为一种“粮食过剩”现象，并提出粮食多了怎么办的问题，这样的概括就不符合客观实际了，因为当时卖粮难的根本原因在于粮价不合理，卖粮的渠道不通畅。

人民网财经频道记者车柯蒙在2019年11月12日发表了一篇新闻稿《透过“双

十一”数据单看中国消费市场新活力》。记者采访不同学者，总结他们的理论研究成果，结合大数据分析得出我国经济增长模式向消费主导型转变，消费趋势呈现品质化、智能化、下沉化，并指出政策支持、需求拉动、技术赋能是我国消费经济繁荣发展的动力之源。记者透过数据解读趋势，并合理分析概括出背后的深层原因，这样不仅达到了整体真实，也实现了本质真实。

检验新闻报道的真实性，首先需要知情者检验报道的真实性。新闻报道的特点是“笔写真人”“笔写真事”，报道中的事件刚刚发生过，相关知情者还记忆犹新。这些被报道的新闻人物和事件的知情者是报道真实与否的最权威检验者，是最有权对报道的真实性提出质疑的人。

三、拿到有新闻价值的事实

记者在采集事实之前和采集事实中，始终要考虑的主要问题是：这个事实有没有新闻价值，有多大的新闻价值，事实的哪一部分具有新闻价值，还需要哪些材料才能衬托出它的新闻价值。

新闻价值指事实本身包含的能引起社会各种人共同兴趣的素质。新闻价值包括五个要素：时新性，即事实在时间上是新近发生的，在内容上是人们所未知的新鲜事；重要性，即事实所具有的为多数人所关心的社会意义，是由受众的求近心理决定的；显著性要求事实所涉及的人物、地点等要素为众人所瞩目；接近性，也就是发生的事实在地理上或心理上与受众十分接近，所以会引起受众的关注；趣味性强调事实的新奇，为人们所始料未及，能够引起读者的极大兴趣，例如一些奇闻趣事、社会新闻、曲折遭遇、感人事迹。

上述新闻价值的五个要素，对于一个能成为新闻的事实来说，时新性是必备的，其他要素不一定全具备，但必须具备一个，所具备的要素越多，要素体现的程度越高，新闻价值就越大，就越是一个特别为人们关注的新闻事实。

要判断客观事实是否具有新闻价值及新闻价值的大小，新闻记者必须拥有比较清晰的新闻价值观，熟悉受众共同的兴趣，熟悉社会普遍存在的问题，熟悉党和政府在某一阶段的中心工作，对这些越熟悉，新闻记者新闻敏感就越强，就越具有新闻发现力。衡量了事实的新闻价值后，记者要获取更多能够突显这一价值的素材。例如，对具备趣味性的新闻事件，记者还需要了解这一事件的起因、事件发展过程中的细节、当事人心理感受等。

四、拿到典型的事实

现实生活是复杂的，存在大量事实，选择什么样的事实才能表达记者的观点或倾向，对于新闻采访至关重要。一言以蔽之，选择典型事实，应该选择那些具有接近性、针对性和重要性的新鲜事实，这样的事实不仅可以使读者迅速产生一个深刻的印象，而且也可以准确表达出记者的观点。关于典型事实的选择，要注意的是，选择真实的事实，选择蕴含着理性的感性事实，这些感性事实常常是一个故事、一个场面、一个活生生的人……这些感性的事实，能以小见大，微观中体现宏观，读者从中能品味出道理。具有代表性的事实，包括典型行为、典型场景、典型人物和典型语言。

典型事实必须是真实发生的事实，而不是虚构夸大出来的假事实。虚构和夸大是新闻报道者报道典型事实时的常见误区。在长期的宣传工作中，由于过去强调典型报道的思想性和指导性，新闻媒体在进行典型报道时总是运用固有的模式和事先选定的标准，以达到典型的完美，因此，就出现了报道的典型人物一定是一心一意扑在事业上，不顾家庭，不顾身体的超凡脱俗的人物，报道的典型单位一定是成绩显著而毫无瑕疵，高大完美到令人不可信的地步。

典型模式化：先进 = 牺牲、奉献 + 亏待家人 + 十几年如一日 + 最后累倒在自己的工作岗位上。曾经有一篇关于“杂交水稻之父”袁隆平的报道，写他搞研究如何如何一连多少天不睡觉，累倒在稻田里还不放弃研究。后来武汉有一群学生在与袁隆平院士面对面交流时提及此事，赞美他痴迷于科学研究忘我工作的高尚境界，他连忙澄清：“一定别受误导，累倒了还工作不值得提倡，身体是最重要的。另外，我也从来没有累倒在田里。”

另一种不恰当的典型事实报道方法是为了突出某个干部的业绩，经常用否定历史的办法来突显其业绩。如：“这里十年九旱，群众饮水如何困难，前几任书记都没解决，只有某某书记来了之后，这个问题终于……”这种表达形成的典型，第一不真实，第二容易伤害被报道人物周围的人，从而伤害他的人际关系，报道结束后，记者出了名，新闻人物却遭了殃。

五、快速拿到事实

记者要追踪和报道最新发生的事实，在采访过程中要做到“快速”，即快速奔向车站或者机场；快速找到下一步的交通工具；快速进行采访的准备工作；快速熟悉采访的背景；快速运用现有情报资源——朋友网；快速寻找知情人；快速打破与采访对象的隔阂；快速设计提问提纲；快速变换采访方案；快速寻找最佳观察点；快速用笔记录、用设备拍照或拍摄；快速分析所得到的材料；快速提炼报道主题；快速设计报道结构；快速寻找所需要的素材；快速与编辑部联系，协商报道方案……总之，快速就是采访的特点，尤其是在抢发动态新闻时，记者始终是在时效的压力下开展采访工作的。

第五节 采访与写作的关系

在采访与写作的过程中，记者到底该将功夫下在哪里？大诗人陆游说：“汝果欲学诗，功夫在诗外。”他讲的“诗外”是指诗人要深入到生活中去，充分认识和准确理解生活，并从生活中获得创作的灵感和激情。同样，要写好一篇新闻，功夫在新闻之外，就是要先采访好。如果采访时满足于浮光掠影，一知半解，那么在写稿时记者再怎么努力，也写不出生动活泼和有深度的好新闻来。我们要吸取教训，避免走弯路，就必须先理清采访与写作之间的辩证关系。

从新闻实践的角度看，采访与写作是紧密相连、相互作用的。

一、采访是写作的基础

先有新闻采访，后有新闻写作。采访是关键性的第一步，是其他多种新闻活动的基础，是基本的环节。如果把新闻学比作一幢大厦，新闻采访就是基石。采访工作做得如何，所采集的“原料”质量怎样，对新闻写作、新闻编辑等后续工作将产生一系列影响，将直接关系整个新闻工作的成败。记者采访越深入，掌握的材料越丰富，对事物的认识越深刻，就越能够把新闻写好，所谓瓜熟蒂落，水到渠成正是如此。有经验的记者，会把功夫下在采访上，老记者常说七分采访、三分写作，正是经验之谈。

2017 年 6 月，一次偶然的采访，记者了解到在崇左市扶绥县柳桥镇有一群农村妇女自发地在晚上重拾课本，从“ɑ、o、e”开始学起。面对这群几近文盲的阿姐、阿婆，因语言不通，记者采访工作受阻。但是，随后记者转变了采访思路，从她们接送娃娃需要写名字开始谈起，从进城探亲问路说起，通过谈这些发生在她们身边的事情，她们很快就和记者谈起没有文化、没有知识的不便。在拉近了与阿姐、阿婆们的距离基础上，记者打开了她们的“话匣子”，在采访中记者慢慢了解到开办妇女学习班的动人故事。最终，一篇接地气又震撼心灵的《王平花和她的大学生们》被报道出来，新时代新作为的妇女形象也得到了生动展现。

二、写作计划统摄采访活动

在强调采访对写作的决定性作用时，也应看到写作对采访的反作用：记者可按写作的要求，有目的地去搜集所需材料。采访和写作不应截然分开，有时在写作过程中还需做补充采访，有时在采访时记者就开始打腹稿了。

实践证明，新闻写作常常反作用于新闻采访。记者在采访之前阅读诸多文献，其中就包括对相关报道的阅读。具备较高业务素养的记者常常在采访之前，就能凭借较强的写作能力和丰富经验，辨别出材料的真伪优劣和访问的深浅，可以清楚地知道如何采访才能避免不必要的失误，提出更有价值的问题。

此外，写作对采访的反作用还表现在报道主题对采访活动的统摄作用。一旦我们确定了报道的主题，确定了写作计划，整个采访活动就都要围绕这个主题，服务于写作框架。

魏巍在《我怎样写〈谁是最可爱的人〉》中谈道：“谁是最可爱的人这个主题，是很久以来就在我脑子里翻腾着的一个主题……我们怎样来表现这一主题呢？首先，我希图追求最本质的东西。在朝鲜，我脑子里经常想着一个问题：我们的战士，为什么那样英勇？就硬是不怕死啊！那种高度的英雄气概是从什么地方来的呢？为了找答案，我谈了好多话，开了好多座谈会。我细细跟他们谈，让他们把心里话谈出来。跟我谈的，有指挥员、战斗英雄、一般战士、干部、新参军的学生和曾经是落后的人。我了解到，他们由于锻炼与认知的不同，虽然有些差异，但是都有着共同的一点，即对于伟大祖国的爱……和在这个基础上的做一个革命英雄的荣誉心。于是，我了解了在党的教育下这种伟大深厚的爱国主义与国际主义的思想感情，就是我们战士英勇无畏的最基本的动力，我想，这不是最本质的东西吗？这就是最本质的东西。我肯定了它。我一定要反映它。我毫不怀疑。一切其他枝节性的、片面性的、偶然性的东西都不能改变我对这个问题的认识。”

魏巍的采访过程说明，记者在采访时就开始选择和提炼写作主题了。这正是写作中的主题提炼对采访起反作用的具体表现。

采访解决“写什么”，写作解决“怎样写”。如果有了好的新闻素材，写作技巧不高，写不出好的稿件；如果拥有高超的写作技巧，但采访时不注意收集与写作有关的材料，写作也成了无米之炊。所以说，新闻采访与写作是相辅相成的。

思考与练习

1. 什么是采访？怎样理解融媒体时代民间的采访现象？
2. 采访的基本方式有哪些？
3. 采访有哪些基本特征？
4. 采访的基本任务是什么？
5. 采访和写作是怎样的关系？

Chapter 2

第二章　新闻线索与新闻选题

▶ 第一节　新闻线索

▶ 第二节　新闻选题

第一节　新闻线索

一、新闻线索的定义与特征

（一）何为新闻线索

新闻线索也称采访线索、报道线索，其为新闻采访报道提供有待证实、扩展和深化的讯息，给新闻记者提示新闻的所在和新闻采访的方向。新闻线索也指可能成为新闻的或具有一定新闻价值的某种事实所传播的信息，也可以说是已经或者将要发生的新闻事实所发出的信号。新闻线索不等于新闻事实，新闻线索是记者发掘题材的一种凭据。它比较简略，要素不全，没有事物的全貌和全部过程，常常只是一个片段或概况。

通常来说，新闻线索是新闻事实发生的一种信号和征兆，发现和寻找新闻线索是新闻采写的基础，新闻工作者要想保证新闻报道的质量，就要积极寻找具有新闻价值的线索。是否掌握丰富的新闻线索，决定一个记者的工作状态。掌握了丰富的新闻线索，记者可以眼观六路耳听八方，成为一个消息灵通人士，更容易发现有价值的新闻事实。

（二）新闻线索的特征

1. 真实性

真实性是新闻的生命，而作为新闻事实发生的一种征兆，新闻线索也必须具备真实性特征。如果新闻线索失实，那么再根据新闻线索进行核实的过程就是无意义的、徒劳的，就浪费了新闻工作者的时间和精力，而如果新闻线索与事实相距甚远，也会直接影响新闻本身的可信度。

在 2014 年马航 MH370 航班失踪事件的系列报道中出现了大量的失实新闻，如《羊城晚报》等多家媒体微博发布消息称，“据 CNN 报道，马航 MH370 航班已确定在越南胡志明市以北 100 公里境内坠落”。造成这种现象的重要原因正是新闻线索的真实性缺失。

2. 片段性

新闻线索所提供的信息或事实相对简略，与新闻事实相比，新闻线索是零碎的信息。通常一条新闻线索并不包含全部的新闻要素，比如，只有时间、地点和人物，没有事件发生的原因或发展过程。

3. 不确定性

新闻线索不等于事实，其自身充满了不确定性，可能确有其事，但也可能只是一种假象，所以，新闻线索的可靠性需要新闻工作者查证。新闻线索所提供的新闻事实也可能是一些概括性内容，记者仅仅凭借新闻线索无法写出一篇完整的新闻报道，必须进一步采访才能将新闻事实的整个面貌呈现出来。所以，记者在获得新闻线索之后，首先要核实新闻线索的真实性和可靠性，并最终消除线索中的所有不确定因素。

二、新闻线索的作用

（一）激发新闻敏感，产生采访动机

新闻线索往往能够激发新闻记者的新闻敏感，让他们产生采访动机，积极主动地开展采访活动。新闻敏感实际上是一种认知过程，是记者对社会与人的认知过程。在挖掘新闻线索的过程中，新闻工作者需要充分发挥主观能动性，去思考什么样的新闻线索具有新闻价值，值得去进一步采访和深挖，同时，有价值的新闻线索会引起记者的注意，他们期待进一步了解相关事实，弄清更多新闻事件中的关键要素。

（二）提供采访方向，形成采访思路

挖掘新闻线索是新闻采访的基础环节，当记者找到了新闻线索，就可以根据新闻线索拟定大致的采访方向，理清相应的采访思路，乃至进一步拟定采访提纲，按照计划进行新闻采访活动。不同的新闻线索所提供的采访思路以及采访方向各不相同，民生类的需要记者深入群众生活，突发性事件需要记者尽快前往事发现场并找到相关的采访对象，重大会议类新闻线索需要作者提前了解相关政策，充分把握好导向问题。

（三）影响新闻价值，关乎报道质量

新闻价值指事实本身包含的能引起社会各种人共同兴趣的素质，而新闻线索会直接影响新闻本身的价值。在整个新闻报道活动中，发现新闻线索是第一步，新闻线索就像地基一样，会影响到整个新闻采写工程的质量，一个优质的新闻线索可以提升新闻价值。《新京报》向来以报道独家新闻出名，而这与《新京报》记者能发掘高质量的新闻线索密切相关，例如，2014 年的“麻城刀砍学生”报道，“河北固安富方园一房多卖”报道等都是在记者寻找到优质的新闻线索之后才实现了独家新闻报道。

三、新闻线索的获取渠道

（一）会议渠道

重大会议是搜寻新闻线索的重要渠道，例如每年的“两会”、纪念“五四运动”大会等，记者可从会议发言、简报、通知、文件和领导讲话中获取新闻线索。特别是每年“两会”的各种工作报告及议案提案，记者可从中淘选到很多有价值的新闻线索。例：

PM2.5 浓度连续 4 个月以上不降反升且累计浓度同比未改善
江西对 8 县（区、市）政府主要负责人预警座谈

9 月 20 日，省生态环境保护委员会办公室举行 2019 年 1 月至 8 月空气质量预警座谈会，对我省 PM2.5 浓度连续 4 个月以上不降反升，且累计浓度同比未改善的 8 个县（区、市）政府主要负责同志进行预警座谈，要求他们切实担负起空气质量改善第一责任人的责任，严格落实环境保护“党政同责、一岗双责、失职追责”制度，以工作责任的全面落实促进大气环境质量持续改善。

今年，我省提出了空气质量 PM2.5 年均浓度力争达到国家空气质量二级标准、优良

天数比例力争达到 92.2% 的目标。截至 8 月 31 日，全省 PM2.5 平均浓度为每立方米 32 微克，同比下降 8.6%，空气质量优良率为 93.7%，同比增长 2.4%。

全省各县（区、市）中 1 月至 8 月 PM2.5 浓度未达二级标准的县（区、市）共计 15 个，其中连续 4 个月以上不降反升，且 1 月至 8 月累计浓度未改善的县（区、市）共 8 个，涉及南昌、九江、萍乡和宜春 4 个设区市，分别为东湖区、青云谱区、浔阳区、九江经开区、濂溪区、共青城市、高安市、芦溪县。1 月至 8 月 PM2.5 累计浓度，东湖区同比上升 11.8%，青云谱区同比上升 23.1%，浔阳区同比上升 20.9%，九江经开区同比上升 15.4%，濂溪区同比上升 12.8%，共青城市同比上升 38.5%，芦溪县同比上升 25%，高安市同比未改善。芦溪县、青云谱区、共青城市 3 个县（区、市）政府主要负责同志做了表态发言，表示将以此次预警为契机，拿出破釜沉舟的决心，注重精准施策，在大气污染治理具体措施上抓准抓实抓细，确保完成 2019 年度环境空气质量改善目标任务。

会议要求 8 个县（区、市）政府主要负责同志要加强对有关工作的调度和部署，厘清各部门大气污染治理责任，把任务分解落实到具体项目、单位、企业和具体责任人员，实现目标措施具体化、定量化、时限化，形成部门联动、齐抓共管的工作格局。同时，对如何采取切实措施控制扬尘、餐饮油烟、秸秆焚烧和垃圾焚烧等污染，管控移动污染源，淘汰燃煤锅炉，推进 VOCS 综合治理，严管小散乱污企业等方面进行了具体指导。

（来源：《江西日报》，2019 年 9 月 23 日。）

（二）政府信息渠道

在当前，各个政府部门在不同时期都会结合当前实际工作内容出台一些政策文件，而这些文件出台的背景以及工作目标和具体内容等都是相对较为明确的，并且这些政策文件都会通过相应的政府网站公开发布，方便广大人民群众了解。对于新闻记者来说，应关注这些政策文件，并从中挖掘具有一定价值的内容，进而找到有价值的新闻线索。另外，诸如政府的新成绩等也都是具有很高价值的新闻线索，国务院新闻办、各省级新闻办、各级党委、政府的“两办”，是各类信息的汇集地，辖区内的单位以及各行各业每天举办的活动及发生的重要事件，都会源源不断地汇集到这里。例如，下面这篇获得第二十八届中国新闻奖的新闻，记者就是从当地政府信息部门获取的新闻线索。

苍南叫停大渔湾围垦工程

“美丽的大渔湾，终于能留给子孙后代了！”这些天，随着苍南县叫停大渔湾围垦工程，这一消息在当地不胫而走。

11 月 22 日，苍南县向省海洋与渔业局上报：县委、县政府经审慎研究，做出放弃大渔湾围垦工程的决策，以保留原生态的自然海湾。

“围或不围，其实是两种发展理念之争。”苍南县委书记黄荣定说，生态环境用之不觉、失之难存，再不能走粗放发展的老路。县里对实施这项重大工程一直在犹豫，党的十九大把绿色发展提到新高度，促使县里下决心停了工程。

大渔湾位于苍南东部海岸线中心，全长约 39 公里。作为温州最大的海湾之一，这里浅海滩涂资源丰富，拥有鱼类、甲壳类等近百种底栖生物。但当地土地资源稀缺，10 多万农民的人均耕地不到一分。早在 20 世纪 80 年代，就有县人大代表联名要求围垦，解决人多地少难题，但因资金和技术问题没有进展。

2008 年，苍南县经论证正式启动大渔湾围垦规划，并获国家海洋局批复。这一项目总规划面积达 2.48 万亩，围堤约 6 543 米，总投资超过 10 亿元。项目建成后，可望新增建设用地上万亩。县里准备在此新建一座农民城，带动周边产业发展。此后，当地修建了两条简易施工公路，为工程做前期准备。

随着项目推进，因担心海洋生态环境遭破坏，反对意见逐渐增多，引起苍南县领导重视，开工时间一再推迟。有专家调查指出，围垦工程将破坏海域生物多样性，仅海洋生物将损失近 1 900 吨；堤坝建成后，还将改变水域内海流，造成泥沙淤积，海水富营养化和出现赤潮的可能性大增。

大渔湾 3 000 多养殖户的生计也让当地干部焦虑。作为全国最大的紫菜产区，这里年产鲜品近 7 万吨，去年产值达 10 亿元，周边有 13 个集体经济薄弱村因此摘帽。而围垦工程将不可避免地改变水生态，毁掉紫菜养殖业。

“越往后，注重长远发展、要求退围还湾的呼声越高。”原大渔湾围垦指挥部负责人姜祝成说，不少干部和专家呼吁放弃围垦，认为“保护原生态就是最大政绩”。在充分听取专家、渔民等的意见，并经多次讨论研究后，县里决定终止工程。

这场历时30年的人海之争就此终结。如今，大渔湾围垦工程已被“蓝色海湾”项目取代，苍南在此开展海岸线整治修复，发展生态旅游和休闲渔业。县海洋与渔业局局长张贻聪说：“这里正打造浙江最美海岸线，最终实现人海共赢。”

（来源：《浙江日报》，2017 年 12 月 18 日。）

（三）媒体渠道

报纸、广播、电视等各类媒体也是记者寻找新闻线索的重要渠道，新闻记者从同行的新闻报道中往往也能够发现许多有价值的新闻线索，例如报纸媒体记者从电视新闻、广播新闻中寻找新闻线索，并调整采访思路，挖掘相关新闻的新内容、新思想和新视角，例如下面这两个例子。

有一年《北京广播电视报》上登了一条几十个字的预告，说坐落在北京西郊大钟寺的永乐大钟，将于新年零点按照传统敲响钟声，宣告新的一年来临，新华社一位记者发现了这一新闻线索，在除夕之夜赶到大钟寺采访，元旦零点 40 分便发出了一条题为《钟王打点贺新年》的短新闻。

2015 年 1 月 8 日，《燕赵都市报》记者在广播中听到一条新闻：从承德来石家庄的肖先生，想寻找一份电视报道剧《啊，沉绿湖》的拷贝。这部剧拍摄于 1984 年，当年肖先生在剧中扮演落水儿童。记者辗转联系到肖先生时，得知他已回到承德，拷贝在媒体帮助下已找到。如果把这件事当成一个简单的求助类新闻，那么事情既已解决，也就没有关注的必要了。但是，这位记者把其当成一条新闻线索，最终写出了一篇感人至深的社会新闻《沉绿湖落水少年扮演者寻找 31 年前 < 啊，沉绿湖 > 拷贝》，这篇新闻报道在当时河北的媒体中广泛传播，广受好评。

这两篇高质量的新闻报道都是记者从其他新闻中获取的新闻线索，从不同视角向人们展示了新闻事件的新内容，这也给广大新闻记者很大启发：记者在平时读报、听广播新闻、收看电视新闻和网络新闻时，要具有新闻敏感，不仅仅单纯接收信息，还要注意对那些比较表面的报道进行跟踪补充，用不同角度、不同思路进行深度挖掘。

（四）报料渠道

通常来讲，记者的活动范围、活动时间以及活动地点都是相对有限的，而大千世界时时刻刻都在发生着具有新闻价值的事件，仅靠记者去发现新闻线索是远远不够的，所以新闻报料就应运而生。随着媒体之间的竞争愈加激烈，很多媒体发布“有奖征集新闻线索”，于是一个专门为媒体提供线索的群体——新闻线人也就产生了。非专职新闻人员有意识地追寻或偶然发现新闻线索主动提供给媒体，媒体给予一定报酬，这类提供线索的人被称为“新闻线人”或“线人”，各个大型媒体都有自己的线人群体。

除了新闻线人，新闻热线也是报料的一种方式。新闻热线是媒体与读者互相交流的平台，通过新闻热线，人们可以向媒体提供各种新闻线索。一些成熟的媒体均设置了新闻热线。新闻热线可以为媒体提供24小时的沟通平台，进而帮助媒体获得更多的新闻线索，使其选择新闻的余地变大，甚至可以打造独家新闻。而现在随着媒介技术的发展，很多媒体开设了微博、微信和手机客户端，像《江南都市报》的微信平台、澎湃新闻客户端等都设有新闻报料功能，使得报料更加便捷。例如下面《新京报》发布的这则消息，媒体就是通过新闻热线获得的新闻线索。

北京一兰博基尼撞桥墩 临时车牌显示车主系“李易峰”

今天凌晨3点，一辆白色兰博基尼跑车在朝阳区大郊亭桥北侧撞上桥墩。据目击者提供的车上临时号牌信息显示，车主为“李易峰”。而现场多名目击者称，司机疑似明星李易峰。

凌晨4点，新京报记者在现场看到，后现代城东门口、大郊亭桥北侧一带依旧一片狼藉。一辆无牌白色兰博基尼跑车呈45度斜停在路边，地面上满是碎块。大郊亭桥北侧的一处桥墩上，有剧烈撞击及碰擦痕迹。车头左侧损毁严重，车灯脱落，左侧前后轮均有碰擦痕迹。按照事故车辆临时号牌上显示的信息，今天凌晨，新京报记者前往车主登记住址朝阳区某公寓，但住户表示并不认识李易峰。

一位现场目击者告诉新京报记者，事故发生于凌晨3点左右，这辆跑车原本从后现代城向东四环方向出发，撞上桥墩后，车辆一时失去方向，“斜插”在了路边。目击者称，事发后，车主并未第一时间下车。现场并未闻到酒气。

凌晨4时5分，新京报记者看到，一名身穿灰色西服套装的男子来到事故车旁，并用黑色车罩套住了车头及车顶。面对记者的询问，该男子直称“不是车主”，拒绝再回答其他问题。

多名目击者称，司机疑似当红明星李易峰。一名现场目击者向新京报记者表示，事故发生时，该车前挡风玻璃处放有临时号牌等证件。这名目击者向记者提供的照片显示，这辆临时牌号为“京T703XX”（后两位隐去）的兰博基尼车，车主名为“李易峰”，临时号牌签发于今年5月6日，有效期至2016年5月13日。按照有效期来看，该临时号牌已经过期。凌晨4时45分，清障车来到现场，5时5分许，事故车辆被拖走。

（来源：新京报新媒体，2016年5月27日。）

（五）节庆活动渠道

节日是世界人民为满足生产和生活需要而共同创造的一种民俗文化，是世界民俗文化的重要组成部分。节日不同于日常生活，人们对节日有着不同于常日的关注，节日里会发生什么有趣的事，有哪些特殊的事情发生都是大家希望了解的，县级媒体记者离农村最近，离基层百姓最近，要善于在各种节日及农村风俗中捕捉新闻线索。特别是清明、端午、重阳等传统节日到来前，可采写一些营造节日氛围的稿件。在“三八”妇女节、“五一”国际劳动节、“六一”儿童节以及助残日、“6·5”环保日、“6·25”土地日、艾滋病防治日等特定节日到来前，也可做好报道策划，找好新闻角度，挖掘出有价值的新闻事件进行报道。例如下面在教师节的报道就引起了读者很大关注。

樊银生与他的“微小学”

在莲花县南岭乡砚溪村有这样一位教师：他不迷恋大山外的世界，却钟情山区教育。尽管他所执教的教学点只有3个学生，但他仍然选择坚守。他，就是南岭中心小学千坊教学点教师——樊银生。

9月5日上午9点，大山深处的这所“微小学”里，一位老师和3名学生的开学典礼正式开始。尽管人少，但还是充满仪式感。秋日里的晨光还有些耀眼，3个小小的身影并肩站着，注视着国旗升起。一阵微风吹来，五星红旗迎风飘扬，顿时让这个偏僻的小村庄少了一分萧瑟，多了一分灵气。明年的这个时候，樊银生就要退休了。

千坊小学教学点于2016年经过重新翻修后开学，新落成的教学楼虽然只有两层，但电教室、活动室、学生午休室一应俱全。学校地处深山，位置偏僻，距离南岭乡中心10多公里，距离村委会也有3公里远，进村的路依山而建，途中有好几个地段存在塌方的危险。

1978年，未满17岁的樊银生刚迈出初中的校门，便到村小当了一名民办教师。两年后，他应征入伍，投身国防。1982年，樊银生退伍回到家乡，当时有3个职业让他挑选，一是到公社的文化站当管理员，二是进公社农技站当农技员，还有便是到学校当民办教师。前两项工作的待遇比教师要好很多，当老师每月只有7元伙食费。然而，他却毫不犹豫地选择重返“三尺讲台”。在南岭乡中心小学任教的30多年间，樊银生凭借良好的师德师风和过硬的教学水平，赢得了学生的尊敬和爱戴。2016年，得知千坊小学教学点没有老师愿意去授课时，他主动找到校长要求去那里教学。

千坊小学教学点的设立解决了附近学生上学难的问题。然而，近年来，随着村民进城务工、搬出山村，大部分学生转到了其他学校就读，教学点的生源逐年减少。学校以前有十几个学生，到今年就只有3个学生了。3年来，樊银生近乎“孤军奋战”，学生虽少但丝毫不懈怠。“由于教学点就一个老师，没有人轮换，即使生病了他也一样坚持上课。”南岭中心小学校长李勰介绍说。

（来源：《萍乡日报》，2019年9月10日。）

（六）网络社交媒体渠道

新闻记者越来越多地使用社交媒体进行信息搜寻，社交媒体也已经成为记者搜寻新闻线索的重要途径。随着网络技术的发展，记者通过各种网络公共平台捕捉新闻线索的可行性越来越大，在2012年“表哥”杨达才事件中，网友从搜集的关于“表哥”的各类新闻照片中，发现其在各种场合中佩戴的名表多达12块，央视《新闻1+1》栏目以此为线索做了《局长的“微笑”！局长的“表”？》的新闻报道。在2019年的北大女生包丽自杀事件中，率先对该事件进行披露的是当事人亲友，其发布的一篇公众号文章被转发扩散获得一定关注，随后红星新闻等专业媒体跟进报道，求证更多事件疑点与细节。在记者捕捉新闻线索方面，微博、微信、贴吧等社交媒体渠道正在发挥着越来越重要的作用，但是，由于网络社交媒体主体的匿名性和信息的公开性等特征，很多新闻线索的真实性不高，所以记者从网络社交媒体中寻找线索时需要认真辨别线索的真伪。

下面这篇报道是《新京报》的一位实习生从天涯论坛上发现的新闻线索，随后《新京报》进行跟踪采访，最终制作出一篇独家新闻报道。

湖南衡阳一公职人员打猎射杀村妇 事后自首被刑拘

11 月 9 日，湖南省衡阳市衡东县高湖镇羊角村，一女性村民在山上捡茶籽时遭枪击死亡。

独家获悉，涉嫌枪杀村妇者，系衡阳市食品药品监督局蒸湘分局一肖姓公职人员，案发时正在打猎，目前已被衡东县警方刑事拘留。虽然案发已经 3 天，但截至今夜 9 时 30 分发稿，衡阳当地官方和警方尚无正式通报。

据新京报记者了解，死者系衡东县高湖镇羊角村二组村民罗运英，今年 57 岁。死者儿子董长武今晚在电话里告诉新京报记者，11 月 9 日上午 8 时许，罗运英出门去附近茶山捡茶籽，一直没有归家。

“中午，我们找了一圈都没有找到。”董长武说，当天下午 3 时许，在警方提醒下，家属才发现罗运英死在离家约半里路的茶山上，身负枪伤。

“她侧躺在距马路 5 米左右的茶树下，附近都是血。”董长武描述。罗运英身上被发现两处枪伤，“一处从身体左侧穿过两肺，另一处从左耳朵穿过脑袋”。

羊角村村委会主任黄柏云当时亦赶到现场，他证实见到死者身上两处枪伤。据家属回忆，死者右侧有一棵 2 米左右的茶树，树干也被子弹打穿。

“法医说头部不是致命伤，两叶肺被打穿，需要解剖尸体，现在尸检结果还没有出来。”家属说。

“早上的时候，我们邻居看到有七八个人开着 3 辆车来山上打猎，他们手里拿着猎枪。其中一辆车上写着‘执法’。上午 9 点多钟，在隔壁山上，有人听见枪声，还以为是他们在打猎物，但是谁也没有想到会打死人。”家属说。10 点多钟，有人看到他们开车离开。

罗的家属称，至少 3 辆挂衡阳牌照的轿车停在村里，“事发时，有十多人，在附近围堵一头野猪”，“听邻居说，多人是衡阳公职人员，还有银行的人”。

新京报记者从当地村委会主任处获悉，一名涉嫌开枪者当天中午已到杨林镇派出所投案自首，自称打猎时误伤一人。

据新京报记者多方求证，自首的是一名 50 多岁的男子，系衡阳市食品药品监督管理局蒸湘分局餐饮一科执法人员肖卫东。据死者家属介绍，目前肖的家属已支付死者 10 万元安葬费。

今日晚间，新京报记者从衡东县公安局相关负责人处获悉，肖卫东涉嫌过失致人死亡已被刑事拘留。

上述衡东县公安局负责人介绍，肖是一人前往派出所自首的，对于当时参与打猎的人数和人员身份，警方仍在进一步调查。

（来源：《新京报》，2014 年 11 月 14 日。）

（七）日常生活渠道

美国新闻学家麦尔文·曼切尔说过：“消息来源是记者生命的血液。”作为一名记者，不应把脑袋长在别人头上，不应满足当“派工记者”，而应当把生活、活动当作新闻的源泉，从中不断获取新闻线索。应该做生活的有心人，处处留意日常生活中出现的新闻苗头。即使在候车、乘车、走路、上街、购物、与朋友聊天的过程中，记者也不能放过任何异常或新奇的现象，都应该用新闻眼光去审视一番。有时，一件偶然碰到的小事，背后就有可能隐藏着有价值的新闻。记者要带着职业敏感去听、去看、去接触，捕捉一切有用的新闻线索。比如下面这篇新闻报道就是记者偶然发现路边的电线杆被撞断，于是对事件进行跟踪发现的新闻。

南昌高新南大道一立于公交站台边的电线杆被撞断
1.7 公里路段还有多根电杆立于路上

5 月 10 日，本报对南昌高新南大道省戒毒所公交站台旁电线杆断裂一事进行了报道，引发关注。该电线杆很快被移除，但周边市民心中的恐慌没有消除。

不少市民反映，整条高新南大道上，存在类似安全隐患的电线杆不在少数。奇怪的是，安全隐患明明存在多年，却没有一个部门采取行动。“电线杆已经断过一次了，非要出了大事才会引起重视吗？”市民质疑道。

断裂电线杆被移除 市民心里依旧恐慌

5 月 10 日，记者再次来到南昌高新南大道省戒毒所公交站台，发现此前被撞断的电线杆已被移除，路面也得到了修复。

国家电网青山湖区供电公司应姓负责人对记者表示，5 月 9 日，他们接到相关情况反映，立即派工作人员赶往现场进行核查，发现电线杆是被逆行的大型车辆撞断的。青山湖供电公司立即制定相关修复预案，9 日下午 5 时许，断裂的电线杆被移除，之后路面也进行了整修。

“这根电线杆设在路中间好久了，我早就说过会出事。”居住在附近的市民丁女士说。虽然断裂的电线杆被移除了，但她和许多附近居民一样，心里依旧恐慌。

“你们看看，整条高新南大道还有不少这样立在路中间的电线杆。安全隐患明明存在多年，为何没有一个部门采取行动？”丁女士质疑道。

1.7 公里路段 4 根电线杆立在路上

连日来，记者从高新南大道顺外路口出发，一直走到了解放东路口，发现确有不少电线杆立在公交站台旁或直接立在路上。

记者初步统计了一下从高新南大道顺外路口至解放东路口，约 1.7 公里路段电线杆的分布情况：在绿化带内的电线杆为 34 根，顺外路和高新南大道交会路口中间矗立着 1 根电线杆，在天香园前人行横道左侧路中间也矗立着 1 根，在秦胜村公交站台上有 1 根，公交站台路边有 1 根，在高新大道南口公交站台上有 2 根，公交站台边有 1 根。

记者还注意到，在京尚路至京安路，顺外路与高新南大道交会口的路边都存在电线杆倒歪现象；京尚路至京安路绿化带内，废弃的电线杆被随意丢弃。

市民刘先生告诉记者，自己每天从这过都有些害怕，尤其是刮风天，怕这些电线杆被风给吹断。市民刘先生希望有关部门能及时解决电线杆的问题，早日消除电线杆带来的隐患。

司机称走这段路是极大的考验

南昌511路公交会经过省戒毒所、秦胜村、高新大道南口等公交站台，记者乘车发现，一路上惊险不断。

公交车司机告诉记者，以前省戒毒所公交站台边立着电线杆（被撞断已于9日移除），每次临近该站台时心里都捏着一把汗，往右打方向盘打多了撞到电线杆上，往左打多了，怕左后方车辆剐蹭撞上。公交车行驶到秦胜村和高新大道南口时，又是因为站台边立着电线杆，司机都会尽可能减慢速度，缓缓驶进站台。公交司机告诉记者，这些电线杆矗立在公交站台边，对正常的行车影响很大，尤其是夜间，电线杆上没有明显的警示标志，对驾驶员来说是极大的考验。

记者看到，顺外路口与高新南大道交会处立着一根十几米高的电线杆，上面的标志显示该为10KV西安路线25号线。路过该路口的司机纷纷避让。就在此时，一辆行驶速度约40公里每小时的黑色轿车，行驶至电线杆处差点撞上电线杆，最终因司机紧急向右打方向盘才得以避免。

电力公司称修路时未得到施工方通知

记者注意到，高新南大道路边电线杆上的标志已经模糊，很难看清楚上面的字迹。青山湖区供电公司应姓负责人介绍，这段架空管线为10KV西安路线，为公变支线，自顺外路至解放东路，涉及850户用户用电，隶属南昌市供电公司。

“此前电线杆是立在绿化带里，市政部门后来做了公交站台，也没有提前告知我们。我们临时采取了一些措施，涂上了反光漆，但事情还是发生了。”应姓负责人说，电线杆早就设立在这，是高新南大道改造拓宽后才引起的问题。

他认为，公交站台旁边出现电线杆，主要原因是市政部门施工时与电力部门沟通不畅，“有些道路的业主单位和施工单位只管修路，施工时也不会通知电力部门同步移走电线杆。”应姓负责人称。

对于如何处理存在安全隐患的电线杆，应姓负责人告诉记者，这涉及资金问题，而资金又涉及“谁主张，谁出资”的问题。简而言之，就是谁提出治理，谁就要承担治理的费用。

问题悬而未决，不能等到出了大事再补救。

高新南大道修通已多年，没有哪个部门提出整治请求，电线杆立在路上这个问题也就悬而未决。应姓负责人指出，对于电线杆引起的安全隐患问题，他们既无辜也无奈。而在周边市民看来，立在路上的电线杆，已有一根被撞断了，幸亏没发生伤人事件，这就足以引起供电部门的高度重视，“不能等到出了大事再补救。”事实上，这样的电线杆，已经成为城市运行安全的一大隐患。

应姓负责人表示，就在今年3月份，青山湖区供电公司在内部召开了会议，其中就涉及高新南大道电线杆治理一事。不过，对于会议具体内容、具体如何治理等细节，他表示不方便透露。

记者注意到，就在5月7日，南昌市政府副市长宋铀主持召开了2019年城市运行安全工作推进会，电力线路设施也是其中一项重要内容。

（来源：《江南都市报》，2019年5月14日。）

（八）综合运用多种渠道

一篇有价值、高质量的新闻报道并不是记者仅从某一个渠道进行新闻线索挖掘而制作出来的，通常需要借助多种渠道进行新闻线索挖掘。

1984 年年初的一天，美国《华盛顿邮报》驻莫斯科首席记者凯佳拉发回报社一条令世界震惊的重大消息：苏联领导人尤里·安德罗波夫去世了。苏联一切情况正常，没有发生什么异常变化，因此美国中央情报局、美国驻苏大使馆和国务院核实《华盛顿邮报》这条拟发新闻时，都对其真实性表示怀疑。为慎重起见，这篇头条新闻被移到 28 版的不起眼位置。然而，第二天上午，苏联的讣告却证实了凯佳拉的新闻稿。事后，苏联及世界其他许多大国情报组织都怀疑凯佳拉用重金收买了苏联高级官员。然而，当凯佳拉说了分析过程后，人们由衷佩服他独特的新闻嗅觉和近乎完美的系统思维。他的分析过程是这样的：

（1）安德罗波夫有 173 天没有公开露面，近几天不时有关于他身体不佳的消息；

（2）这天晚间的电视节目把原来安排的瑞典流行音乐换成严肃的、类似哀乐的古典音乐；

（3）苏联高级官员利加乔夫在一次向全国发布的电视讲话中，破天荒地省略了按照惯例必须向安德罗波夫问候的习惯；

（4）他驱车经过苏军参谋部及国防部时，发现大楼里以往这时仅有少数窗户有灯光，而当时几百间房间里灯火通明。

凯佳拉把这些现象联系起来，由此推理得出结论：安德罗波夫已去世。在这个案例中，美国记者凯佳拉分别从媒体渠道、日常生活渠道等进行了线索寻找，并进行合理推测和想象，完成了这篇震惊世界的新闻报道。

第二节　新闻选题

一、何为新闻选题

在发现了有价值的新闻线索之后，通常媒体及新闻记者就要开始根据新闻线索进行选题策划了，通俗来讲，选题策划的内容就是介绍做哪个方向的新闻，从哪个角度切入新闻，哪个事件引发的新闻，从哪些现象想到的新闻。简单地说，新闻选题是媒体报道的主要内容，选题策划是媒体运用信息传播的各种手段，为广大受众提供新闻信息的一种创造性活动。它是对未来报道活动的一种理性规划和设计行为，具体而言是在对新闻真实报道的基础上，深入挖掘客观事物的新闻价值，对现有的新闻资源以及线索进行创新性组织整理，然后选择一种恰当方式，在适当时机将报道推出，从而使新闻达到预期的传播效果。随着媒体之间的竞争日趋激烈，新兴网络媒体对传统媒体的影响越来越大，策划高质量的新闻选题已经成为帮助媒体提升竞争力的重要手段。

二、新闻选题的重要性

（一）新闻选题与媒体的社会功能

美国传播学者赖特将媒体的社会功能概括为守望与预警的功能、协调与商讨的功能、传承与教化的功能以及娱乐与商业的功能，我们不妨将新闻选题的功能与赖特的媒介“四功能说”相勾连。

守望与预警功能强调的是为全社会成员忠诚地守望，新闻媒体应该服务于广大民众的利益，在进行新闻选题策划的过程中，能够充分挖掘新闻资源。通常来说，新闻策划是一项集体完成的工作，是集体智慧的结晶。通过对新闻选题的策划，媒体能够极大地开拓和有效地利用新闻资源，能够用群体的智慧发掘出新闻线索中的新闻价值点。有价值的新闻选题，不仅能够使公众清晰地看到当下所发生的事情，而且还能够使人回忆过去发生的事情，并对未来进行预测。

协商与商讨的功能是指政府和民众可以通过媒体发声，媒体从中起到协调双方利益的作用，相关的新闻选题正是实现媒体协调功能的着力点，媒体通过新闻选题策划，用新闻报道的方式表达出双方的诉求。

舆论引导是媒体的重要功能，在进行选题策划时媒体要兼顾新闻的价值和教化导向作用，新闻选题要反映中国当下最大的政治现实，即中国梦和中华民族的伟大复兴，媒体在进行新闻选题策划时要注重传递社会主流价值观。

娱乐与商业的功能是媒体功能多元化发展的体现，在新闻选题策划过程中，媒体可以和一些企业合作，增加媒体的经济效益，同时，策划的选题中加入娱乐化元素，可以更好地满足受众的多元化需求。

（二）新闻选题与媒体的自身定位

不同的媒体有着不同的定位，媒体按照形态来划分，可以分为报纸、广播、电视、手机客户端、微博、微信等；按照等级来划分，可以分为国家级媒体、省级媒体、地市级媒体以及县级媒体；按照性质来划分，可以分为商业媒体和非商业媒体；按照内容来划分，可以分为综合性媒体、娱乐类媒体、财经类媒体等。不同的新闻选题体现媒体自身独特的定位，往往我们从一个选题就可以看出它出自哪家媒体。

报纸媒体与广播媒体在选题策划上具有明显差异，报纸媒体需要以文字的形式来传达新闻信息，在选题策划的过程中就需要考虑到受众的“眼睛”，而广播媒体需要用声音来传递新闻事实，在进行选题策划的时候就需要更多地考虑到听众的“耳朵”。同样，传统媒体和新媒体在选题策划上也会有所不同，传统媒体的新闻选题体现的是权威、庄重，而新媒体策划的选题可能更多体现活力和愉悦。通过选题策划，媒体也能够明确自身定位和发展方向，满足受众多元化需求。

（三）新闻选题与媒体的影响力

媒体的影响力是指媒体生产的信息内容对受众的作用程度。2019 年 1 月 25 日，习近平在十九届中共中央政治局第十二次集体学习时发表重要讲话，他指出：“我们要因势而谋、应势而动、顺势而为，加快推动媒体融合发展，使主流媒体具有强大传播力、引导力、影响力、公信力，形成网上网下同心圆，使全体人民在理想信念、价值理念、道德观念上紧紧团结在一起，让正能量更强劲、主旋律更高昂。”习总书记所提到的媒体“四力”，其中传播力、公信力的建设，目的是实现媒体影响力，引导力的实现是以影响力的到达为前提和基础的。好的新闻选题，能够提升新闻报道质量，吸引更多受众，受众爱看，影响力自然就会提升，媒体的用户黏性也会增强。获得第二十八届中国新闻奖的《湖南日报》系列报道“走近科学家”就在前期的新闻策划上下了很大功夫，当系列报道呈现给读者的时候，《湖南日报》一下子出了名，其影响力较之前大幅提升。

（四）新闻选题与媒体的管理水平

新闻选题策划是一个集体创作的过程，可以说新闻选题策划是一个全方位的系统工程，它不仅是针对一篇报道的选题策划，往往也是针对一组报道的选题策划，甚至关涉整个媒体形象宣传、媒体队伍建设、媒体机构设置。新闻选题策划，也是一个媒体机构运作方式的缩影，反映了一家媒体的管理水平。在进行选题策划的过程中，传媒组织管理上的问题也会暴露出来，进而倒逼其不断提高自身的管理水平。

策划某些新闻选题时，媒体需要与国际接轨，学习国外先进的新闻工作经验，掌握国际规则，按照国际惯例来处理。在选题策划过程中，媒体机构也需要按照当下社会运行规律开展相关工作。这些都可以帮助新闻工作者认清国际形势，提升媒介管理者管理水平，使得整个新闻队伍具有较强的协调关系的能力。

三、新闻选题确立的标准

（一）舆论导向是新闻选题确立的决定性标准

媒体在进行策划时必须坚持正确的政治导向，严守新闻报道纪律，坚持把社会效益放在首位，妥善处理好经济效益和社会效益的关系。新闻工作者在进行选题策划时，要把握好导向，处理好引导和迎合的关系，确保新闻内容能够正确引导受众。舆论导向对于新闻选题的建立具有决定性作用，要在把握正确导向的前提下确立新闻选题。具体来说，就是要关注社会发展过程中的一些新成就、新方向和新风尚、新人物。

1. 新成就、新方向

江西九江做好“水”文章加快“绿”发展

拂晓，天边泛起一抹鱼肚白，小艇拨开细浪，缓缓驶向江心。把舵的船家名叫张传国，是江西九江湖口县双钟镇渔民，已在长江上漂了40多年，祖祖辈辈打鱼为生。

今年1月1日起，长江干流江西段和鄱阳湖水域开始了为期10年的全面禁渔期。老张和往常一样，还是天不亮便起锚出港，只不过，手中拿的不再是细密的渔网，而是单筒望远镜——从“靠江吃江”转为“靠江护江”。“护江员”张传国的身份之变，折射着九江这座城市的发展之变。

一江清水护江豚

碧波浩渺的鄱阳湖与滚滚长江在湖口县交汇，为“水中大熊猫”——长江江豚的洄游迁徙提供了理想场所。

“江豚以前并不少见，趁人不注意时，还会把系养在船沿边的鱼拱跑。”张传国回忆，后来渔网越织越密，材质从麻线变成尼龙绳，甚至出现大鱼小鱼通吃的电网，渔业资源日渐枯竭，江豚的食物链遭到严重破坏。一些滨江企业污水直排，污染长江，更是严重损害了生态环境，江豚数量锐减。

保护江豚，刻不容缓！2017 年，全国首个保护江豚“协助巡护”示范点落户湖口，九江市也加快引导渔民“洗脚上岸”、转产转业。截至今年 3 月末，全市共回收渔船 3 296 艘，渔网 29 万公斤，签订退捕协议 1 165 户，回收与注销捕捞证 2 251 本。

为保障渔民生计，湖口县专门设立了江豚协助巡护队，14 名队员中，12 名是转型渔民。张传国也加入其中，靠着保护江豚每月能领 3 000 元补助，还享受其他补助补偿等，“政府帮我们把退路都安排好了，心里踏实。”

一手抓护渔，一手抓护水。为破解“化工围江”难题，九江加大清理整顿力度。截至 2019 年年底，沿长江、鄱阳湖、修河 1 公里内的 37 家小化工企业全部关闭退出。今年 1 月至 5 月，鄱阳湖九江湖区水质优良率为 60%，较去年同期提高 17.9%，总磷平均浓度同比下降 29.9%。

水好江豚来。农业农村部最新一次考察结果显示，长江江豚种群数量迅速下降的趋势已得到遏制，鄱阳湖江豚种群数量达 457 头，占长江流域江豚总数的近一半。

一岸青翠好生态

因水得名的彭泽位于长江沿岸，也是江西省占长江岸线最长的县。登高俯瞰，漫山遍野郁郁葱葱，一江清水、一岸青翠，在蒙蒙雾色中相衬相融。

过去，这条风光旖旎的最美岸线聚集了 60 多家大大小小的矿山开采企业。裸露的矿坑如同大地上的一块块伤疤，令青山挂白、长江蒙尘。距江岸 8 公里的浪溪镇麻山村曾饱受其苦，一座石灰石矿紧邻村边。“尘土飞扬，噪音也很大。”65 岁的村民周道凤一脸无奈。开矿产生的粉尘让庄稼蒙上了厚厚一层灰，严重影响植物光合作用，家中四亩地几乎全都撂荒……

2015 年以来，彭泽县加快推进“矿山复绿”工程，累计关停注销采矿权 35 家，矿山数量缩减了一半，昔日的废弃矿山，如今重披“绿衣裳”。矿山复绿后，广源矿业有限公司转型发展生态农业，在麻山村投资兴建了 4 万平方米的田园综合体，让一度饱受采矿之苦的周道凤在家门口吃上了“生态饭”。

敞亮的花卉大棚里，移栽花苗、装盆培土，周道凤忙得不可开交，“每个月工资 3 500 元，不少喽！关键是天天和花草打交道，心情舒畅。”这家公司还流转了 1 000 多亩荒地，种植杨梅、柑橘等经济作物，通过发展绿色产业，目前已带动周边 200 多名村民就近就业，其中建档立卡贫困户 60 多人。

为生态留白，为发展增绿。2018 年以来，九江市全面启动长江沿岸矿山生态环境恢复治理，关停矿山 340 家，治理废弃矿山 8 626 亩，在沿江岸线栽植各类乔灌苗木 600.9 万株，铺植草坪 33 万平方米，百里风光带展现在人们眼前。

一座绿城展新颜

九江，因水得名，依港而兴。九江市城西港区，2019 年集装箱吞吐量超 50 万标箱，这个国家一类口岸掩映在一片翠绿中。

搁几年前，这里还是另一番模样。“江上采砂船密布，江滩到处是私人违建的小码头，堤内砂石堆积、杂草丛生、一片荒芜。”从小在江边长大的市民汪顺星提起那时的情景直皱眉。

2018 年，九江市启动长江最美岸线建设，沿江各县（市、区）共拆除码头 74 座、泊位 87 个，腾出岸线 7 529 米，整合实施了城西港区园林景观绿化、防洪排涝工程等 12 个项目，一座优美的湿地公园跃入眼帘，整体面貌焕然一新。如今，常有新人来此拍摄婚纱照，汪顺星也和不少市民一样，每天到湿地公园散步、休憩。

环境变美，经济也在高质量发展。九江市发改委主任喻子水摆出一组当地转型发展的亮眼数据：2019 年，战略性新兴产业增加值增长 9.7%，新增高新技术企业 217 家，总数突破 510 家，增量全省第一；全年研究与试验发展经费支出 40 亿元，同比增长 45%。

（来源：《人民日报》，2020 年 9 月 26 日。）

这篇新闻报道展示了江西省九江市在生态保护和经济发展上取得的新成就，探索的新模式：因地制宜、珍惜大自然的馈赠，从地方自然环境优势出发探寻经济发展新动能。

2. 新风尚、新人物

新风尚是指新的社会面貌与风气，新的做法与倡议。新人物是指在社会建设中，各行各业涌现出的具有宣传价值的典型人物。新闻选题应描绘新风尚，书写新人物，以新闻报道的方式弘扬主流价值观，传递正能量，让新风尚在全社会蔚然成风，让新人物更好地发挥榜样作用。

35 名贫困村第一书记申请留任

4 月 9 日，迎着蒙蒙雨雾，石台县七都镇河口村贫困户钱泽民开始了一天的采茶工作。“以前收入只能靠茶叶，现在还有光伏扶贫、大棚蘑菇。今年脱贫不成问题，但我还想致富，希望能继续得到第一书记的帮扶。”老钱在茶园里跟记者聊起了心里话。

走进河口村，满眼葱绿。一场产业扶贫现场会正在这里举行，省民委选派河口村第一书记李朝阳身披雨衣，动情地说：“我经过深入思考，已向组织申请留任。如果组织上能给我机会，我愿意再干一任。”

省扶贫办相关负责人告诉记者，截至 9 日下午，全省已有 35 名贫困村第一书记向组织递交请战书，申请能再工作一个任期，带领贫困群众实现稳定脱贫。

2014 年 10 月，全省第六批共选派 3 494 名村党组织第一书记（驻村扶贫工作队长）。选派干部们驻得住、扎得下、干得实，成为贫困户脱贫路上的“领头雁”。2016 年，全省实现 1 077 个贫困村出列。按照相关规定，第六批选派干部驻村任期为 3 年，这意味着今年 10 月左右，这些贫困村第一书记将要回到原来的岗位。

舒城县教育局选派火龙岗村第一书记秦波说：“我们村计划 2018 年出列，一些种养项目今年见成效，关键时刻哪舍得走啊！”

贫困村干部群众也热切期盼优秀的选派干部能留下来。舒城县舒茶镇火龙岗村党支部书记高时明说：“选派干部驻村后，集体收入突破 5 万元，硬化道路 30 公里，21 户贫困户领到脱贫光荣证。他们若是能留下来真是太好了！”

“村民不脱贫，我们不撤离。”这是申请留任的 35 名贫困村第一书记的共同心愿。省地税局选派太湖县晋熙镇九龙村第一书记杨传杰，先后进驻 3 个村，驻村时间长达 14

年，这一次他依然申请留任。杨传杰对记者说：“我跟村民结下了深厚的感情，心已经在这里。”

（来源：《安徽日报》，2017 年 4 月 10 日。）

脱贫攻坚的路上，广大扶贫干部无私付出，默默坚守。该报道通过讲述云南省 35 名第一书记申请留任的故事，塑造出无私奉献、心系人民的扶贫干部群像，弘扬了扶贫干部扎实打好脱贫攻坚战，带领群众稳定脱贫的新风尚。

（二）新闻价值是新闻选题确立的客观标准

1. 新信息、新动向

选题新颖在新闻采写中是非常关键的，选题策划人员要不断优化和更新新闻报道模式，注重从民生角度和社会热点出发，关注百姓所关心的重要内容，确保选题内容与群众生活息息相关，力争以更深层的视角和观点丰富新闻选题内容，这样，采写出来的新闻报道才能引起更多人关注。

省政府首次提起环境公益诉讼 向污染企业索赔

昨天，由江苏省人民政府、江苏省环保联合会诉德司达（南京）染料有限公司环境污染责任公益诉讼纠纷一案，在南京市中级人民法院开庭审理。这是江苏省人民政府首次以赔偿权利人身份提起的生态环境损害赔偿诉讼。

染料企业非法倒废酸

原告诉称，2013 年 9 月至 2014 年 5 月，被告德司达公司在明知王占荣无废酸处置资质的情况下，多次将公司生产过程中产生的废酸以每吨处置费 580 元的价格交给王占荣处置。王占荣明知船东丁卫东无废酸处置资质，仍将废酸以每吨处理费 150 元的价格交给丁卫东处置。丁卫东安排船工孙新山、钱存林、张建福、王礼云等人将其中 2 698.1 吨倾倒至如泰东河、新通扬运河水域，严重污染了环境。

2016 年 10 月 8 日，扬州市中级人民法院做出二审判决，认定德司达公司系主犯，犯污染环境罪，判处罚金人民币 2 000 万元。涉案被告人均被判处 1 年到 5 年不等的有期徒刑，并处人民币 1 万元至 180 万元不等罚金，违法所得予以没收。上述刑事案件中，法院采纳江苏科技咨询中心（2014）认字第 04 号污染环境损害评估技术报告结论，认定被告向外委托处置的废酸属于危险废物，废酸液排放数量 2 698.1 吨，环境污染修复费用为 2 428.29 万元。

省政府首次提起环境公益诉讼

原告认为，被告德司达公司负有防范其副产废酸污染环境的义务。被告作为废酸的产生厂家，应当预见到废酸的无序流转存在极大的环境风险，应采取一切必要的、可行的措施防止其最终被非法倾倒。但被告在明知废酸极可能被非法倾倒情况下，却对此持放任态度。其委托并不具备能力和资质的个人处置废酸，应视为一种在防范污染物对环境污染损害上的不作为，最终导致环境污染损害。被告委托王占荣处置废酸，最终造成如泰东河、新通扬运河水域环境污染，应当依据《中华人民共和国侵权责任法》第六十五条规定，对污染环境造成的损害承担侵权责任。

庭审中，原、被告双方对被告德司达公司违反国家环境保护法律规定倾倒废酸造成环境污染和生态破坏，以及江苏科技咨询中心出具的污染环境损害评估技术报告，认定污染修复费用为 2 428.29 万元的事实，均予以认可。被告德司达公司同意赔偿环境损害修复费用 2 428.29 万元，用于生态环境修复。在法官的组织下，原、被告双方均有调解意愿。法院将择日组织调解，如调解不成，将依法判决。

据悉，此案是江苏省作为国务院确定的生态环境损害赔偿制度改革试点省以来，省政府与省环保联合会携手作为共同原告提起的首例环境民事公益诉讼。

（来源：《扬子晚报》，2017 年 4 月 28 日。）

被确定为生态环境损害赔偿制度改革试点省以来，江苏省首次提起环境公益诉讼，这是新尝试，该报道不仅发布了这一信息，还表明了江苏省采取环境公益诉讼手段，进一步加强生态文明建设的决心，传递出江苏省继续深化生态环境损害赔偿制度改革，并将改革落到实处的新动向。

2. 新事物、新问题

在新闻采访中，一个看似简单的社会事件，往往包含着许多复杂信息。要选择那些能揭露事实真相、接近事件核心的内容作为报道选题，这样采写出来的新闻，才能起到查明真相、化解矛盾、理顺情绪的作用。

学分不达标，华中科大 18 名本科生变专科生

记者 10 月 11 日从华中科技大学获悉，该校 2018 年有 18 名学生因学分不达标从本科转为专科，其中 11 人已在 6 月按专科毕业。

“读了 4 年大学，拿不到学位证书的大有人在。”该校一名大四学生告诉长江日报记者，有些大学生脱离老师和父母管束，就像脱缰的野马，通宵打游戏、逃课，考试挂科的情况屡见不鲜。

之前，该校对学分不达标的学生直接给予退学处理，一些家长对此表示不理解。去年，该校出台了《普通本科生转专科管理办法（试行）》，明确规定未按要求完成本科学分的学生降为专科。

该校教务处相关负责人表示，出台《普通本科生转专科管理办法（试行）》，既是保障本科生培养质量的重要举措，也是在退学之外，为学分不能达标的学生提供了一种“人性化选择”。

据统计，华中科大的 3 万多名本科生中，在 2017—2018 学年，有 210 人因学分偏低受到黄牌警示，34 人未达到培养计划学分最低要求受到红牌警示。

今年 8 月，教育部印发通知，要求高校切实加强学习过程考核，加大过程考核成绩在课程总成绩中的比重，严格考试纪律，严把毕业出口关，坚决取消“清考”制度。

华中科大史上首次因学分不达标降本科转专科，在学生中引发震动。校方介绍，该校的本科质量提升工程一直走在全国前列，之前已取消清考制度。

（来源：《长江日报》，2018 年 10 月 12 日。）

严把毕业出口关，核心要义就是要严格设置好毕业要求，避免高校毕业生“严进宽出”。

华中科技大学首次让学分不达标的学生本科转专科，这一举措响应了教育部“严把毕业出口关”的号召，正是针对提升育人质量这一问题采取的切实行动，这篇报道聚焦新问题，讲述了新做法。

四、新闻选题的误区

（一）选题不明确，内容可读性不强

随着我国新媒体行业的不断发展，新闻行业的队伍也在不断发展壮大，各方面都有改革和突破，而由此出现的众多新手新闻工作者，他们一般都缺少工作经验，策划出来的选题最容易出现主题不明确等问题。文章内容不着边际，主观臆测太多，让人难以信服，有些还有“题文不符”等问题，即只有标题吸引人，而内容却没有实际意义，让人读了之后产生莫名其妙、不知所云的感觉，这些都使得新闻的可读性不强。在当下的网络信息时代，各类媒体之间的竞争十分激烈，受众的注意力成为各个媒体重要的竞争点，而一些媒体在进行新闻选题策划时，不能够站在受众的角度进行策划，造成新闻内容的可读性不强、吸引力不够，这是当前一些媒体在选题策划上最容易出现的问题之一。

（二）凭空造假，违背新闻客观规律

真实是新闻的生命，如果新闻真实性缺失，那么新闻的意义也就无从谈起了。但是部分媒体为了某种利益公然源头造假，新闻中所报道的事件可能没有发生，完全是凭空捏造，这类新闻选题危害是最大的。

那么，一些媒体为什么要凭空造假，公然违背新闻客观规律和新闻职业道德呢？一方面，从媒体自身角度来说，为了追逐经济利益，为了获得更多关注，其总期望能够制造出更多给人带来震撼的新闻，于是会根据现实中发生的一些事实进行胡编乱造，挑逗人们的感官。另一方面，从受众的角度来看，他们已经厌倦了千篇一律的形式主义新闻报道，期待更多不同内容，所以一些媒体就抓住受众这种心理，开始制造耸人听闻的假新闻，这些选题让人们产生焦虑感，侵蚀人们的思想。但是这些都不是造假的理由，在当下社会充满各种诱惑以及受众信息需求愈加多元的情况下，新闻工作者需要不断提升思想道德水平和专业技能，守住新闻人的底线。

（三）缺乏人文道德精神

人文道德是社会的行为规范和准则，新闻是信息传播的重要载体，媒体在保证新闻真实性的大前提下，还要遵循人道主义精神，引导社会大众树立正确价值观。然而，现在有些新闻工作者为了点击量，只会冷冰冰地陈述事实，没有表明自身的立场和态度，不能起到引导舆论的作用。《南方周末》曾经在新年贺词中写道：“让无力者有力，让悲观者前行。”媒体的作用不是冰冷地传递信息，还需要加强人文关怀意识，给更多的人以希望和力量，新闻应该是有思想、有温度的。所以在进行选题策划时，新闻工作者要充分认识到这一点，让新闻报道增加人文道德精神。

（四）违反法律规范，侵害公众权益

2015 年 5 月 30 日中国足球协会超级联赛中，上海申花主场对阵石家庄永昌，比赛后毛剑卿鞠躬致谢申花球迷。网易工作人员将一张申花球迷中指照与毛剑卿鞠躬照拼接在一起，刊发了一篇名为《毛剑卿鞠躬谢申花球迷，女球迷竖中指回应》的报道。竖中

指当事人后来澄清，其此举并非发生在毛剑卿谢场时，也并非针对毛剑卿。2015 年 12 月，当事人对网易提起诉讼，认为网易体育的不实报道侵犯了其个人乃至整个申花球迷群体的名誉权。最终，网易删除其网站内相关图片新闻，刊登致歉声明并赔偿原告人民币 1 500 元。

新闻工作者应该牢记，策划新闻选题必须遵守法律规范，不能侵害公众的名誉权、隐私权、肖像权等各项合法权益。

五、高质量新闻选题特征

（一）选题的重大性

选择新闻采访的主题时，要注重选择大众广泛关注的话题，同时要着重选择那些影响较大的社会新闻事件，寻找选题背后的社会意义。选题要能够体现党和国家的近期部署，能精准表达人民群众的呼声和愿望。部分新闻工作者在选择采访主题时会选择身边的具体人物或具体事件，但除非具有典型性和突出性，或者其是系列报道的某个部分，此类选题一般会显得过小，包含的社会意义难以挖掘，难以实现深度探索，制作出的新闻无法吸引受众关注。

（二）选题的公众性

选题的公众性是指选题与公众的接近程度，高质量的选题往往能够引起公众共鸣。但是共鸣产生的前提是选题能够反映人民的实际生活和真实想法，这就需要新闻工作者在确定选题时将镜头对准人民群众，例如垃圾、污水、车祸、火灾、赌博、传销等社会问题或社会现象，都是具有很高公众性的新闻选题。

（三）选题的独家性

1. 独家事实

独家新闻贵在一个“独”字，“独”的意思是只有一个，没有别的。“人无我有”才叫独，“独家事实”就是只此一家掌握的新闻事实。新闻媒体对自己独家发现的新闻事实加以报道，就成了独家新闻。从新闻本源上说，没有“独家事实”，就没有“独家报道”。但倘若媒体掌握了独家事实，却不能以最快的速度将其见报，那么极有可能被后知者抢了先，错失“独家”，所以，要注意新闻的时效性。

在很多重大题材、权威信息报道上，有无采访途径直接决定了媒体能否获得独家事实。

2020 年，诺贝尔物理学奖颁发给了天体物理学家罗杰和安德烈亚，众多物理学家感到意外，针对诺贝尔物理学奖评选的细节与今后趋势等诸多疑问，《知识分子》对诺贝尔物理学奖的投票权享有者、瑞典皇家科学院院士古斯塔夫做了独家专访，并发表了独家报道。

这一“独家事实”的获得就胜在有独家采访途径。

2. 独家分析

随着传播技术水平的不断提高，记者新闻敏感的增强以及新闻观念的更新，媒体垄断性地占有新闻信息资源做出独家新闻越来越难，以时间的抢先性来制作独家新闻也不容易。在新闻市场，信息资源共享局面已经变得越来越普遍，媒体想要制作独家新闻，停留在使用一般的报道方式几乎是不可能实现的。因此，面对新的传播环境与市场，媒体除了继续发掘独家新闻线索外，也越来越重视后发性独家新闻的制作，也就是用独家的眼光、独家的视角、独家的思考去制作独家新闻。例如，在提倡全面加强党的建设的时代背景下，人民网推出一篇独家报道——《中国的民营企业为什么要加强党的建设？》

中国的民营企业为什么要加强党的建设?

在义乌中国小商品城里，鲜红的党旗随处可见，醒目的“共产党员示范岗”红色牌匾悬挂在一个个商铺门口；在京东，“党旗飘在工位上”是公司党建的一大特色；在河北瑞兆激光再制造技术股份有限公司生产一线，一块标语牌引人注目——“党指引方向，党给我力量”……

2019 年，中共中央组织部公布的《2018 年中国共产党党内统计公报》显示，截至 2018 年 12 月 31 日，全国有 158.5 万家非公有制企业法人单位建立党组织。这组数据表明，越来越多的民营企业认识到了党建的重要性。

中华人民共和国成立 70 年来，我国经济体制和社会结构经历了深刻变革，新的经济组织，特别是民营企业发展呈现几何级数增长，在经济社会发展中发挥的重要性越来越突出。

习近平总书记强调，党要管党，党建要全覆盖。根据经济社会发展和结构变化，党的组织形式、工作方法也要与之相适应。要积极推动民企党建工作探索，因地制宜抓好党建，促进企业健康发展。

民营经济的发展始终和党的政策同向，和国家命运相连。党建为民营经济健康发展注入了强大信心和动力，有力促进了民营企业健康发展和民营企业家健康成长。

党建引领发展方向——企业“舵手”强自信

…………

党建助力抓牢最关键生产要素——企业“细胞”有活力

…………

党建营造先进发展理念——企业“肌体”更健康

…………

正如国家市场监督管理总局“小个专”党建办负责人韩旭所说，民营经济形成的今天前所未有的蓬勃发展局面，在世界上任何一个国家都不曾有过。中国民营经济党的建设这一重大新领域，对科学社会主义的探索发展做出了独一无二的历史性贡献，也充分展示了党的领导是中国特色社会主义最本质的特征和最大优势，党的组织体系建设，对推动中国经济社会实现大发展，有着宝贵的成功经验。

新时代民营企业党建作为基层党建重要内容，既是全面推进新时代党的建设新的伟大工程的题中之义，更是新时代民营企业推动思想再解放、改革再深入、工作再抓实的内在要求和可持续发展的必然选择。

新时代，新征程。民营企业将拥有更广阔的发展舞台和空间。党建将助力民营企业走向下一个辉煌。

（来源：人民网，2019 年 10 月 15 日。）

人民网这篇独家报道通过列数据、举实例以及梳理大量的采访素材，阐明我国民营企业加强党的建设的重要性和迫切性。

思考与练习

1. 什么是新闻线索？获取线索的渠道有哪些？
2. 新闻选题对于媒体的重要性体现在哪里？
3. 确立新闻选题有哪些标准？高质量选题有哪些特征？
4. 试以你所在大学的师生为新闻受众，策划新闻选题。

Chapter 3

第三章　采访准备与采访对象心理

第一节　采访准备

记者在采访前必须做好必要的物质、技术与活动安排的准备工作，以保证采访的顺利进行。采访前若准备工作做得充分，采访时就会得心应手，采访就会达到预期的效果；若采访准备工作做得不够充分，采访过程中很容易出现冷场、话题偏离、记者被采访对象带偏采访节奏等问题，也很容易给采访对象留下记者不够专业的印象，对后续采访环节造成不利影响，由此可看出采访准备工作的重要性。采访的准备工作主要包括采访策划、物质准备，在特定时候记者还要探究采访对象心理并说服其接受采访。

一、采访策划

采访策划是指记者在采访前进行的收集信息和规划内容，明确采访对象和采访目的，对采访对象以及采访问题相关背景资料进行提前了解，以确定采访大致环节和问题走向的活动。采访策划具有目标性、科学性、整合性和创新性。

（一）策划报道，确定采访目的

采访是一种特殊的社会调查活动，具有极强的目的性。记者进行采访是为了获得特定信息并通过大众媒介将信息传播出去，以满足受众的信息需求。在如今信息爆炸时代，记者作为官方发言者，进行的报道都必须有一个明确的主旨和目的。明确采访目的就如同在烹饪前，要确定做什么菜，菜品确定了才好准备食材、调料等。确定了采访目的后，记者根据自己的需求，明确需要的信息有哪些、可以从什么人那里获得相对详细准确的第一手信息。确定采访目的可以帮记者避开无关紧要的问题，根据已有的报道思路，制定一个大致的采访框架。策划报道可以从报道题材与主题、报道规格与规模、报道角度与导向、采访路径几个方面来思考。

1. 报道题材与主题的策划

新闻题材是新闻作品中包含的事实材料的总称，即新闻作品所涉及的人、事和物。广义的题材指社会生活、社会现象中的某个领域，如“工业题材”“科技题材”“军事题材”“时政题材”等；狭义的题材指叙事中所包含的一组完整的事实材料。

选择报道题材，实质上是明确“报道什么”。世界之大，万物之复杂，每天有各种各样的事发生，而受新闻报道版面、新闻工作者人数、获取信息范围等限制，媒体不可能就已发生的每件事情都进行详细报道，也不可能逢事必报，有闻必录。因此，新闻工作者在新闻制作的最初阶段要充当一个“把关人”，对发生的新闻事实进行过滤，对报道的题材进行取舍，力求把有价值、有意义的新闻传播给公众。总而言之，新闻报道题材的策划，就是指记者对报道题材的选择。

新闻报道题材策划有三个基本原则，即真实性、新颖性和针对性。

真实是新闻的生命，新闻是对新近发生的事实的报道，新闻是客观存在的事实。媒体报道的新闻不真实，意味着欺骗受众，也是对社会不负责任。因此，真实是新闻的命脉所在，也是任何新闻报道必须遵守的基本原则。此外，新闻报道题材实质上是事实材料的组合，策划新闻报道题材也必须遵守真实性原则。

新颖性是新闻报道题材策划的一个基本原则。新颖性是指新闻报道题材的创新性，新闻报道题材新颖可以提升新闻报道题材的价值，以及受众对新闻报道的接受度、认可度。新闻报道题材不新颖，意味着受众不欢迎、不感兴趣，最终的新闻产品逃不脱“被忽略”“积压滞销”的后果。在千篇一律的事实材料中，发现新闻报道题材的新颖性，也是对新闻工作者的一个考验。

针对性是指新闻报道的策划者选择这个题材的理由。策划者在选择新闻报道题材时，需要问自己一系列问题，包括为什么选择这个题材进行策划？这个题材和其他题材相比有何与众不同之处？这个题材的报道是针对怎样的社会现实来进行讨论的？其能够带来怎样的社会影响，能否达到报道这篇新闻的目的？新闻报道题材策划的针对性实质上是一种“有的放矢”，这种“有的放矢”是建立在策划者对大局的准确把握、对政策的熟练掌握、对社会生活的知悉以及对受众需求的了解等基础上的。

主题是指文艺作品或者社会活动等所要表现的中心思想。新闻主题是指一篇新闻报道的中心思想和基本观点，统摄新闻报道中人、事、物等事实材料。主题在新闻报道中起主导作用，主题所反映的主要事实或重要问题，是记者选择和组织材料的主要依据，也是贯穿新闻写作过程的主要线索。

新闻报道主题的策划同样具有新颖性的特征，新闻报道主题不够新颖，就不足以吸引受众观看后续的新闻报道，因此，在新闻报道主题策划阶段就要抓住受众的兴趣点。此外，新闻报道主题还具有一个极其重要的特征，即新闻主题的思想性，立意高远、思想深刻是对报道主题的最基本要求。

报道题材与报道主题间的关系，主要表现在：

一是报道题材是报道主题的基础。报道题材是人、事和物的事实材料的组合，新闻报道策划者需要从这些事实材料中，提取中心思想，即新闻报道主题，围绕这个主题来进行后续报道，因此报道题材是报道主题的基础。

二是报道主题是对报道题材的升华。报道主题具有思想的深刻性，它来源于报道题材而远远超脱于这些事实材料，它借助报道题材中的事实材料体现出来，给予受众以反省和警示，是对报道题材的升华。

简而言之，报道题材策划是组织事实材料的过程，它服从于报道主题策划的需要，而报道主题的策划是对报道题材的统领，也体现了新闻报道的主旨与灵魂。

2. 报道规格与规模的策划

报道规格与规模是新闻策划者确定完题材与主题后必须首要考虑的问题。

规格，在文学上，有“格局”的含义。《三国志·魏志·夏侯玄等传论》中提道：“玄以规格局度，世称其名，然与曹爽中外缱绻；荣位如斯，曾未闻匡弼其非，援致良才。”规模，也含有“格局”的意思，但同时包含“范围、场面”的含义，《宋史·李纲传》中有“夫创业、中兴，如建大厦，堂室奥序，其规模可一日而成”。

报道的规格与规模的策划就是选择新闻报道的广度。新闻报道反映社会生活，新闻报道主题本身对报道规模做了限制。试想，若把某城市一个小偷偷盗的事情放在全国性甚至全球性的媒体上进行大肆宣传报道，是否有些小题大做？反之，若把“翟天临事件”仅仅放在一个地方性的日报上进行报道，其能否发挥出应有的警醒社会的作用？

实践表明，报道规格过高、规模过大，会给人一种“炒作”之嫌，造成受众质疑媒体；报道规格过低、规模过小，势必造成信息流失，使新闻报道的社会价值大大降低，达不到应有的传播效果。因此，新闻报道的规格、规模要与新闻事件的性质相适应，才能获得更好的传播效果。同理，新闻报道的规格与规模要与报道主题相匹配，报道主题越宏大，报道规格越高、规模越大；报道主题越微观，报道规格越低、规模越小。

要使报道规格、规模与报道主题相适应，可以从以下几个方面着手。

（1）报道篇幅适中。报道篇幅适中指的是报道容量适中。若为文字媒体，则具体表现为报纸或网页版面的占用比适中；若为音视频媒体，则表现为音视频的时间长短适中。但报道篇幅，本质上是由信息量多少决定的，较为微小的报道主题，不需要事无巨细地花大篇幅描述事实，较为宏大的报道主题也不能草草解释完事。一般来说，新闻报道主题越宏大，与受众关联度越高，报道的信息量就越大，报道所占篇幅就越大。

（2）报道力度适中。报道力度包含报道数量和宣传力度。一般来说，报道主题越宏大或事件越大，报道数量越多；报道主题或事件越小，报道数量就越少。如 2019 年以来中美贸易摩擦，是关涉两国人民甚至世界人民的大事件，在很长一段时间内新闻媒体对这次贸易摩擦高度关注，并高密度、全方位地进行了大批量报道。宣传力度方面，越重大的新闻事件或越深刻的报道主题，媒体给予的宣传力度就越大。如 2019 年的华为“鸿蒙系统”发布，在中美贸易摩擦日益激烈的背景下，全国媒体对此事件进行了一段时间的密集宣传与报道。

（3）报道文体适中。报道文体适中，是指不同报道内容，需要用不同文体来表达。新闻文体有消息、通讯、特写、评论等，每种报道文体有不同报道功能。值得一提的是，网络新闻媒体在这几年快速发展，已逐渐形成了一种“多媒体式新闻”，这种文体包含文字报道、音视频以及资料链接等，能更好地整合各种消息，信息量巨大，且受众操作便捷，可以达到很好的传播效果。总之，要用不同的报道文体体现不同的报道内容。

3. 报道角度与导向的策划

报道角度，即新闻的切入点，其同样也是记者对新闻事件的关注点。选好报道角度，能够最大限度地吸引受众，尽可能使新闻事实发挥出影响社会的应有作用。同一个新闻事件，会因为报道角度不同，产生不同影响力，产生不同传播效果。新闻报道角度不同，采访的人群、所提的问题也往往不尽相同，因此，在策划阶段就要选择好报道角度。

具体的报道角度策划，就是在策划新闻事件报道或人物通讯时，从与众不同的角度切入或选取与其他媒体不同的事实材料。例如，在 2013 年武汉大暴雨的报道中，多数新闻媒体把关注点放在武汉大暴雨的场景展示、这场大暴雨造成了多少损失以及政府应如何治水上，但有的新闻媒体就别出心裁，选取了与众不同的报道角度，做出了《汉口老租界为何不淹水》等报道。

导向，顾名思义，指的是引导的方向。新闻报道的导向往往指的是报道新闻事件所形成的舆论导向，新闻报道要坚持正确舆论导向。新闻上的言论与观点会对受众产生重要影响，拥有不同爱好、不同信仰、不同文化背景的人都会受到新闻导向的影响。新闻媒体是为人民服务的，是人民群众的“喉舌”，是党与人民沟通的重要桥梁，因此，新闻的导向也关系到了立场问题，媒体人永远要站在群众的立场上讲问题。记者在报道的策划阶段，就要深刻认识到新闻报道导向的重要性，一定要以积极态度去分析新闻事件，给社会传递正能量、传达正确的价值观，为构建和谐社会助力。

4. 采访路径

当新闻主题与题材、规格与规模、角度与导向都已确定，余下的就是确定采访路径。

一般来说，采访路径有现场采访、自上而下采访和自下而上采访三种。

现场采访，是指记者直接奔赴事发现场进行采访。这种采访路径的好处是，记者可以直观地察看事件发生的现场，迅速、便捷地获得第一手材料，直接通过摄像机镜头、手机镜头，形成电视新闻画面或网络直播画面。但是，这种采访路径对记者专业素质要求较高，要求记者不仅具备敏锐的观察能力和临场应变能力，还要具有较强的情绪管理能力和控场能力。

自上而下采访，指的是先从上层开始，逐渐到基层的采访路径。这种采访路径的好处是，记者先直接采访上层以及领导层，上层多数是综合部门，有汇总后的情况介绍和综合数据，并且先采访上层有助于记者形成一种宏观思维。但上层所表述的内容具有高度概括性、抽象性等特点，并且还经过了从基层到上层的各层的综合概述，信息容易变形，记者还需要到基层对信息进行核实，才能把握事实真相，确保新闻的真实性。

自下而上采访，指的是记者先从基层开始，逐渐到上层的采访路径。这种采访路径的好处是，由于记者首先接触基层，获得的是第一手材料，信息具体、真实且可靠。从基层直接观察获得的具体场景信息，能启迪记者的形象思维，对记者由感性思维向理性思维转变的能力的培养也具有积极意义。自下而上采访的不足之处体现在，从基层获得的是个案，缺少宏观的比较和全局的高度性，而若要对获得的大量个案进行对比又需要花费大量人力财力，且获得的资料也具有相对局限性。

记者应以采访策划中确定的主题、角度和规模为基础，进行采访路径的选择，采访路径的选择也是采访策划的一部分，路径选择得好有助于后续报道的顺利推进。

（二）进行文献研究，调查背景信息

在采访策划大致完成后，就需要记者调查相应的背景资料，对新闻事件进行深入了解，这一步骤能帮助记者全方位了解事实真相，也丰富了记者的采访提纲，有助于记者问出更有价值、更有意义的问题。

1. 有关报道事件或人物的背景信息

有关报道事件的背景信息包括新闻事件发生的时间、地点，事件中的人物，事件经过以及结果。若在调查背景信息的过程中，记者发现新闻事件中有不确定或含糊的信息，甚至发现同一个新闻事件有两三个不同“版本”时，记者就可以确定自己的采访任务——发掘事件真相，以消除社会上的不实传言或含糊信息，防止以讹传讹。另外，在了解了事件的发展、结果基础上，记者可以从完整的新闻事件中推断出事件的价值以及对社会的影响，这有助于记者以此事件为载体实现新闻主题的升华。此外，深入了解这些事实材料有助于记者形成不同的采访思路，找到新闻报道的新角度。如华为在发布会上发布“鸿蒙系统”时，多数媒体会重点关注“鸿蒙系统”的实用性、功能性以及其与苹果系统和安卓系统对

比的优劣势，而部分媒体在华为发布“鸿蒙系统”后，深入了解华为制造“鸿蒙系统”的前因后果，从中美贸易战的角度切入，将这个新闻的主题升华到了国家层面。

2. 有关采访对象的基本情况

与采访对象有关的信息包括采访对象的姓名、性别、年龄、职业以及兴趣、爱好等，还包括对方的言谈举止、最近参与的活动、以往接受过的采访等。

掌握这些信息的目的在于更深入地了解采访对象，从而实现与采访对象的有效交流，保证采访工作顺利高效进行。例如，在采访某著名人物时，记者就可以不用从其基本信息开始按部就班地采访，而可以直接从对方感兴趣的话题或从其专业切入，一来可以快速激发采访对象的兴趣，快速进入采访节奏，二来体现出记者的准备工作之充分，表现出对采访对象的尊重。此外，熟知采访对象的基本情况，也能避免如姓名、性别写错等失误，以免采访对象怀疑记者的专业度，影响记者和其所属媒体的声誉。

3. 党和政府的有关政策、法规等规范性文件

在做时政新闻采访策划时，记者需要详细了解党和政府制定的阶段性政策文件，并且与之前制定的做对比，了解政策文件的完善程度，发掘出党和政府近期的关注点，对其之后的关注点、可能采取的动作做出相应合理推测。此外，记者还要熟悉时政新闻采访所涉及的各类规章制度，了解这些规章制度所针对的人群、所起到的作用、制定的背景以及原因等。记者要成为党和政府的“耳目喉舌”，并作为党和政府的“传声筒”，向大众解释党和政府制定这些规范性文件的意义。此外，记者对这些政策、法规保持熟悉度，也有助于其在采访官员或时政研究专家时，直接切入主题，避免提出一些如某法规的作用、改动日期等低级问题，以保证采访高效、有意义、有价值。

4. 注释性背景材料

注释性背景材料是指专门用于解释新闻作品中的专业术语、历史典故、民间传说、产品性能，以及其他不易被一般读者所理解的知识性问题的材料，通常科技类新闻报道中或记者采访国际友人时，经常用到注释性背景材料。

在采访准备阶段，记者查找注释性背景材料的目的是，提前了解采访时可能遇到的专业术语、传说典故或产品性能等，避免在采访中遇到听不懂的专业言语，或无法理解采访对象提到的传说典故，导致采访冷场甚至无法进行下去。

此外，若记者能在采访准备阶段熟练掌握相关注释性背景材料，并在采访中使用得当、巧妙，就可以增加采访本身的知识性和趣味性，增加记者个人魅力，有助于采访顺利进行。

（三）确定采访对象

1. 采访对象的选择

采访对象的选择有三种方式，即定向选择、阶段选择以及随机选择。定向选择是指在做好采访策划工作、了解新闻事实发生的背景后就确定好重点采访对象；阶段选择是指随着采访的逐渐深入，记者按照新的线索一层层深挖最终发现潜在采访对象；随机选择主要是指记者在采访现场临时随机选择采访对象，如一般的街访就是运用的随机选择方式。

选择采访对象有两个原则，一是与报道主旨有相关性，二是有利于消除信息的不确定性。

选择的采访对象与报道主旨有相关性，这是一项最基本的原则。记者所有的采访以及

报道都是围绕报道主题展开的，新闻报道主题就是一条线索，领导着后续所有的采访、报道工作。若记者采访、报道工作偏离主题，就浪费了时间，还浪费人力财力，得不偿失。设想，若记者采访某个人物，也一定会在采访本人的基础上，再去采访他（她）的亲友以及其他与他（她）相关的人，而不会去采访与他（她）毫无关系的人。

新闻是新近发生的事实的报道，新闻的基本功能就是传递信息，而向大众公于这些信息的目的就是消除信息中的不确定因素，澄清事实真相。例如，在灾难性报道中，人们比较关注的是灾难的强度和生还者的各种信息，此时若没有官方消息，就会有各种流言蜚语产生，记者需要奔赴现场了解受灾情况，采访当事人，向受众提供准确信息，杜绝谣言。

2. 争取采访机会

当记者确定了采访对象后。那么接下来记者要做的事情就是为自己争取采访机会。有的采访媒体会帮记者安排好，但更多的采访则需要记者本人自行争取采访机会。

在争取采访机会之前，记者需要明白，他人没有义务必须接受采访且回答问题，因此，记者本人需要提前准备一个令采访对象接受采访的理由。在联系采访对象方面，记者需要尽早联系对方，以保证有充足的时间来说服对方接受采访，也可以使采访对象提前做好心理准备。在提出采访要求时，记者需要自报家门，以及让采访对象了解为什么要采访、采访需要多长时间。

争取采访机会要把握好“三会”。

一是要“会抢”。在大型活动、大型会议现场，必定有众多新闻媒体参与报道，新闻记者云集，在这种情况下，想要接近采访对象和获得采访机会就需要“抢”。记者需要在活动或会议开始前抢占最容易受到关注的位置，这样在提问环节抢问，才能赢得采访机会。

著名主持人王小丫在中央电视台当记者期间，总结了一套参加“两会”新闻发布会的窍门：“起床要早，抢个好位置；穿着尽量醒目，容易被发现；举手尽量高点儿，但不要在最高峰时举，会被齐刷刷手的丛林淹没掉。”再如下面这个例子。

6月8日下午1时45分，距离上海合作组织青岛峰会媒体中心首场新闻发布会开始还有15分钟，可容纳上百人的新闻发布厅已经坐满了各国记者，找不到座位的记者只好站在过道上。乌兹别克斯坦电视台记者茹拉耶娃来得很早，“抢”了一个前排的好位置，她打开笔记本电脑准备记录发布会内容，而她的同事，一位摄像记者已经架好了摄像机……

提问环节，会议主持人刚讲完提问规则，一瞬间，茹拉耶娃和其他十几位记者几乎同时举起手。茹拉耶娃一头金发，穿着一件鲜亮的蓝色衬衫，在人群里十分醒目。她获得了首先提问的机会。

（来源：人民网，《发布会上抢新闻（第一现场）》，2018年6月9日。）

二是要“会等”。赢得采访机会，既需要“抢”，也需要“等”。如采访一些领导人出访，领导人周围的安保措施必然会做得非常严格，这样的采访对记者也有严格的纪律要求。在这种时候，“抢”的难度相对较大，并且若记者执意“抢”，也很容易出现危险，这种时候就只能“等”。全国“两会”报道中，记者们将“抢”和“等”的本领发挥得淋漓尽致。

本报北京讯 3月5日早上8点20分，当记者随湖南团大巴抵达人民大会堂时，广场上已十分忙碌，一条红色的警戒线将人群分为两边，一边是陆续抵达入场的代表们，另一边是浩浩荡荡排队等待入场的记者。在这里排队等候进入人民大会堂的记者大多肩负两项任务：拿《政府工作报告》；前往“部长通道”守部长。而这两项任务，都需要跟时间赛跑。

《政府工作报告》是“抢手货”。记者们一过安检，马上开始百米冲刺，目标只有一个：以最快速度赶到位于新闻发布厅的报告领取点。领取点的小桌子后面，《政府工作报告》十分抢手，一名女记者好不容易挤进去，终于抢到一份《政府工作报告》时，早上刚画好的眉毛一半都被擦掉了。

另外一边，“部长通道”是记者们的另一个抢占据点。所谓“部长通道”，是一条从人民大会堂北门通向会场的过道，不过100米，因为是部长们的必经之路，在这里“围追堵截”，就成了各路记者心照不宣的秘密。

进人民大会堂要排队，拿《政府工作报告》靠“抢”，采访部长要“等”，就连买首日封也要排队。设在人民大会堂北侧的大会堂邮政所，门口设置了邮箱，可以现买现寄。由于是首日封发行的第一天，邮政所门口排起了长长的队伍，邮政所只好关上大门，让购买者分批进入。一枚首日封3.5元，价格不贵，却是一份有意义的纪念，不少人拿着刚买到的首日封，喜滋滋地看了又看。记者杨杰妮

［来源：《潇湘晨报》（数字报），《拿〈政府工作报告〉要“抢”采访部长要“等”》，2016年3月6日。］

三是要“会变”。在许多重大新闻的现场或特殊场合，记者必须持有通行证才能进入，在没有通行证的情况下，记者想要赢得采访机会就非常困难，完全要看记者本人的应变能力和采访智慧。同时，应强调记者的敬业精神，一个有经验的记者不会轻易放弃采访，他会想方设法创造采访机会。

2019年11月，东航一架从深圳飞往上海的航班在飞行途中发生故障，飞机从一万米的高空直接急速下降至三千米，迫降在南昌昌北国际机场。消息一出，于垚峰所在的报社建立了一个聊天群，把负责航空的、跑条线的、做视频的相关人员都拉进了群，大家分头找资源，做一些外围的相关采访。

负责跑现场的记者于垚峰到达昌北机场，他的手机全程处于录像功能打开状态。他找到东航江西分公司和南昌昌北机场集团的相关人员，试图了解这架飞机的情况，但对方告知，一切以官方回复为主。

记者了解到，这架飞机的乘客都滞留在候机大厅里，等候着东航派另外一架飞机来接他们到上海。不巧的是，这个时候机场负责对外联络的人员已经下班了，没有人能带记者进入大厅，若坚持等待相关人员，必将贻误最佳采访时机。

这时，刚好携带了身份证的于垚峰找到了新办法。他现场购买了一张晚上十点飞往重庆的机票，拿着机票过了安检，进入了候机大厅。于是，他顺利找到并采访了这架飞机上的旅客，最终写出了其他媒体未获得的、现场感和真实性以及时效性兼具的新闻，生动还原了当时飞机上的状况。稿件和视频发出后，反响强烈，而他所在的媒体则是全网唯一一个采访到事发飞机上旅客的媒体。

（来源：南昌大学王卫明“新闻采编研究”课程，《每日经济新闻》记者于垚峰本人分享。）

（四）拟定采访提纲

1. 采访提纲的内容

采访提纲是记者将采访前的准备工作用书面形式提纲挈领地罗列出来的一种文本。其

中包含的是对采访过程的整体策划内容，如采访的目的和重点、采访对象、采访时间、采访地点、采访次数、采访方式、采访方法、采访的核心问题、采访的物质准备工作、采访时的注意事项等。

采访提纲一般具体包括以下内容。

采访目的。该部分内容包括采访的主题是什么，为什么采访，要达到什么目的，可能产生的传播效果、社会影响力。

采访对象。该部分内容包括本次采访的中心人物是谁，还需要采访哪些周边人物，采访顺序应怎样安排。

采访时间。采访时间就是本次采访所安排的时间以及预估的采访时长。如安排了多次采访或多个采访对象则分开说明，写清第一次采访的采访对象、时间以及预计时长，第二次采访的采访对象，时间以及预计时长。

采访地点。要尽量将采访安排在采访对象熟悉或感觉方便的地方，在熟悉的环境，采访对象能更快地进入身心放松的状态，有利于采访的顺利进行。此外，记者也要结合采访的时间、地点规划自身行程，以提高采访效率。

采访内容。采访内容指的就是为采访准备的问题，是采访提纲的核心部分。核心问题按记者的思路逐条罗列并重点标记，由浅到深。除核心问题外，记者尽量在心里预演采访过程中采访对象可能做出的回答，并据此提出核心问题之外的延伸问题，问题要尽可能多，以便尽可能了解更多信息，有助于后续新闻写作。此外，设计的问题要独特、准确、有创意，新颖的问题使采访对象不感觉枯燥无味，同时也体现了记者思维的独特性，记者提出这些问题可能会获得更深刻、更新颖的独家新闻素材。

采访方式。采访方式就是进行采访的方式，具体包括面对面采访、电话采访、视频采访等。值得一提的是，记者应尽量选择面对面采访方式，面对面采访更直观，真实性、现场感更强，更容易使采访对象进入采访状态，并且面对面采访时，记者还能够察言观色，了解采访对象的需求，随机变换采访问题、采访步骤，全面把握采访进程。

采访准备。采访准备包括物质准备、心理准备以及与采访相关的背景材料准备等，具体的准备工作会在后面内容中详细说明。

突发事件预设。在采访中记者要考虑有可能发生的突发事件以及相应的解决措施，如采访对象临时有急事需要提前结束采访。在必要的时候，甚至可能需要记者同时准备两三套采访方案以应对突发情况，同时，在具体的采访中，记者也可能会遇到意想不到的状况，这时就需要记者敢于面对突发状况并能随机应变。优秀的记者能够迅速适应新情况，并适当改变提问思路，他们不照本宣科，不完全按照采访提纲的逻辑，不介意现场的临时提问，甚至敢于冒险提一些临时想到的符合情境的新问题。总而言之，采访提纲的拟定只是记者对采访过程的梳理，在采访时也可以从实际出发，根据采访对象的回答或出现的新状况加以调整、补充和修改。

2. 采访提纲的作用

采访提纲对记者完成采访任务起到了非常重要的辅助作用。采访提纲体现记者的逻辑思维和思考问题的层次，一个好的采访提纲，会使记者的采访思路更清晰、更有目的性，避免采访偏离主题，同时还能使记者掌握采访的主动权，使采访顺利进行。尤其对于没有经验的新手记者或实习记者来说，在采访前拟好采访提纲，有助于增强他们的底气，帮助他们坚定信心、临阵不乱，提高采访效率。

3. 设计问题技巧

记者在采访前会通过搜集资料，熟悉事件背景和采访对象，而采访最终是以提问方式来呈现的，因此采访的成功与否，关键还在于采访时记者所提出的问题。

采访是一种受时间限制的谈话，谈话的时间、地点和谈话时长一般是由采访对象决定的，因此，记者只能在有效的时间内，提出有针对性的问题。这要求记者在采访前做好准备工作。有些信息在名人字典里面完全能查得到，没有必要一定得问采访对象。若记者事先做好准备工作，就可以在有限的采访时间内提出更多有价值的问题，使采访更加深入，获得更多记者搜寻不到的信息，丰富报道素材。

此外，即使采访对象对时间没有太严格的限制，记者也不宜用过长时间采访，一般来说，一次采访时间超过 2 小时，采访对象和记者就很疲惫了，若继续采访，谈话中的信息量会大大减少，得不偿失，因此，学会提炼核心问题，也显得尤为重要。

记者在设计问题时，不能单方面问，也要考虑采访对象的心理，考虑采访对象是否有兴趣回答，怎么回答，回答的内容是否记者所需要的信息。并且，记者也应提前了解采访对象以往所接受过的采访，避开其在之前采访中回答过多次的问题。

美国记者威廉·罗彻斯特回忆他采访肯尼迪总统时说："我认为事前准备问题事关重大。对美国总统提出一个他早已回答过多次的问题，这是莫大的侮辱，他很可能立即对你下逐客令。因此，你的问话应该是他前所未闻的，应该显示出你对他的生涯了如指掌。这样他就会有兴趣跟你交换意见。"①

记者在设计问题时，不仅仅要根据对信息的需求和思维逻辑来设计，还要学会换位思考，站在采访对象角度思考，检验所准备的问题对方是否感兴趣，能否引起对方关注。采访成功与否，不仅要看记者准备的问题好不好，还要看采访对象回答得好不好。

著名记者杨澜在其所著《杨澜访谈录》一书中提到她设计采访问题的过程。

记得刚开始做访谈节目时我几乎是带着一个空脑袋去问问题的，像许多新手一样，最爱问"你最幸福的，最痛苦的是什么呀？"或者抄袭心理分析大师的问题，"如果你是一棵树，你希望成为哪一种树？"直到把人问得莫名其妙。1998 年春天，我做了一个采访，对象是水稻专家袁隆平。采访前我注意到他两次被提名院士均遭否决。原来是因为他水稻杂交的经验违反了自花授粉作物自交不衰退，因而杂交无优势的传统理论，又出口顶撞了前辈。直到杂交水稻已被大面积推广，权威们才不得不承认他的学术地位。科学中的非科学因素便成为我提问的出发点。我举了"大跃进"中虚报浮夸导致三年饥荒的例子，证明仅仅靠科学发现是不足以改变历史进程的。袁隆平深有同感地说，"没有包产到户，没有农村的改革，再有十个袁隆平也没有用啊"。这样，慢慢摸出了门道，我的问题就具体准确多了。有时是提供一个想法供被采访者评论，有时又可以将观点转化成问题，当对方回答时，我心中已准备好了进一步深入的角度。而且访谈做到一定的数量，被访者的精彩论点也可以被我拿到另一个人身上加以印证，话题就越来越多了。比如，在采访 TOM.COM 总裁王兟时，我发现他的管理理念很像刚退休的通用电气总裁杰克·韦尔奇的一贯手法，一问，果然如此，而就在几个月前我正巧采访过韦尔奇，这下又有了些投缘的话题。

---

① 布雷迪，范东生，王志兴 . 采访经验六题 [J]. 国际新闻界，1983(3)：49-52.

4. 对突发状况的预设

采访过程中不可避免地会出现一些突发状况，这是对记者的随机应变能力的极大考验。突发状况大致分为如下几类。

一是采访对象的突发状况。如采访对象临时有事需要提前结束采访，采访对象的情绪失控等。若采访对象临时有事需要提前结束采访，记者要当机立断放弃已有的采访框架，直击核心问题，或与采访对象商量改时间继续进行后续采访；若采访对象在采访进程中情绪失控，记者应先进行安慰，待采访对象情绪稳定下来再继续采访，并且在后续采访过程中尽量避免提到可能令采访对象情绪失控的内容或尽量以委婉的方式提起，以保证采访的顺利进行。

二是外部采访条件改变。这指的是记者在采访过程中可能会受到外部干扰，如记者在现场进行灾难性报道（抗洪抢险、抗震救灾）的采访时，可能会受到洪水和地震等不可控自然灾害的影响，而不得不中断采访进程；记者在发布会或大型活动现场进行采访时，有可能受到工作人员的干扰。

三是采访团队内部突发情况。这指的是在采访过程中，采访团队工作失误造成突发状况，如在采访过程中，摄像机和话筒出现故障，室内采访环境布置出现漏洞等。这些突发状况不仅会使采访对象情绪发生变化，影响实际采访效果，而且对于采访记者来说也是很大的职业考验。

总而言之，在采访进程中难免会出现突发状况，在发生突发状况时，记者不仅要具备灵敏的反应能力和随机应变能力，灵活地对已经滚瓜烂熟的采访框架进行提炼和取舍，还要拥有强大的心理承受能力，能保持沉着冷静，不受外部环境以及突发事件的影响，继续条理清晰地进行后续的采访工作。

二、物质准备

记者采访前的准备工作对采访来说十分重要，电视或视频中看似简单的采访，记者在幕后都进行了精心准备，一个采访成不成功，关键在于记者采访前准备得充足与否。采访前的物质准备不充分，采访进程中，容易出现各种状况，只有将准备工作做足，记者才能做到处变不惊。

美国已故的《纽约先驱论坛报》记者罗伯特·伯德在采访爱因斯坦时就遭遇过尴尬：“为了获得采访机会，我费了吃奶的力气，一天夜晚，我走进了离第五大街不远的一幢旧式建筑，在灯光朦胧的图书馆与爱因斯坦谈论关于原子弹的事。他刚刚在《大西洋》杂志发表了一篇强烈反对使用原子弹的文章。让我经久不忘的与其说是他对于原子弹发表的见解，倒不如说是下面这件事：我那支不争气的铅笔几乎在会谈刚开始就断了。爱因斯坦有支自来水笔别在‘V’形领口的毛线衫上，我请他借我一用。他脸色变得十分难看，取出钢笔，慢慢拧掉笔帽，勉强地递给我。我开始用这支笔记录，但是，他向我道了个歉，又从我手里把钢笔拿走，拧上笔帽，重新别到‘V’形毛线衫上，说他要给我找支铅笔。5 分钟后，爱因斯坦就拿着一支铅笔回来了。但此后记者伯德是在给一位被触怒的天才做笔记了。我的印象是他根本不喜欢记者，而由于我这次采访，以后采访他的记者的境遇想必更糟。”

无论是新媒体记者、电视记者还是纸媒记者，都要进行采访前的物质准备工作，不同类型的媒体对采访准备的要求也不尽相同。采访前的物质准备主要包括资料上的准备、技术设备的准备等，以下我们根据准备的时效性进行了区分。

（一）经常性准备

经常性准备包括记者在理论、政策上的准备以及记者在所处行业中不断积累资料，这些资料包括历史材料、最新的材料等，另外，经常性准备还包括证件等物品的准备。理论、政策上的准备指的是，作为一名财经记者，就要熟悉经济理论和国家的经济政策；作为一名文教记者，就要了解文教理论和文教政策；作为一名时政记者，就要熟识国家的宏观政策……这些经常性准备要靠一直以来的学习和积累，而不是一朝一夕就能获得的。证件等物品指的就是记者进行常规采访时需要带的记者证、介绍信、名片、用来记录的本子、笔、录音设备、数据存储工具等。

（二）临时性准备

临时性准备包括以下几个方面内容：策划本次报道的主题、根据报道主题拟定采访提纲以及报道的技术性准备。

主题和提纲不是恒定不变的，其因新闻事实的变化而改变，因此将它们归类为临时性准备工作。关于这两者的准备工作已在前文详细说明，此处不再赘述。

报道的技术性准备指的是对要使用的技术设备的各项技术要求的准备。技术性准备工作因媒体类型不同、记者采写方式不同、报道环境不同而具有差异性。例如，文字记者只需要带好纸、笔、笔记本电脑以及录音笔等工具就可以奔赴现场进行采访；而摄影记者的采访完全依赖于摄影器材，采访的准备工作更加精细、复杂，摄影记者不仅要带上各种摄影器材、打光灯等设备，还要在采访前对拍摄器材进行详细检查，更要尽可能多地了解新闻发生地的网络传输情况，熟练掌握数码、电脑、互联网技术等，有时，为了保证采访进程的万无一失，摄影记者还会准备两套摄影器材。

（三）特殊性准备

特殊性准备指的是由于采访对象或采访环境的特殊性，记者还需要额外做的一些物质准备。例如，当采访对象为小孩子的时候，小孩子可能过于活泼或过于腼腆，不正面回答问题，令记者难以顺利完成采访，这时记者就可以事先准备一些小糖果或者小礼物，把小孩子安抚好，再进行采访。或当采访对象选择的采访地点周围有许多小孩子时，孩子们的活泼好动可能会干扰记者采访，这时，一些小礼物、小糖果等的特殊准备就显得很有必要了。还比如，到偏僻的农村、山区、林区或矿区采访，还要带上雨具、常用药品、点心等，若有必要，也可以多备一双鞋便于行走。

第二节　采访对象心理

采访对象由于性别、年龄、文化修养、所处环境等因素的差异，性格都不尽相同，面对记者采访时的心理状态也各不相同，因此，记者在进行采访的准备工作时，就需要了解和把握采访对象的性格和心理特点，以保证后续采访的顺利进行。此外，由于采访对象的心理状态、性格特征不同，记者的采访方式也要有差异。若记者不在采访前把握好采访对象的心理特点，就可能出现采访对象不愿合作、交流不畅等问题，导致采访难以顺利进行。反之，若记者在采访准备阶段对采访对象有足够的了解，对其心理特点和被访时的姿态有所把握，就能增强应变能力，化被动为主动，提高采访效率。

一、采访对象分类

（一）外向型采访对象

外向型采访对象往往非常健谈，性格开朗，思维活跃，对于记者提出的问题积极给予回应。记者采访外向型采访对象，双方会很容易进入交谈的状态，不会出现冷场等情况。但外向型采访对象由于思维活跃和说话滔滔不绝的特点，其很容易在回答记者问题时讲“跑题”，这就需要记者及时引导，避免在与采访内容无关的话题上浪费过多时间。

（二）内向型采访对象

内向型采访对象往往沉默寡言，在采访过程中记者问一句就回答一句，显得极为紧张和被动，记者很难在短时间的问答中与内向型采访对象建立和谐的互动关系。因此，若记者采访前的准备工作做得不够充分，就很容易出现冷场的尴尬局面。对于这种内向型采访对象，记者需要慢慢启发和引导，消除他们的紧张情绪，找到共同话题或找到能使采访对象打开话匣子的心灵共鸣点，最好先不做正式采访，待到对方心情放松，或谈话的气氛和缓后再采访。

心理学研究表明，人面对不同的人和事，会产生不同的情绪，情绪在一定条件下会扩散，其扩散的范围被称为一个人的“情绪扩散网”。这提示记者，对内向型采访对象，要了解其“心结”和情感特征，深入到他们的“情绪扩散网”中去采访。

（三）热情型采访对象

热情型采访对象是指那些看到记者来采访，就格外热情，各种讨好记者的采访对象。这种采访对象往往对待记者极其热情，甚至对记者各种献殷勤，对记者所提的问题知无不言，言无不尽，并且会把一些事情“吹”得天花乱坠。他们为了在媒体上宣传本公司或个人，非常擅长察言观色，揣摩记者的每个问题，思考记者的意图，并在回答时过度美化、吹嘘。对于这类采访对象，一方面，记者应保持警惕，应持怀疑态度，不可轻信；另一方面，记者要抓住采访对象回答中的细枝末节进行询问，根据观察或要求对方提供相关的事实材料，仔细核对其的回答是否属实，这才能体现出新闻报道的严肃性，同时，防止记者成为“免费的广告宣传员”。

（四）自我型采访对象

自我型采访对象往往自视甚高，待人傲慢。他们有的对记者采取冷淡、傲慢、不合作的态度，有的在采访时给记者打官腔、摆架子，敷衍式地回答记者的提问。面对这种采访对象，记者的心态非常重要，要仔细观察、揣摩采访对象心理，采取不同对策。例如，记者可以表现出一种更为强势的气场，以犀利的言辞首先指出对方弱点，给对方一个“下马威”，逼迫采访对象正视记者，正面对待采访这件事情；也可以就采访对象特别自豪的领域提出一些有建设性的建议或有针对性的问题，使对方打开话匣子，并且端正态度，不那么轻视记者，并顺利进入采访阶段。应付自我型采访对象还有许多其他方法，但这一切都要建立在记者本人做好了访前准备的基础上，记者深入了解了采访对象的性格和心理特征之后，就可有针对性地对不同对象做出不同应对。

（五）躲避型采访对象

躲避型采访对象往往对记者的采访持戒备态度，在一开始就拒绝采访，或在采访过程中，顾左右而言他。这类采访对象分为两种，第一种采访对象，其背后有不为人知的利益纠纷或丑闻，怕记者通过采访曝光黑暗事实；第二种采访对象，其极其注重自身隐私，不愿让自己的事情为他人所知。面对前一种采访对象，记者需要先了解各方情况，并持续收集证据，在证据面前采访对象再躲避采访已毫无意义。面对后一种采访对象，记者需要有足够的耐心，先不做正式采访，先通过交流让对方了解自己并无恶意，并保证在报道中绝不会透露采访对象任何信息，逐渐打消对方顾虑，消除对方戒心，待采访对象心情缓和下来、放下戒心，再开始正式采访。

（六）顺从型采访对象

这种采访对象容易接受他人暗示，属于习惯性揣摩记者心理而自觉或不自觉地迎合记者的一种人。这一类型又分为两种，一种是性格比较懦弱，易受暗示，没有自己主见的人；另一种人与其说是顺从者，不如说是善于察言观色的迎合者，他们满肚子材料，又善解人意，记者需要的，他们都“有”。采访这两种人，记者在言语、神态上要稳住，不动声色，在提问中逐渐看清对方是否有主见有立场，是否见风使舵的人，并且，在完成采访后，也务必慎重核实，不能轻信。

上述是较为典型的采访对象类型，但每个人的性格特征和心理状态都有差异，同一个人可能兼具内向型和躲避型两种类型的特征，记者在采访前应详细了解采访对象的各种信息，推断其类型，以及推测采访中对方可能秉持的态度，做好相应对策，以保证采访顺利进行。

二、人们接受采访的心理

（一）为社会代言的心理

有这种心理的采访对象一般都是社会责任感较强的人。他们对当下的社会现实和社会问题保有自己的见解，并希望通过媒体，把自己的声音传播出去，让更多人听见并接受、认可。他们希望借助媒体的宣传，能够将一些正能量的观点扩散出去，创造一个更为和谐美好的社会。

（二）自我呈现的心理

所谓自我呈现，指的是“个体在人际交往中以自我满意的方式表现自己的过程，是自我意识的外观”。有自我呈现心理的人期望通过媒体提高自身的知名度。但记者采访这类人的时候要提高警惕，因为这类人往往会将自身最好的一面展现给媒体，回答问题也有可能有些许夸张、吹嘘成分，记者在采访时不能轻信他们的话语，还要进行事后调查，以保证报道的真实性，避免给别人免费做宣传。

（三）代表团体或个人的利益诉求

还有些采访对象接受采访的目的就是要通过媒体，向一些团体组织或政府表达他们自身的诉求。这类采访对象的诉求有些是个人诉求，有些是个人背后组织或团体的诉求。例如，有些民众在遭受“转账骗局”后会接受媒体采访，他们希望该事件通过媒体的传播能引起社会关注，给大众以警示，同时引起有关部门关注，并希望公安部门给予重视，尽早破案，追回钱款，体现了个人诉求。

（四）借助媒体表明立场

有些采访对象接受媒体采访是因为有些误会难以解除，所以想借助媒体的影响力，表明自己的立场，澄清误会。例如，娱乐圈传出各种绯闻、谣言后，涉事明星就可能会举行新闻发布会，澄清事实。

（五）交往的需求

采访从本质上来说是采访对象和记者的一次交流。在采访过程中，记者不仅仅是提问者、信息的索取者，也会向采访对象提供一些信息，因此也是信息的给予者。部分采访对象接受采访的原因也在此。记者由于其职业特点，掌握的信息源比普通人多，了解的信息也比较全面且新鲜，采访对象在与记者交流中，实现了信息相互流通，满足了采访对象交往需求。

（六）自我满足

有部分采访对象接受采访是想享受采访这一过程，通过接受采访，满足自己成为重要人物的心理。他们认为能接受采访的人，必然在某一方面做得比较突出，或本身就是重要人物。他们接受采访只是为了自我满足或是虚荣心作祟。

三、人们拒绝采访的心理

记者在争取采访机会时，有时会遭到采访对象拒绝，这时，记者需要了解采访对象拒绝接受采访的原因，并根据采访对象的顾虑，有针对性地对其做说服工作。拒绝接受采访者主要有下列几种类型。

（一）权力阶层

权力阶层的采访对象多为政府官员或企业高层，也是记者采访生涯中必定会遇到的一类人。他们拒绝接受采访的原因有二：一是他们害怕记者会过早地透露组织内部的信息。政府官员和企业高层属于决策层，他们的决策可能还只是一个初步设想，并没有进入实践层面，也没有进入能产生效益的阶段，他们想等到有足够把握后再告知大众，到那时再进行宣传，若记者在早期采访过程中挖掘到了这个新闻点并发布，会给政府或企业带来一定损害。二是权力阶层的人担忧在采访过程中记者无法准确领会其话语含义，从而导致报道与事实不符，成为谣言的源头，在社会产生不良影响。

（二）事件知情人

有这么一类人，他们是官场丑闻的知情人，也是社会黑幕的见证者，他们自身痛恨这些丑闻与黑幕，但他们处于弱势，更有甚者受到了丑闻和黑幕执行人的威胁，因此，他们为了保护自身和家人的安全而拒绝记者采访。面对这类人，记者要设身处地地为他们着想，对他们所提供信息的披露程度和披露方式，需要征求他们本人的意见。最重要的一点是，在披露黑幕时，务必对信息提供者的身份进行保密，必要时可以联系警方申请对采访对象及其家人提供保护。

（三）行业专家

行业专家拒绝记者采访是担心记者对其研究的领域较陌生，而自己向人解释清楚又较费劲，或是担心记者对其所在行业一知半解，容易理解错含义，写出失实报道，对其自身造成名誉上的损害，因而直接拒绝采访。这也表明记者做好采访前准备工作非常重要。面对这类采访对象，记者一定要在采访前做大量准备工作，了解采访对象所处行业历史以及现状，也可以在采访中虚心提问，不能满足于一知半解，要把握住事情的关键点。

四、采访前的注意事项

（一）用合适的身份去采访

这里不得不提到隐性采访。隐性采访，也称秘密采访或暗访，是指在采访对象不知情的情况下，记者通过偷拍、偷录等记录方式，或者隐瞒记者身份，以体验的方式或者其他方式，获取新闻素材的采访方式。它是与显性采访相对的一种采访方式。这种采访方式的优点是不会因为记者的采访而改变采访对象活动的原貌。

隐性采访是隐藏记者身份与采访目的的采访方式，只适用于特殊场合、特殊题材或特殊采访对象。运用这种采访方式，目的在于减少采访障碍和干扰，获取有价值的新闻事实。但使用这种采访方式时务必慎重，一般在法律和新闻职业道德允许的范围内使用，或得到有关部门的授权后使用，切忌滥用。

为使采访能够顺利进行，记者应在适当时候亮明记者身份或用其他合适的身份进行采访。在新闻事件的现场，民众聚集在一起讨论事件时，记者亮明自己记者身份，群众可能会散开，记者就无法找人进行采访，就无法了解事件的全貌。

“福喜事件”中上海电视台记者就采用了隐性采访方式，上海电视台的三名记者从

2014 年 5 月起，以内部员工的身份潜入生产一线，卧底两个多月，用偷拍的视频和图片，揭露出这家为多个著名快餐连锁店提供原材料的供应商以次充好，修改生产日期与保质期，使用过期产品，两本账本应付检查等违法行为。整个事件通过舆论发酵后，取得了不错的传播效果，不仅各路媒体争相转发报道，而且该事件受到当地政府、执法部门的重视，记者暗访所取得的素材均作为证据，用于核实相关人员违法的事实。

在“福喜事件”这个案例中，如果记者接到消息直接就去找快餐连锁店的原材料供应商采访，毫无疑问，是会被拒绝的，并且就算记者采访成功，供应商也会遮遮掩掩，令记者探寻不到事情真相。

因此，为使采访顺利进行，记者应该在采访前思考，什么时候亮明记者身份更好，什么时候隐瞒身份能更有利于采访。并且在隐性采访的进程中，一方面，记者需要顺利开展采访工作；另一方面，记者也需要有自我保护意识和自我保护的能力。

（二）解释采访目的、形式相关事情

前文提到过，记者在联系采访对象时，必须尽早联系，给对方一个心理缓冲期。并且记者在刚刚接触采访对象时，需要自报家门，并给对方一个接受采访的充分理由。此外，记者还要在联系中提及为什么采访、采访需要的时长、采访的方式，让采访对象做好充分的心理准备。记者向采访对象解释众多与采访相关的事情，不仅仅是为了让采访对象做好心理准备，还为了表达采访的诚意。联系采访对象解释采访相关事情的同时，记者也是和采访对象做了一个采访约定。

（三）考虑采访对象需求

记者提出采访要求时，也要考虑采访对象的需求。记者可以在采访前将思考的内容从“记者需要知道什么”换成“这次采访可以给采访对象带去什么、能满足采访对象什么需求”。例如，要采访杰出人物，可以适当夸赞采访对象，但注意夸赞要客观、适度，不能变成谄媚，否则会使采访对象怀疑记者采访的动机。与其说“您是这方面的泰斗”，不如说“您最近发表的………对………提出了新的见解”。

（四）善于利用矛盾

当一个新闻事件涉及的当事人过多、过杂时，当事人之间或多或少会存在一定矛盾。数个当事人都不愿意接受采访时，记者可以恰当地利用当事人之间的矛盾，寻找突破口。恰当地利用这些矛盾，会使艰难的采访一下变得豁然开朗。

五、提高获得采访机会的几个小技巧

（一）不提及“采访”二字

当记者向采访对象提出采访要求时，不一定要把“采访”二字挂在嘴边，因为“采访”二字给人的感觉就是很严肃、很正式，容易使采访对象产生紧张感，产生逃避心理。因此，记者应尽量根据实际情况进行说明，例如，在调查新闻事件时，直接向想要采访的对象说：

"我想听您介绍一下……事件的经过和目前的状况。"避开了"采访"二字，去掉了正式、严肃感，很容易给人以"唠家常"的感觉，采访对象接受采访的可能性会更大。

（二）适当的"厚脸皮"

如果第一次采访被拒绝，可以多尝试几次，或换不同的方式尝试，不能第一次被拒绝，就完全放弃采访，记者有时候需要"厚脸皮"。例如，第一次打电话采访被拒绝，下次就可以去对方的工作地点见面试试。人的心境在不断改变，拒绝采访的原因非常多，有很多时候只是因为心情不好、没有时间。电话采访被拒绝，但采访对象看到记者本人的时候，或许可以感受到记者的诚意，从而接受采访。但要注意的是，记者要学会"厚脸皮"也要懂得适度，不能太频繁地催着采访对象，以免给人被纠缠的感觉，打动对方的，自始至终都是记者给对方提供的理由和记者所表现出的真诚。

（三）善于利用人际关系

若记者被采访对象拒绝，可以考虑有没有其他人可以帮上忙，记者可以找自己的熟人帮忙获得采访机会，记者也可以和采访对象的秘书、助理等其周围的人搞好关系，告诉他们本次采访的目的以及意义，采访对象周围的人可能会帮忙转达记者的一些思考和想法。另外，记者也要在平时注意维护自己职业声誉，若记者的采访一向公正、客观，那么采访对象也会更乐于接受采访。

（四）"得寸进尺"

"得寸进尺"指的是，促使人们首先接受一个小的要求后，就有可能让其再接受一个大的要求。只要采访对象给记者开了一个"门缝"，记者就有可能"推开门"并且"迈进大门"。

这种策略成功的原因在于，对于一些比较小的要求，人们往往会较容易接受，在自身利益不受任何损害的情况下，人们愿意为别人稍微开一点方便之门，而一旦其被卷入事件中，就会有意无意地把自己与这件事联系起来，当要求一点一点增多时，人们往往会因为之前的事情并没有酿成任何恶果，并且后续增加的要求跨度并不大，而倾向于接受。当人们察觉已经满足了对方很多要求时，对方已经完成了最先想做的事。

在调查水门事件之初，美国《华盛顿邮报》记者鲍勃·伍德沃德和卡尔·伯恩施坦曾被害怕接受采访的人拒之门外。他们在《总统的左右手》一书中有过这样的描述："关键就在迈进门槛……一次，伯恩施坦去拜访一个女人，她轰他。他注意到桌子上有一盒烟，要求抽完烟再走。后来她喝咖啡，他也呷上了，慢悠悠地品着味儿。就这样，不知不觉之中，对方开口了。采访后，记者顺藤摸瓜，深入调查，他们的报道导致尼克松下台。"

（五）"先大后小"

"先大后小"指的是，当人们拒绝了别人一个大要求时，往往会接受一个相对较小的要求。这是因为人们无法满足别人会产生愧疚感，出于挽回心理，会答应别人小的要求。例如，记者想调查某人的去向，可以先和他的秘书或助理表明他想采访对方，被拒绝后，记者就可顺势问出自己本来就想问的问题。

六、应对拒绝采访者的方法

（一）改变采访对象错误的认知

在认知方面拒绝接受采访的大概有这样四类人：第一类人不确定记者的采访动机，不知道会不会招惹来麻烦，就本能地逃避记者，拒绝采访；第二类人是对采访的事件有错误认知，如一个人干了一件不好不坏但不会妨碍别人的事，当记者要以这件事为基础进行采访时，他会下意识认为自己做了错事，他怕影响自己的形象而拒绝采访；第三类人对自己与采访的事件的关系产生了误解，即一个人本来与事件毫无关系，但担心接受采访后，就会被牵连进这件事中，因而拒绝采访；第四类人因为对记者有偏见而拒绝接受采访。

这四种人都对采访有错误认知。心理学研究表明，一个人对他人或其他团体的看法缺乏充分的事实根据，就会产生偏见、误解。要改变他们的态度，首先就要给他们提供真实可信的信息，向他们说明事情真相，让他们了解采访目的、记者来意、新闻单位的宗旨，以正确的信息改变其认知，纠正其偏见，达到促使他们转变态度的目的。或者记者态度诚恳，或动之以情，或晓之以理，使其相信记者的采访是无恶意的。

（二）利用采访对象的情感矛盾

有种采访对象往往知道接受采访会使自己陷入不利境地，但由于受到社会舆论、社会道德和自己良心的谴责，他们处在十分矛盾的心理状态中。面对这类采访对象，有效的方法是正确利用其矛盾心理，有目的地进行引导，使其责任感提升，接受采访的心理逐渐占上风，最终接受采访。

（三）利用社会舆论

有这么一类已经犯了较严重错误的采访对象，他们或因为错误没有被发现于是为了一己私利选择继续隐瞒；或发现了自己的错误，但想大事化小，小事化了，因此选择保密；或错误已经被发现并且个人已经受到严重惩戒，但他把所受压力转化为了对抗性的态度，为了某种利益而坚持不改。

针对这些情况，记者可以代表广大人民群众发问，使拒绝采访者有心理压力；或代表内行、权威与上级进行责问，使拒绝采访者有一定恐惧感；或可以利用对立面的观点提问，让拒绝采访者处于被动辩解的状态；或可以利用其自相矛盾处反问，持续反问，以突破拒绝采访者的心理防线。

第三节　采访的突破

新闻事件发生后，记者也许无法在第一时间获得采访线索，拿到线索后又可能会觉得无从下手，不知道如何寻找目击证人等能够为新闻提供翔实材料的采访对象，甚至到达现场以后，不知如何突破重围顺利进入事件发生的核心区域，这都是当今时代记者会遇到的问题。

虽然前面针对采访对象拒绝采访，我们给出了一些解决办法和实用技巧，但是遇到突发事件或者进行的是舆论监督报道，用一般的采访方式很难顺利完成任务，需要在新闻线索的获取、目标对象的搜寻以及记者自身的人设上做些改变，以获得有效突破，最终拿到想要的新闻素材。

一、线索获取：快速准确介入新闻热点

社交媒体和移动终端等相继出现，颠覆了传统媒体议程设置的程序。网络热点即来即走，以 2020 年的“杭州女子失踪案”和“抚顺 6 岁女童被虐案”两个网络热点为例，二者均由微博热搜引爆，热点传播速度、网民争议速度、观点先行速度，远远超过了信息采集和真相挖掘的速度。

媒体竞争基本表现在内容的比拼上。除了后期加工，独家首发也是最重要的，而这归根结底是发现热点线索快慢的比拼。具体来说，谁在第一时间掌握了重大新闻线索，谁才有可能快速介入。而如何快速准确介入网络热点，正成为许多媒体必须面对的一大专业难题。我们就如何转变传统操作路径，运用新媒体技术挖掘新闻线索，梳理出以下几种方式。

（一）借助社交平台，快速捕获线索

近几年，传统媒体已经从借助来信、来电、来访获得线索转向从网络移动终端获取线索，比如微博、微信朋友圈等。记者要加强热点线索监控，需要从被动接料、被动接题，转向主动寻找、发掘热点线索，除了贴吧、门户网站和微博，还可以去现在大家密切关注的微信朋友圈和微信群中寻找新闻线索。

以 2015 年 4 月发生在北京鸟巢附近的豪车车祸为例，事发深夜，除了微博上有网友上传大量现场图片和视频，微信群和微信朋友圈也成为扩散和讨论该事件的重要平台。《新京报》记者刘刚在当晚 10 点 50 分左右发现这一线索，在晚上 11 点团队派出记者，11 点 30 分记者抵达现场。而传统报料平台接到第一条信息，已是在当晚 12 点之后了。如果仅仅依靠传统的线索获取渠道，记者往往会丧失第一时间赶到现场的机会。

（二）扩大社交半径，建立人脉资源

1. 各地媒体资源

人脉资源是记者快速获取各类新闻线索的有效抓手。全媒体时代，记者要踊跃加入各种新闻人或者新闻爱好者的 QQ 群和微信群，直观感受其他新闻人在关注什么。群里往往都是当天或者近一段时间的热点话题，这是记者获取热点的捷径。

比如 2010 年发生在湖南长沙的机场大巴纵火案。2010 年 7 月 21 日，湖南省长沙市一名乘客携带一只装有两瓶汽油的电脑包，并在机场大巴上用打火机点燃，车内引发大火，导致 2 人被烧死，10 余名乘客烧伤。记者刘刚就是通过当地的媒体同行获得的这一线索，最终刘刚完成的《长沙机场大巴被指人为纵火》刊发在《新京报》2010 年 7 月 22 日 A18 版，引起社会巨大反响。

另外，记者也要和权威媒体的官方微博、微信，类似“微萍乡”“衡阳那些事儿”“固原大城小事”等有影响力的地方自媒体建立联系，从中可能会发现值得深挖的社会热点。

2. 行业权威资源

记者在日常生活和工作中，要注意建立自己的资源库。记者可以在电脑上建立相关的文件夹，如根据地域划分，不同的省份分别整理；也可以根据行业划分，分为宣传部、政府系统、科研院校和财经等领域。据此记者可以快速获得官方回应，第一时间掌握权威信息。

举例来说，政法资源是非常重要的线索来源。律师通常是深度报道题材的重要消息源，因为其手头通常会有很多案子，对于具体的案情也比较熟悉，所以律师往往成为记者经常打交道的对象。《21 世纪经济报道》特稿部原总监左志坚曾经说过：“如果你有兴趣做调查报道，必须要跟律师交个朋友：一是有法律意识，知道如何保护自己；二是可以给你提供线索。因为律师就是一个调查者，可以给你事半功倍的帮助，提供事件的很多资料。他们跟记者是一样的，都是要维护社会公正。”①

此外，很多社会调查凭记者自己无法完成，如记者在报道时需要用到相关公司的注册资料、股东会决议等内部工商材料，或者是相关案件司法文书，可以依托律师去查阅这些资料，从而完成采访任务。

3. 其他辅助资源

记者要有意识地储备和物色靠谱的实习生和新闻线人，将其作为自己的左膀右臂，让他们帮忙挖掘线索，协助跟进。如对“岳阳伤医事件”的受害者家属联系方式的搜寻，对“延寿看守所三人越狱事件”主犯李海伟入狱之前生活信息的挖掘，基本都是实习生或当地线人协助记者来完成的。

（三）检索公开资料，发现“蛛丝马迹”

1. 政务媒体官网

随着网络政务的日益成熟与完善，政府官网也逐渐成为一个重要的新闻线索来源，已经引起了部分媒体高度重视。

2020 年引起举国关注的贵州大方县拖欠教师工资、挪用教育专项资金近 8 亿的新闻，最早就来源于官方网站——中国政府网的“国务院互联网 + 督查”平台。此消息一经官网披露，立即引起了媒体高度关注，大方县县长，分管财政、教育的两个副县长第一时间被停职免职，县委书记不久也被免。

此外，受到媒体人特别关注的官网还有中国裁判文书网，部分官员受贿、贪污、滥用职权的细节会在他们的判决书中披露，而判决书就被公布在中国裁判文书网上。

2019 年自媒体人褚朝新撰文批评时任陕西省委统战部副部长唐勇涉嫌贪腐的新闻线索，最早就来自裁判文书网上公布的一个关于商人敲诈勒索案的判决书。②

2. 公开文献拼贴

在寻找新闻线索时，记者通过其他渠道可能只是感觉新闻事件中有值得深入挖掘的内

① 张志安 . 深度报道：理论、实践与案例 [M]. 北京：高等教育出版社，2015：70.

② 参考“褚朝新说事”微信公众号 2020 年 11 月 5 日的文章《官网，网络时代不可忽视的新闻线索来源。

容，对于更进一步的线索获取，需要记者进行资料检索，如果能检索到大量资料的话，往往会有重大新闻发现。

曲婉婷的母亲张明杰在2014年9月被逮捕，虽然张并不是级别很高的官员，但由于其女儿明星的身份，加之后来被娱乐记者卓伟曝光，这一事件的影响逐渐扩大。原《财经》记者张鹭决定派其同事去挖掘这一线索，然而在寻求同行协助、电话搜索等各种手段都试过后，其同事仍然一无所获。张鹭最后提示同事，可以利用一下图书馆的资源。图书馆会有当地的《黑龙江日报》和《哈尔滨日报》，可以通过检索系统，输入官员名字，把显示的历年来官方媒体的报道全部浏览一遍，找一下提及的项目，因为张明杰是小城镇建设口的官员，她的出事跟职权肯定有直接关联。该同事经过检索，果然查到了两个项目，其中有一个是价值上百亿元的项目，再在网上一搜，果然有一大堆的举报信。该同事将此作为进一步深挖的线索，最终将这一事件报道出来。

（来源：张鹭：《坚守一线的调查记者不足百人》，载周逵编《非虚构：时代记录者与叙事精神》，清华大学出版社，2017，第192页。）

二、人物查找：利用网络精准搜寻

一个重大突发事件或重大消息，记者不能及时赶往现场，就需要连线采访。另外，记者也不能让一篇稿件里尽是网络曝光的内容，那是自身职业道德缺失的表现。因此，寻找目击者和知情者，往往显得十分必要。

（一）利用社交媒体，针对目标搜索

一个突发事件如果刚发生，直接在微博里搜索会比较容易找到目击者。但如果记者没有及时跟进，经过发酵，微博里的讨论声就会淹没目击者的声音，这时要直接搜索出目击者的微博无异于大海捞针。不过，微博也提供了高级搜索功能，用好此功能，找到目击者会相对比较容易。

2014年5月28日，山东烟台招远，以张立东为首的6名邪教徒在麦当劳公然围殴一名女子，并致其死亡，原因仅仅是，死者不给电话号码。这起血案，因为上传至网络的一个不到3分钟的视频，引发舆论哗然。当时《新京报》记者刘刚正在西南山区出差，他在同行的微信群里获得了这一线索，群里各种关于道德、业务、真相的讨论和质疑声不断涌现出来。

随后，在山东当地的一些贴吧，凶手的名字和身份证号，以及遇害者的名字和简单信息，都被人肉出来。刘刚在新浪微博上发现了“@给我便宜一些”的一篇帖文《还原事实真相！请扩散！》，前后三页，用目击者的口吻，讲述了招远血案的经过。这篇帖文后来被许多官方媒体转载。刘刚以记者的身份私信“@给我便宜一些”，但对方婉拒了采访，理由是“不方便”。

这一现场目击者线索中断，刘刚又在微博上搜索到名叫“@嘿mm你的一沓”的网友，该网友在血案发生不到10个小时内就上传了案发现场的照片，并配文“什么都不说了，公安局和案发现场不到500米，结果悲剧还是发生了。上图”。记者私信该网友，对方却始终没有回复。记者选择从他的微博好友列表入手，找到了与其互动的网友，又找在山东烟台的网友，再找招远市泉山学校的网友，最终锁定了好友页面上一个手机号，记

者打过去，说明来意，对方身份是目击者"@嘿 mm 你的一沓"的小学和中学同学，并且答应帮忙，最终刘刚联系上目击者，对现场描述、还原等一系列细节采访也就得以顺利进行。

（来源："刘刚在路上"微信公众号，《招远血案：如何用微博寻找现场目击者》，2015 年 4 月 27 日。）

除了微博，百度贴吧也是寻找目击者非常重要的途径。在相关贴吧，经常会出现知情人、目击者的讨论，找到目击者后，可以利用百度贴吧的高级搜索功能，输入要查找的 ID，关键词可以是"手机、电（因'电话'已被屏蔽）、扣扣、QQ、秋秋、号码、号、@"等，只要对方活跃，找出联系方式其实并不难。

除此之外，微信也是非常重要的搜索渠道。记者可以下载一款可以改变手机定位的 App，然后利用微信"附近的人"功能，就可以快速查找到离新闻事件发生地最近的人。

（二）划定大致范围，开启定向找人

定向找人，指的是记者清楚地知道自己要找谁，或者是对要找的人有一个大概范围，而记者据此开展的搜索过程。定向找人一般是在新闻事件的部分要素已经完全确定以后展开的对事件当事人或者目击者的搜寻。

2014 年 9 月 17 日，辽宁铁岭西丰县发生涉警命案，微博上的相关言论几乎全部被删，《新京报》实习生赵吉翔通过"西丰新闻吧"找到相关的只言片语，确定确有此事，并且锁定了事发时间和地点。在得知确切地点之后，赵吉翔按照百度地图显示的结果，通过给周围的餐馆打电话询问，找到知情者，弄清楚了大致框架——死者为一男两女。

接下来，赵吉翔需要对三名死者的身份、死亡原因，进行更进一步的调查。对于三人身份，赵吉翔在尝试联系县人民医院无果后，决定联系西丰县殡仪馆。在这里，赵吉翔打听到两名死亡女子可能来自 xx 乡 xx 村。紧接着，赵吉翔通过 114 查询到 xx 乡电话，再从乡里找个理由拿到 xx 村村民的电话，从村民处获得两名女子所在具体屯屯长的电话，向屯长了解到两名女子年龄、名字、身份以及死亡原因等详细信息。之后，赵吉翔又从屯长那里拿到了其中一名死者家属的电话，从家属那里赵吉翔把死者的枪伤在什么位置及一些案发经过了解到位。

通过上述消息源，赵吉翔得知男子为当地一名警察，在该屯有亲戚，其以亲戚为担保向村民借款。17 号上午，该屯数名村民去找其要账，后发生该案。最终，赵吉翔在掌握了翔实信息的基础上，结合西丰县宣传部门官方数十字的通报，于 2014 年 9 月 18 日在《新京报》新媒体发表《铁岭西丰县发生涉警命案　1 民警 2 女子死亡》一文，一条全国首发的独家消息就这样出炉了。

（来源："刘刚在路上"微信公众号，《采访高度封锁的命案毫无线索，你试过给殡仪馆打电话吗？》，2014 年 9 月 21 日。）

（三）电话短信不通，官员处巧妙拿料

经常报道社会热点事件，记者都会遇到这样的情况——找不到联系方式，找到了没人接，好不容易有人接却告知领导去开会了。这时，记者就要学会向上级领导打小报告：以大欺小。这样往往能达到采访目的。以下是《新京报》记者的经历。

2014年，因为一起突发事件，杨锋需要联系某县级市宣传部。通过当地媒体同行，他终于要到了该县宣传部部长的电话。然而，他照例进入了循环模式——打电话，不接；再打，还不接；发短信，不回；再发，还不回；换手机再打，还不接。万般无奈，他打开了该县所在的地级市的政务网。在政务公开栏里，他找到了地级市宣传部部长的办公室电话。地级市宣传部部长的电话接通了，他在表明来意之后，就把该县级市宣传部部长如何不接电话不回短信一事，有礼有节、添油加醋、夸大严重性地说了一通，然后，再把该地级市的光荣历史以及伟大成绩，吹嘘了一遍，最终收尾他又强调了一下自己所在媒体机构的重要性。地级市部长听完，让记者留下电话。不到5分钟，县级市宣传部部长便给记者回了电话。从第二天见报情况来看，记者获得了比全国其他媒体更为详细的情况介绍。

（来源："刘刚在路上"微信公众号，《电话不接短信不回：遇"喂喂喂信号不好"官员怎么拿料？》，2015年4月27日。）

（四）使用搜索语法，抓取文件目标

除了前面提到的，通过电话、微博、微信和贴吧等找人，记者还要掌握快速在网络上搜寻目标对象信息的能力。为了更为全面快速地搜索到相关人物的信息，我们在此提供两个非常有用的搜索语法："filetype: all"和"site："。

"filetype:all"用于搜索互联网上的文档，在搜索过程中，all可以随意被更换成DOC、XLS、PDF等指定格式，如filetype:pdf。使用all，则可搜索所有类型文档，很多文件里隐含联系方式，所以这个语法非常管用。不过要注意，冒号":"为英文状态下的冒号，不是汉语状态下的。在使用时，要将filetype:all放在搜索框的最前面，空格后输入关键词。

还有一个搜索语法，"site:"这个语法与上面的搜索语法不同，它主要用于指定网站的搜索，而且要放在关键词的后面，且与关键词之间要空格。例如，采访汉江水污染，记者需要联系湖北省环保厅负责宣传的官员，记者需要事先找到负责人的名字，然后根据搜索语法定向搜索湖北省环保厅网站。熟悉公文的人都知道，很多公文后面会附一个联系人，这就为记者找到联系方式提供了机会。

（来源："刘刚在路上"微信公众号，《突发事件：如何使用网络快速精准找人》，2015年5月4日。）

三、深入现场：不要看起来太像记者

一个人的外在形象往往与其职业特点有很大关系。看起来太像记者的记者，往往很难在调查性新闻现场有所作为。

（一）常规操作：换下双肩包，减少刻板搭配

很多男记者、女记者都喜欢穿牛仔裤，搭配一件衬衣，戴眼镜，然后标配一个双肩包。就是这个双肩包，很容易暴露记者身份。这是许多资深记者从亲身经历中总结出来的。

前几年某省一个县城发生自来水污染事件。各个媒体的记者云集于此，时任《南方周

末》记者的褚朝新也奉报社之命赶往该县。刚当记者的时候，大多数人都有极强的职业荣誉感和虚荣心，嘴上虽然不说自己是记者，但心里总希望别人能一眼就看出自己的职业身份。那时候，褚朝新去污水事件现场的时候，就是背着一个双肩包。他刚下火车，一到出站口就有人迎了上来询问他是不是记者，由于当时没有什么经验，褚朝新顺口就承认了。对方马上笑脸相迎，原来，他们是县委宣传部的工作人员，专门在这里等候来此采访的各路新闻记者。

就这样，褚朝新被当地的宣传干部跟踪了好几天，他走到哪里他们就跟到哪里。他想找采访对象却不敢去找，一是怕暴露线人，二是怕有些采访对象见到宣传干部跟着不敢说真话。采访也因此毫无实质性进展。

自此以后，褚朝新为了采访的便利，再也不敢让自己看起来像个记者，因而放弃了双肩包，改用了纯黑色的手提包，还经常端一个泡着茶叶的保温玻璃杯。后来，有一年某地一座大桥垮了，那些背着双肩包的记者都被清理出了现场，唯独端着保温杯的褚朝新没有被清理出去，他也因此拿到了独家报道。

（来源：“褚朝新说事”微信公众号，《不要看起来太像记者》，2020 年 10 月 27 日。）

（二）现场调度：依据现场情形，随机乔装打扮

到达现场以后，由于特殊原因，记者往往不能非常顺利地获取带有调查性质的采访素材，尤其是在现场人员严加防范的情形下，记者往往要巧妙改造一番，趁机进入现场，发现素材后不管其有无价值，先收入囊中。

2011 年“7·23”特大动车事故发生，某媒体记者到现场以后，发现在不远的地方有一个调度室。信号失灵导致两个列车追尾，因而记者判断问题可能出在调度环节，而要证实这一想法需要找到专家调查组。记者当时戴着一顶帽子，他顺手在路边搞了个盒饭就进去了。当时正好有一些专家在调度室的房间里面做现场讨论和分析。记者假装自己是送外卖的，把录音笔塞到了调度室里面。专家走了以后，他又找机会溜进去把录音笔顺手拿了出来。

由于专家也是刚刚到达现场，他们所知道的信息也十分有限，因此所录下来的信息起的作用也不是特别大，但记者这种临场应变、乔装打扮的智慧却为以后类似的采访提供了很好借鉴。

（来源：张鹭：《坚守一线的调查记者不足百人》，载周逵编《非虚构：时代记录者与叙事精神》，清华大学出版社，2017，第 184 页。）

总之，太容易让人看出来记者的身份，或者在新闻采访现场过早主动暴露自己的身份，往往不仅不能给采访带来便利，还会增加很多意想不到的阻碍。

新闻线索的获取、采访对象的查找以及记者的灵活应变，最终目的是完成新闻采访和写作任务。新闻热点稍纵即逝，和同质媒体同台竞技须分秒必争。记者在发现或接到线索后，需要快速反应，决定操作后就迅速核实，以最快的速度投入采访工作中。面对移动互联时代新的传播环境，记者不能无所作为和被动跟进，要争取主动，因为这样的传播环境也为记者做出好新闻提供了更多机会。

思考与练习

1. 怎么进行采访策划？
2. 如何争取采访机会？
3. 拟定采访提纲要注意哪些问题？
4. 如何应对拒绝采访者？
5. 搜集著名记者采访案例，总结采访突破的经验。

Chapter 4

第四章　新闻采写中的访问

第一节 营造访问的氛围

采访是新闻记者为搜集新闻素材而进行的调查研究。为了搜集素材，将最客观的事实带给读者，记者就必须通过采访掌握可靠资料。记者采访时遇到的第一个难题，即如何营造氛围。在访问过程中，我们不能只是表面上的接近，而是要做到与采访对象心理上的“贴近”。另外，采访活动是个动态互动的过程，是记者同采访对象进行语言交流的过程。采访对象的心理、情绪和语言等多种因素，直接影响采访效果，这就要求记者注意营造良好的心境氛围、语境氛围、环境氛围，让采访对象在轻松愉快和谐的气氛中表达自己。

一、营造访问的心境氛围

记者在访问过程中要体现“人文关怀”，建立与采访对象的信任关系，最重要的就是做到人性化，记者要把采访对象当作自己的朋友，形成“自己人效应”。

记者面对的采访对象是在社会中扮演不同角色的人，在访问中，记者应该始终保持平易近人、平等待人的态度。记者在访问中需要做到的很重要的一点就是尊重采访对象，不管是政府官员、普通百姓，还是罪犯，始终要尊重，因为在人格上所有人都是平等的。

《和陌生人说话》是由腾讯新闻出品的访谈类节目。这个节目的宗旨是在这个“不要和陌生人说话”的时代去“和陌生人说话”，用普遍人性、共同的感同身受来连接一切孤独的现代人。

这个节目中，有真实版的“滚蛋吧，肿瘤君”女孩、有“杀马特”教父罗福兴、有历经生死从伊拉克战场归来的中国雇佣兵，有保姆偷子、生母意外解救被拐儿童的四人命运的纠葛，更有关于老年人性与爱的讲述……

《和陌生人说话》第一季和第二季的访问者是陈晓楠。陈晓楠在《星空演讲》中谈到，找一个陌生人，说说，其实就是许多受访者的目的。

我成了和采访对象搭建了某种连接的少数人，甚至是唯一的人。在他们面前，那个时候我根本不是记者，我没有任何职业身份，我就是那个唯一愿意坐下来听一听的人。采访了那么多人，不同的角色，一次一次在印证这一点。

我采访过上战场的老兵、下矿井救人的矿工、从法院辞职的法官、去打官司的医生、战俘、间谍……穿越了荧屏、穿越了迥然不同的人生，穿越了各种各样的人生角色、社会经历、身份地位，等等，真正打动你的、触动你的、在你心里搅动一下的、在你心里重拳一击的，到底是什么东西呢？不是戏剧性的电影情节，而是背后那些特别朴素的东西，是在陌生人人生当中感受到的似曾相识的东西，那是我们每一个人站在生命的面前剥离了所有的东西，我们必须要面对的一些最简单，也是最复杂、最朴素的课题，就是生老病死、喜怒哀乐、爱恨情仇。

英文中的采访“interview”，inter——在什么与什么之间。采访不是一个单向的抓、取、拿、剪辑、播出、带走这个过程，是一个交互、一个 inter 的过程。那一刻，我们站在了两个人生命河流的交汇点，站在了两个人非常真实的生命感受之上，站在了两个素不相识的人的生命碰撞点上。在这个点上，我必须忘却自己的职业身份，我就是一个人。

如果有足够的耐心，我递给他一支画笔让他画一幅自画像，也是在这个点上，我能拉起他的手，回到他的记忆中。在某一刻，我能听到"嗒"的一声，或许就是他解锁记忆的那一声。十几年来我一直在寻找"嗒"的一声，而这个瞬间其实也是相互的。很多时候我的内心里也"嗒"地打开了一下，放进了一个表情、一个瞬间，甚至只是一段沉默，而我自己又借由这样一个表情、瞬间、沉默，走到今天的我自己。

（来源：腾讯视频，《星空演讲》，《陈晓楠：我为什么喜欢和陌生人说话》。）

陈晓楠打开了被访者的话匣子。同时，陈晓楠的知性细腻、颇具个人特色的沟通方式和提问风格也引起了观众极大共鸣，她也因此被人誉为中国最具"人文精神"的访谈节目主持人。

二、营造采访的语境氛围

记者获取客观资料的基础就是记者与采访对象实现了有效沟通，但是，或是出于谦虚的品德、内敛的性格，也或是因为事不关己高高挂起的心理，又或是担心触及自己的利益关系等，有些采访对象往往不配合记者，不积极向记者提供生动的材料。遇到这种"不合作"的情况，记者就要动一番脑筋精心营造采访氛围。

记者想要做好新闻采访中的沟通工作，就需要选取恰当的话题切入，选取的话题既要使采访对象感兴趣，又要契合采访目的，有利于记者挖掘具备社会价值的重要信息。比如，采访开始时，记者故意不直奔主题，而是引导采访对象主动"走到"这个问题上，尤其是采访敏感事情时，记者要让采访对象感觉提出的问题仿佛都是前一个话题的自然延续，而话题都是两个人共同选择的。再者，记者可以针对不同身份背景的采访对象，设置差异性的采访问题与采访方式，尽可能地提升采访效果。采访老人和孩子时，较为适合采取封闭式的问题，而采访领导、专家或者知识分子时，则较为适用开放式的问题。记者在沟通时，还要注意掌控采访节奏，避免采访偏离核心话题。如记者在采访时遇到了能言善辩的采访对象，其故意岔开关键话题，这时，记者就要及时引导，控制回答问题节奏，从而确保新闻采访顺利完成。

三、营造采访的环境氛围

美联社记者休·马力根认为："假如让你选择访问的场合，要设法做到在后台约见演员，在车站约见侦探，在会议室约见法官，在室外竞选讲台约见政治家，在栏圈里约见野牛骑士，这样，如果没有恰当的话可供引用，至少也可以从他所在的自然环境中找到主题，首要的是要避免在旅馆的房间里约见被访问人。"[①]

记者采访的大部分人是日常生活中的普通人，初次面对摄像机镜头时他们都会产生不同

① 初小燕，赵治国．新闻采访中受众心理的把握 [J]. 青年记者，2006（16）：81.

程度的紧张情绪，有的采访对象不善言谈、不善社交活动，或者性格内向，或者对采访的问题没有思想准备。对于这类采访对象要设法消除他们的紧张情绪，先从轻松的话题谈起，待采访对象消除紧张情绪后，再谈正题，或者提出问题后，留给对方足够的思考时间，然后再开机录像。

为了采访能顺利完成，选择合适的采访地点也显得十分重要。为使采访对象有熟悉感，有一定安全感，记者需要选择恰当的访问场所，比如采访农民，最好是在田间地头；采访学生，最好是在操场、宿舍；采访党政干部，则最好是在办公场所或者公开场合。

崔永元曾主持的《实话实说》栏目经常邀请一些普通百姓参加，但是有的采访对象看到摄像机前面的红灯一亮就紧张，后来崔永元就尝试让摄像关掉红灯，在采访对象不知不觉中开机拍摄，结果取得了较好效果。

第二节　新闻访问的特征

新闻访问，是记者获取新闻资料最常使用的方法，也是一种特殊的认识客观事实的活动。在此过程中，记者应该始终把握好自己的身份，客观、真实地记录、反映事实。首先记者要保持客观的态度，引导采访对象进入主话题，拿到一手素材； 其次，记者要有良好的逻辑思维能力，问题设置要环环相扣；最后，记者要注重访问中的细节，不仅要懂得“察言”，更要学会“观色”，深刻洞察采访对象表情或动作中的细微表现。

一、掌握主导权

记者进行访问之前，都会做好充足的材料准备，了解相关背景，明确采访主线，把握整体的逻辑脉络，这一切准备都为记者掌握主导权奠定了坚实基础。但大部分采访，即使准备充分也难以完全避免现场突发情况的发生，比如采访对象不配合、访问环境不适宜，等等。面对这些突发情况，记者应该学会积极应对，改变自己的提问和沟通方式，掌握主导权。

前央视记者王志在采访重庆开县井喷事故幸存者唐晓英时，就一直把握现场节奏，连续提问将采访对象拉回到事故当天的情境中。

王志：那天晚上有风吗?

唐晓英：只是觉得很冷，下霜了，雾不大，也有风吹过来。

王志：有星光吗?

唐晓英：没有。

王志：有月亮吗?

唐晓英：没有，根本没有月亮。大概凌晨4点的时候，我们正睡觉，听见我的公公在外面叫他，“重庆开县发生特大气矿井喷事故，大家都快起来，那边的情况已经不好了”。

王志：你们准备去哪呢?

唐晓英：到公路上。

王志：那时候能闻着什么气味啊？

唐晓英：对，钻井里的气在不停地喷，密度越来越大，气味很大，周围没有别的动静。我看见有人倒下，大人、小孩儿都直叫，当时我想自己背上一个孩子，没想到害怕两个字，就使劲地跑，想到孩子要冲出去。

王志：你当时有感觉吗？

唐晓英：感觉胸闷。我们还没走多远，走了两三米就倒下了。我自己苏醒的时候，当时眼睛睁不开，好像是睡觉，很困，睁不开，努力地睁开来，但睁不开。当我睁开的时候，眼前是模模糊糊的一片。

王志：那孩子当时还活着吗？

唐晓英：我以为她在睡觉，因为她脸上有泥土，她脸上这么多泥土，就把泥土轻轻地抹掉。

王志：孩子有反应吗？

唐晓英：没有反应。我就看到孩子嘴已经吐白沫了，孩子脸还是红的。

王志：脸还是红的？

唐晓英：嘴唇还是红的。我就叫冰清，我使劲地叫，可是没有答应。

这样的问答形式，记者可以充分地将采访主导权握在手中，这种方式有利于采访对象回答又使其不好回避，所以，记者在访问时，要根据不同的对象采用不同的沟通方式。

二、访问的功利性

新闻事件每时每刻都在发生，是客观存在的，但是新闻记者在采访和写作中不可避免地会带有一定主观色彩。一篇报道成功的关键在于访问环节，访问的目的是要得到想要的访问素材，所以记者会在访问中把问题设置得环环相扣。从采访中获取大量第一手材料到新闻最终完成，虽然记者不能杜撰、篡改事实，但在酝酿构思中其有筛选、提炼的自由，这里面直接渗透着创作主体的观点、好恶、素养、阅历，凸显了新闻访问的功利性。新闻访问的“功利性”，简言之，“功”就是新闻采访所取得的预期结果，也是记者所担负的任务和使命，记者的出发点和最终目的；“利”就是指新闻的社会效应，新闻价值在受众中的实现程度。

新闻访问的功利性是与生俱来的。同时，当前新闻传播的即时性特点也促使新闻访问越来越具有功利性。“公共新闻”“民间记者”等词汇层出不穷的背后是这样一番景象：媒体不仅要在业内参与竞争，还要与公民进行“时间赛跑”。新闻记者为了满足受众“先睹为快”的心理，总是会分秒必争，抢首发、争头条，以获得更高的“市场占有率”。

三、访问的深度性

新闻是一种“精神产品”，它最终向受众输出的一定是“干货”。所以记者必须要对受众负责，写出的报道不能泛泛而谈，在采访过程中一定要基于事实和细节判断采访对象所说是否属实。记者进行深度访问是需要一定时间的，一般来说，深度访问较多存在于系列报道中，或者是特定类的新闻调查节目里。比如中央电视台的《新闻调查》节目注重研究新问题，探索新表达，以记者调查采访的形式，探寻事实真相，追求理性、平衡和深入。

深度访问是指记者直接面对采访对象，对其思想、态度、意见、知识等情况进行调查访问的活动。记者想要访问得有深度，就要具有高度的新闻敏感，能够从问题中发现新问题。“新闻嗅觉”灵敏度取决于新闻记者的业务素养和职业素养。

海南日报社记者李磊曾采访过海南琼海某中学一起欺凌事件，在该事件中，被欺凌的女生和其家庭就是弱势当事方，而实施欺凌的女生则是另一当事方，也就是核心采访对象。一开始，网络上所曝光的欺凌视频导致舆论都将女生施暴的原因指向校园管理的缺失。“其实这仅仅是我们看到的表象，真实情况是怎样谁都不知道。”这个时候，李磊先从被欺凌的女生父母、学校老师等方面着手采访，了解大概情况，然后再找到实施欺凌的女生的父亲，将其中的利弊关系以及舆论发展情况详详细细地告诉他，让他接受采访，在深度访问之下，事件真实情况呈现了出来。原来，女生缺少家庭关爱，她希望通过这种方式来引起父亲注意，这才是女生实施欺凌的真实原因。

（来源：李磊：《深度报道中传统媒体记者采访突破技巧之探究》，《记者观察》2020 年第 14 期，第 58 页。）

面对新闻事件，记者一定要不忘初心、客观公正。社会中每一个新闻事件经过深度访问之后，都会存在一个真相，而每一个真相背后又有一个故事，所以不要为了追求快而快速下结论，过早下评论，记者要做的应该是给受众最客观的报道内容。

第三节　新闻访问的矛盾

一、采访对象分类

记者在采访活动中向其索取情况、意见的人或者那些主动向记者提供情况或者意见的人，都可以称为采访对象。采访对象包括新闻线索提供者、新闻当事人、知情人、目击者，以及其他与新闻事实有这样那样关系的人。

（一）新闻线索提供者

新闻线索，也称采访线索、报道线索、消息来源，是指为新闻报道提供的有待证实、扩展和深化的讯息，给新闻记者提示新闻的所在，提供新闻采访的方向。它是可能成为新闻或具有一定新闻价值的某种事实所传播的信息，也可以说是已经或者将要发生的新闻事实所发出的信号。

记者获取的新闻线索根据获取途径不同分为以下几类。

一是从发布新闻的党和政府的有关机关获得的新闻线索，主要包括有关上级部门的决定、决议、工作安排等。

二是编辑部提供给记者的新闻线索，主要包括社会各界、有关部门或者品牌的新闻媒体发布会等。

三是基层广大通讯员和受众提供的新闻线索，包括受众的上访、投诉、举报、情况反映等。

四是记者发现、寻找和挖掘的新闻线索。寻找新闻线索不能完全依赖他人提供，更多需要记者自己去发现、寻找和挖掘，可以通过捕捉相关新闻媒体的报道，浏览互联网的最新报道，与所报道的行业或领域的人士交朋友，让他们随时提供新闻线索等方式获得新闻线索。

以上四个途径获得的新闻线索，除第一途径获得的新闻线索外，其他途径获得的新闻线索都存在片面性和不确定性，它们只是事实的“影子”而已。存在新闻线索的提供者就是事件的目击者、知情者，甚至是事件的策划者、参与者，又或者是事件的受害者的情况，所以对新闻记者来说，获得新闻线索之后，一定要进行深度访谈。

一般来说，拥有新闻线索的多少是衡量记者业务能力强弱的重要指标，更是决定新闻走向和深度的重要基础。新闻媒体和记者十分重视新闻线索。早在20世纪末，广东的《羊城晚报》等媒体就采取了悬赏“猛料”和开通“报料热线”的方法来扩大新闻来源，以获得更多新闻线索。如今，报纸和电视新闻节目中随处可见“新闻热线”“新闻报料奖”的踪迹。

新闻记者有替新闻线索提供者保守秘密的义务。联合国两个国际性新闻组织也把为新闻来源保密纳入职业道德信条。联合国新闻自由小组委员会制定的《国际新闻道德信条（草案）》第三条规定：关于消息来源，应慎重处理。对暗中透露的事件，应当保守职业秘密；这项特权经常可在法律范围内做最大限度的运用。国际新闻工作者联合会1954年通过的《记者行为原则宣言》的第六条称：对秘密获得的新闻来源，将保守职业秘密。

（二）事件当事人

事件当事人是指与新闻事件有直接关系的人，或者说是新闻事件的实施者、策划人等。对新闻记者来说，一起新闻事件的当事人是记者要采访的主要对象，同时也是记者要面对的受众。对新闻当事人的采访，关键要把握好受众心理。只有掌握了受众心理，采访才能顺利开展，才能取得最具新闻性的信息，还原新闻事件真相。

新闻当事人所提供的信息都是最有价值的、最真实有效的。获取了新闻当事人提供的信息后，新闻记者要进行总结，然后简单明了地复述一遍，还原事件真相。所以，对于新闻记者来说，在采访过程中保持与当事人的关系平衡是最基础、最重要的。抓住新闻当事人的心理，与其做朋友，这样才能挖掘出更多有用信息，同时，也要尊重新闻当事人的态度和看法，如果不理解、不尊重，就会和新闻当事人发生冲突与矛盾，这样人际关系就失去了平衡，新闻采访任务就无法完成。

一般来说，如“会议型采访”或个人访谈型节目中，新闻当事人少而确定，采访活动比较单纯。但在社会新闻中，新闻事件的当事人会很多，情况比较复杂，新闻记者要学会分清主次关系，明确哪些人物是了解事件的关键人物。为了避免片面之词，次要人物也要注意到。

（三）知情人

知情人是指与新闻事件有着某种密切联系，知晓事件发生的内情或者过程的人，分为直接知情人和间接知情人。直接知情人可能是新闻事件的策划者、参与者或者受害者；间接知情人是指从知情者的只言片语或者肢体动作中觉察到信息的人，或者是在街头巷尾听到了某个信息片段的人。事件的间接知情人是记者采访的重要对象，对事件调查的推进起着至关重要的作用。

间接知情人的特征主要包括：

（1）与直接知情人相比，间接知情人对案情的了解不够全面，不够深入，呈现零星化、片段化、表面化特点；

（2）间接知情人对事件表现出高度的关注，对案件的感知更加敏锐。

知情人的作用主要表现为：

（1）帮助记者了解事情的原委、判断事情的真伪、查明事情真相；

（2）帮助记者证实新闻事实；

（3）帮助记者明确采访路径、少走弯路，提高新闻时效性。

（四）目击者

目击者是指亲眼看见某事或某物因而能够做出第一手报道的人，也是现场观察者。作为新闻事件的旁观者，目击者与事件没有直接利益关联。目击者也是记者在新闻采访中重点关注的对象，目击者在现场耳闻目睹了事件发生的全部或是部分过程，所表达出的观点较为客观。

需要注意的是，即使是目击了全部过程，也不一定就掌握了新闻事件的真相。一般而言，目击者看到的只是事件的表面过程，至于事件发生的深层次原因，记者还需要进行深度访谈。

（五）其他新闻相关人

其他相关人是指与新闻事件存在直接或者间接关系的人或部门。一般其他相关人员包括：相关职能部门；相关阶层和人士；舆论机构。比如“未成年人强奸”案件中，直接相关人是父母，而间接相关人员就会有所在地方各级领导机关、法律机关、学校，以及其他关注此事的部门。

其他相关人员在新闻事件中所起到的作用就是代表各自所在的部门给社会大众做出相关的背景介绍，发表相关意见，解释相关行为，给出善后措施，等等。

二、记者与采访对象的一般矛盾

矛盾是普遍存在的，任何事物都有相互依存的一面，也有相互对立的一面。新闻采访也是如此。记者与采访对象是互为条件，相互依存的“孪生兄弟”。记者在采访时，采访对象是否配合很关键，没有采访对象的配合，记者的采访就无从谈起。然而，在一定条件下，记者与采访对象的关系又表现出相互对立、相互排斥的特征，如采访对象回避或拒绝采访，甚至围攻记者，收缴记者的采访工具等。采访对象与新闻记者是“供与求”“源与流”的关系，记者访问的目的，不是结交朋友，不是倾诉心声，不是释放感情，而是要完成一个很艰巨的任务——获取新闻素材。记者对采访对象的要求是能够配合自己的采访工作，能够敞开心扉，把真实的信息和独家的材料和盘托出。对于采访对象来说，访问要占用自己的时间，耗费自己的精力，而且通常没有金钱方面的补偿。这就是二者“取”和“予”的矛盾。

（一）“取”与“予”之间的矛盾

索取

采访者 ⇄ 采访对象

给予

艾丰先生在其《新闻采访方法论》中提到过“取与予”的矛盾。艾丰说：“记者在采访中所进行的一切活动，都是为了顺利地把新闻报道所需要的材料‘取’到手。”记者与采访对象间的矛盾主要体现在，一是交流层面，双方运用交流技巧相处、相融或者排斥、猜疑；二是利益层面，记者的责任和采访对象的利益发生冲突的时候，双方都想居于主导地位，这时候就容易产生矛盾。

从交流层面来说，如果记者在一段采访中一直属于强势的一方，将自己的采写目的表现得过于强烈，甚至带有一定主观性，设置的话题具有攻击性，在一定程度上可能会影响采访对象的情绪，导致采访活动受到影响，甚至难以进行下去。

记者如果处理不好和采访对象的关系，不能用适当的方式主导采访的话，就会引发主客双方的争执和客方的反感。从利益层面来讲，由于新闻的时效性要求，记者急切想获得信息，就会不自觉地站在领导者的位置，控制采访氛围，这就极易引发矛盾。实际上，记者在采访时，占用了采访对象的时间或空间，采访对象还要给予记者相关的事件起因、经过、结果等信息，或者还要表达自己的观点，解释记者所提出的疑问，实际上一直在付出。

一般情况下，采访对象对能满足其需要的采访，会表示接纳，双方就会彼此交流顺畅。当记者过分地想要取得信息，损害到了采访对象的利益或者无法满足其需要的时候，双方就会都想居于主导地位，让对方沿着自己的思路沟通，达到自己的目的，这个时候矛盾就产生了。

（二）“生”与“熟”之间的矛盾

一类社会地位低的采访对象，不熟悉“采访”和记者，把采访看得很高，害怕说不好，产生畏惧心理，采访可能因此不流畅，不顺利。

根据采访对象的身份，可以将其分为两类：一类采访对象在身份地位上高于记者，比如党政机关机要人员、专家学者等；另一类采访对象在身份地位上低于记者，比如下岗工人、农民、街头小贩等。对于身份地位低于新闻记者的人，“生”主要是指采访对象对采访行为有“陌生感”。生活中大部分普通人面对摄像机时都会产生一定的陌生感和距离感。“熟”是指记者对于这一类人的采访已经很熟练，因为记者面对的大部分采访对象的身份地位都与自己齐平或是低于自己，所以记者在访问中就会表现得“如鱼得水”。记者面对身份地位高于自己的一类人，“生”是指记者因“畏惧”产生“生疏感”，记者担心自己的常规采访操作会产生不当，担心自己的话语中是否有不得当的语言，又或者自己的行为是否显得修养太低，再者，记者还会担心自己会漏掉某些问题，因此，对平常熟练的操作产生了“生疏感”。“熟”是指，这一类人对记者的访问习以为常，话语中套话太多，回答问题严丝合缝，记者很难从他们的话语中找到漏洞，这就会给采访造成一定难度。

三、记者与采访对象的对抗性矛盾

（一）双方所处立场不同

立场不同就容易产生矛盾。比如 2019 年暑假档热播剧《小欢喜》中，作为父母方代表的宋茜“望女成凤”，希望女儿考入清华，留在北京，而作为孩子方代表的乔英子却想要自由，选择自己想学的南京大学天文专业。生活中这样的矛盾处处存在。

新闻访问是一种主题关注度极高的双方或多方会话。新闻访问中记者有时会转述社会中人对于这个事件的看法、意见和态度等，而采访对象是事件相关人，自然会对这些看法和意见提出质疑和解释，这时双方所处的立场不同，记者站在了解事实的立场，采访对象处于“自卫”的立场。这往往会是产生矛盾和冲突的节点。

记者如果访问的是不同阶级或是不同国籍的人，双方对某个问题的基本观点、思考方式和政治态度不同，也会产生矛盾。

总之，新闻记者在新闻采写中应该做到客观、真实、公正。但事实上，每个新闻记者都拥有自己的政治立场。最常见的就是西方新闻记者，大都隶属于某一新闻集团，他们在采写新闻时，一定要对自己所属的集团负责。尽管各大集团竞争激烈，但是涉及国家问题时，出现的就是一致对外的态度。最鲜明的例子就是，西方记者写涉及非洲等地方的新闻时，总是会恶意丑化、歪曲新闻事实，刻意拔高自己所处的位置，非洲当事人与西方记者产生冲突是必然的。

（二）双方的利益不同

利益是人们一切活动的出发点和落脚点，决定人们的政治立场和行为。记者从采访中想要获得的利益就是拿到想要的采访资料，这必然是与经济利益挂钩的。但有时候采访会损害一些相关人员的利益，因此记者可能会遭到暴力围攻。另外，新闻记者想要得到的事实，又可能被想维护自身金钱利益或者名誉利益的采访对象掩盖，这些都是访问中可能出现的不可避免的矛盾。

记者面对的是具有人际交往性质又不同于私人之间交往的交往形式。记者的访问都有目的性，采访对象可能是记者认可的事件的当事人，也可能是记者要颂扬的新闻人物，还可能是要被记者批评、要接受批评的事件的当事人。一般来说，记者和采访对象之间的关系是极其复杂的，我们可以从采访对象的不同需求这个角度，对采访对象的类型和态度加以分析。

比如，求助媒体解决自身问题的采访对象。这些人因为陷入了困境，或者受到了不公平待遇，希望通过媒体反映出来，以便使自己脱离困境。这类采访对象一般态度积极主动，反映问题的目的非常明确，提供材料积极。但是，记者要注意不能偏听偏信，因为这类采访对象以自己的目的为出发点，片面强调本人、本单位利益的重要性，也可能片面地抨击或责难对其本人或其单位利益造成损害的人或组织，收集材料要均衡才能保证新闻报道的真实性。与这种采访对象打交道，记者还要注意的是，不要轻易做出承诺，媒体可以呼吁解决问题，但绝无直接解决问题的权力。

（三）违反职业道德

新闻职业道德是新闻工作者在长期新闻实践中形成的调整人们之间关系的新闻规范和准则，是社会道德对新闻记者提出的特殊要求。诚信是新闻工作者要遵守的最基本的职业道德规范。每个媒体人都必须秉持客观的态度，拒绝一切新闻造假。作为新闻记者要做到客观公正，不能诽谤和造谣，不能侵犯采访对象的隐私，等等。

我们发现，新闻记者和采访对象之间的矛盾有很多时候是记者违反职业道德规范导致的。在我国，记者违反新闻职业道德的事情时有发生。比如，关于农民工的新闻报道。一些报道更多地表现了对这一群体的偏见：农民工影响城市生活的正常秩序。这些报道突出了农民工对正常城市生活的威胁，并突出产生这些问题是由于农民工普遍受教育程度较低，文化素质较差，没有健全、完备的法律观念和群体组织观念。记者对农民工及其他弱势群体有失偏颇的报道很容易造成公众对于这一群体的不准确认知。

作为一个有职业道德的记者，其职责是在最短的时间内把最真实、最客观的事实呈现给受众。客观性是新闻的生命，是“负责的新闻业”的标志。从某种意义上说，观点、舆论也是事实，是社会中出现的现象。对此，客观性的要求是全面、中立、平衡地报道有争议的问题，让人民了解各方面的意见，以便他们做出独立判断。也就是说，记者是观点的报道者，而不是意见的鼓吹者。

总之，新闻记者与采访对象之间的对抗性矛盾时有发生，可能影响记者所收集的材料的真实性， 甚至有时候会对记者的人身安全造成威胁。所以，记者在采访的时候一定要以保护自身安全为前提，恪守职业道德的同时，尽量避免与采访对象发生冲突。

四、处理好两者矛盾的方法

记者在采访中与采访对象的矛盾是客观存在和普遍存在的。就一个新闻记者而言，获得客观真实的材料，写出并发表好的新闻作品是本职工作。但是，在新闻记者向采访对象索取新闻材料时，两者就会不可避免地发生矛盾，如何做到认识矛盾、解决矛盾、减少冲突、避免对抗？记者应该做到以下几点。

（一）平等与尊重

平等与尊重是人与人交往的基础。缺乏平等就等于没有和谐，必然导致矛盾。不同的采访对象在生活阅历、实践经验、受教育程度、文化素养、价值观等方面都存在不同。新闻记者在采访实践中，要充分认识到采访对象的不同特征，结合新闻事件的特点，诱导采访对象畅所欲言，全面地表达自身的诉求和想法。采访中记者要尊重“高身份”的采访对象，同时更要尊重“低身份”的采访对象，以平等的态度与他们交往。记者尊重采访对象，就是尊重自己，也能因此而方便地获得许多意想不到的信息。相反，不尊重采访对象，就是孤立自己，使自己处于尴尬无援的境地，采访对象绝不会自觉自愿地向神气十足、傲慢无礼的人诉说自己的心里话。

（二）让步与妥协

新闻记者访问的目的就是获得事件真相，而获取真相的方式有很多种。记者访问时，对棘手的问题可以适当做出让步，妥协是人们为软化矛盾做出的行为调整，以便“事物在其发展中产生适合矛盾双方在其中运动的形式”。记者与采访对象的矛盾是社会矛盾在采访活动中的反映，如果这类矛盾是非对抗性矛盾，记者可以通过谈双方共同的兴趣爱好，引入采访话题；如果面对的是对抗性的矛盾，那么记者就需要做出让步，从调整好自己的态度，充分权衡采访对象的利益等方面去解决矛盾。注意，记者采访的目的是从采访对象那里获得客观事实，而不是去和采访对象做斗争，去“争”个高低，“论”个输赢。因此，在必要的时候做出让步，采访才能顺利完成。

（三）给予与付出

从给予与索取关系来看，记者所扮演的是索取者的角色，采访对象扮演的是给予者的角色，而这种“索取”与“给予”都是无偿的。

要想使双方处在一个平衡的关系上，记者就要学会“付出”。记者的“付出”应该表现在精神层面。首先，以生产精神产品为任务的新闻工作者和相关部门，要生产出高质量的新闻作品，以回报采访对象对自己工作的支持。其次，记者在一定层面上扮演着“纠纷处理者”的角色。在采访对象心里，新闻记者的信息面广，采访对象渴望从记者那里获得更多的信息或者知识，渴望记者能了解他们的疾苦、困难。如果记者能够真正把他们摆在平等的位置，给他们提供帮助，记者的采访就由单向的“索取”变成了双向的“给予”，两者的关系就会平衡。

第四节　访问的问题类型

一、事实性问题

事实型采访也可以理解为获取信息型采访，记者的任务是寻找事实、核实事实；采访的目的是获得更多、更深入、更广泛的信息。事实性的问题是最基本的问题类型。一个事件的参与者在回答记者提问时，其不可避免地会为了维护自己的利益，而进行片面叙述，这个时候就需要记者向事件目击者等有关人员确认事实。

2018年，重庆公交车坠江事件发生后，国内多家媒体对事故进行了报道，然而，媒体却犯了相同的错误——他们没有对受访者提供的信息进行深入的真伪鉴别，在未能进行多方求证的情况下就匆忙报道，导致事件中的“女司机”被推向舆论的风口浪尖，受到了许多网民的谩骂、指责甚至是人身攻击。直到权威部门公布事实真相，媒体报道和公众态度才发生了明显反转，网络攻击戛然而止。

事实上，在记者对重庆公交车坠江事件进行报道之前，网上已经出现了许多关于女司机逆行的谣言，这些谣言在一定程度上干扰了记者的判断。记者在权威信息公布之前未对事实本身进行深入核查，在未能获得当事人回应的情况下进行了报道，从而导致了虚假新闻的产生和传播。

任何采访对象都有可能提供虚假信息，而记者在报道时，应当判断、核查信息的真伪。

面对纷繁杂乱的信息大海，记者要学会运用各种手段获取有效、可靠的事实信息，这是记者要掌握的一项基本技能。

二、观点类问题

在新闻采访中，记者经常会让采访对象发表一下看法。为了使采访对象愿意表达自己的看法，记者一定要从采访对象有共鸣的事情上，或是当下发生的热点话题切入进行提问。记者进行访问时，要让采访对象有话说，可以自己先试验一下，如果一个问题能够给出三种以上回答，一般这个话题就会切入成功，至少也会让对方有话说，不会陷入面面相觑的窘境。

观点性问题常常出现在街采中。在采访中，普通人面对镜头一定会感觉不适应，化解尴尬最好的办法就是家常聊天式开头。比如，“用一句话形容你到底有多穷”，对年轻人来说，“穷”这个话题，一定是一个有共鸣的话题，无论是谁谈到都会滔滔不绝。

三、调查类问题

调查性报道，是职业新闻记者通过独立、深入、细致、全面的侦查式、访问式调查完成的一种深度报道，它常常揭露那些被某些人或某些组织故意掩盖的，损害公众利益和公民权利的事实，其又被称为揭黑报道、揭发报道、揭丑报道等。

调查类的新闻一般都是揭丑类的话题，所以访问必须要有深度。作为新闻记者一定要了解从哪里开始下手，做好充足的前期准备，做好打持久战的准备。为了使报道更为客观，记者获取信息的渠道一定要多元，而且一定要让各方人士都表达自己的意见，只有这样，受众才能够更加全面地了解事件发生的真正原因。

记者做这类新闻时，较多采用隐性采访方式。隐性采访是指记者为完成某一特定的采访任务把自己的采访意图隐藏起来的一种特殊的采访方式，其在调查性报道中经常发挥重要作用。使用隐性采访方式一方面能提高调查性报道的真实性，另一方面能挖掘出很多有深度的问题。

四、情感类问题

在新闻访问过程中情感类问题较为常见。一方面，经常有记者在访问过程中遇到采访对象泪流满面。比如话题涉及家庭伦理，灾难救援中亲人逝世。遇到这种情况，记者要想方设法先转移话题，等到采访对象情绪稳定之后，再采取中立态度表达，注意不要添加过多的个人情感，要力求向更为理性的方向发展。另一方面，情感类话题，经常会涉及个人的隐私，人们有时候不愿意把这样的事情拿出来交给大众去评论、了解。这样的情况对于明星最为常见，某些娱乐新闻记者喜欢通过曝光明星的隐私来获取流量，这其实是违反新闻职业道德的。

对于涉及的情感类问题，记者首先要做到的就是把握好分寸。记者在这类问题中的作用主要是引导和传达，任何过多的情感表露和意见表达都会使记者和采访对象产生较为强烈的情感波动，从而影响到客观表达。再者，在涉及情感类问题时，记者需要扮演好倾听者的角色，倾听既是记者必备的素养，也是其获取新信息的重要途径。

第五节　记者提问的方法

一、正面提问法

正面提问法，是一般的提问方法，开门见山，不拐弯抹角，问题分为开放式问题和封闭式问题。

开放式问题，就是问题比较概括、抽象，范围限制不很严格，给对方以足够的自由发挥的空间。不过，提这样的问题虽容易，但记者要明确究竟想从采访对象那里问到什么，否则很难做到一个问题就问到点子上。开放式问题有其优点，也有其缺点。著名记者艾丰在《新闻采访方法论》一书中，是这样归纳开放式问题的特点的：

（1）给对方以更多的“自由”；

（2）但是双方联结比较松散；

（3）气氛较为轻松、自如；

（4）但是比较难以挖得很深；

（5）记者提这种问题较为省力；

（6）但是采访对象较难认真负责地回答。

一般来说，采访对象回答开放式问题时会回答较长时间，因为这样的问题能让他们自由表达，也让采访对象感到轻松。对于社会经验丰富、善于表达的采访对象，或者当访问渐入佳境，可以选择采用开放式问题提问。

封闭式问题，问题比较具体，范围限制得很严格，给对方自由发挥的空间很小，对方一般要做较为直接的回答，甚至只需要回答“是”“否”。比如这些问题：您昨晚是一个人在家吗？您是亲眼看到歹徒带枪了吗？您昨晚大概什么时间出去吃饭的？关于封闭式问题的特点，艾丰也归纳了六点：

（1）留给对方自由发挥的余地较小；

（2）但是双方联结得比较紧密、具体；

（3）问题具体、范围严格，可能因记者选择不当而丢掉更好的提问点；

（4）但若选择得当，极利于深入了解情况和获得关于问题的明确回答；

（5）记者提封闭式问题是需要花费较多精力的；

（6）但是采访对象在回答这些问题时较为方便。

挖掘典型细节和核实材料时、采访对象不善言辞或访问的初始阶段可以用封闭式问题提问。针对湖北省武汉市等多个地区发生新型冠状病毒肺炎疫情，习近平作出重要指示，强调要把人民群众生命安全和身体健康放在第一位，坚决遏制疫情蔓延势头。但由于在疫情发现初期，人们对新型冠状病毒的关注和了解并不充分，在这样的重要时刻，白岩松连线国家卫健委高级别专家组组长钟南山，向观众介绍新型冠状病毒肺炎的情况，连线中，正面提问发挥了关键作用。

白岩松：你好钟院士，首先大家非常关心的、在谈论的是新型冠状病毒跟SARS的区别是什么，您最有经验了，这个答案是什么？

钟南山：我觉得跟这个SARS联系是很自然的，因为这个病原也是属于冠状病毒的类型——SARS是冠状病毒的一种类型，中东呼吸综合征也是冠状病毒类型。那么现在出现的（冠状病毒）既跟SARS不一样，也跟中东呼吸综合征不一样。尽管有很多的同源性，但是它是一个（与其他冠状病毒）平行的完全不同性质的一个病毒。

当然，我看过病人，病人的情况、发病的情况、白细胞情况、胸片的情况是有近似的地方，所以在这个意义上，它们是有共性的。但我觉得新型冠状病毒的感染现在刚刚开始，同时现在正在爬坡，所以跟在极期的SARS相比，传染性没那么强，毒力也还没那么大。至于以后会怎么样，一个要看它的发展情况，另外也看我们如何很快地控制病情，减少它的传染。因为传染的过程是（病毒）逐渐适应人体的过程，毒力会增加。所以现在这么比的话，我觉得从疾病的严重性和传播力来说呢，两个是有差别的。

白岩松：嗯，针对这个差别，我们也注意到一个数据：到1月19号，武汉市的累计确诊病例数是198，但累计死亡病例数是3。这个数字是否意味着它对人的生命的威胁性是远远小于2003年的SARS的？还是因为我们积累了打SARS那场战役的很多经验，导致了3这样的一个数字，不至于让大家太过担心？

钟南山：首先，刚才讲的第二个因素，这个肯定的，我们确实积累了一定的经验。有一些有低氧血症，我们很快地用上了不单是一般的氧疗，还有面罩通气、高浓度的氧疗等，治疗的措施跟支持疗法比以前有很大进步。但是另外一方面，这个疾病现在是处于一个起始阶段，现在的病死率不能说明全面（情况），恐怕还得看这个疾病的发展。所以在这个问题上，我想我们还是应该提高警惕的。当前这个情况，并不能代表它的全貌。这个疾病刚刚开始，也处于一个爬坡的阶段。

（来源：《新闻1+1》，《新型冠状病毒肺炎，情况如何？》，2020年1月20日。）

白岩松从对比切入，向钟南山正面提问病毒的严重性。访问呈现了疫情发展的一些基本情况，也向观众传递了关于对疫情研判的最新信息。两个正面提问给受众带来了明确而具象的答案，终南山对新型冠状病毒未知性的解释引起观众警惕。

二、侧面提问法

记者在访问中遇到障碍，对方不愿做详细回答或不愿回答时，记者就选择旁敲侧击的方式迂回提问，这种方式能对之后的访问起积极影响。

这种访问一般时效性要求不太强，谈话也不受特定场合与报道方式的限制。当采访对象感到紧张拘束，或者有所顾虑不大愿意交谈，或者虽然愿意谈，却又一时不知该怎么谈的时候，记者就可以采取侧面迂回的提问方式，逐渐将谈话引上正题。有些时候，记者不大摸得清底，想先试探一番，也可以侧面提问。

侧面提问的内容，应该是采访对象熟悉的、感兴趣的，甚至是最简单、最平常的，对方几乎无须思考，张口即答的内容，这样，双方就能搭建起进一步交谈的基础。应当明确的是，记者旁敲侧击，只是一种手段而不是目的。因此，聊天的内容应当是有选择的，表面上似乎和采访无关，实质上应该是有关联的。如果有的采访对象确实不了解情况，没有什么话可说，那也不要强人所难。记者可以说上几句得体的话，让对方带着笑脸离开。我们看下面这个采访案例。

主播：这里是中央电视台财经频道，《交易时间》正在直播，欢迎您继续关注我们的双十一特别节目。这一时段来到演播室的嘉宾，是大家非常熟悉的格力集团董事长、格力电器董事长兼总裁董明珠女士，欢迎董总。您好，今天是一个特别的日子——双十一，很多女性，包括男性，昨天晚上睡得比较晚，为什么？等着零点开抢，我估计您也睡得比较晚。

董明珠：对，我昨天晚上大概待到 1：30 才开始去考虑休息。

主播：在关注什么呢？估计是关注双十一的数据怎么样是吧？跟踪吗？

董明珠：对，我们是实时跟踪嘛，包括我们以前也做过双十一。

主播：您在关注什么数据呢？

董明珠：一个就是关注我们自己的销售变化，第二个，我现在对这个双十一的理解，不像过去是为了销售而销售，它好像变成了一个人们的一个节日，所以我们就把自己也融进去。特别是我们自己也有电商，电商也加入了这次双十一，京东、天猫，等于是一个集体的运动一样的。

主播：说说昨天晚上数据怎么样，双十一的销售情况？

董明珠：到 26 分钟的时候就已经是二点几个亿了。

（来源：《经济半小时》，《央视财经独家专访董明珠，看看董小姐最新都说了啥？》2016 年 11 月 11 日。）

主播没有开门见山地提问格力集团双十一的销售数据，而是从双十一节日里大家“睡得晚”现象聊起，激起了采访对象交谈的欲望，由此主播逐渐将谈话引上了正题。

三、诱导法

心理学家指出：人们怎样想一件事，完全是外在情趣和利益诱惑的结果。一个人对 A 问题感兴趣或者想获得 A，他就会说对 A 有利的事；反之，他便具有本能的拒绝心理。很明显，人们对什么人有兴趣或者认为什么事有满意的回报，就会乐意对什么人或事投入热情和精力。记者也可利用人们这个心理达到目的，比如使用“诱导法”。

诱导性提问，目的是要引出采访对象的谈话欲望，主要针对有较高敏感度、表达能力较好、较有谈话欲望的采访对象。而记者则需要掌握好谈话时机，运用语气、声调、动作或措辞来引出对方肯定性回答。

这种诱导，既可以指引导对方思路，又可以指诱发对方情感。当记者遇到一位了解许多信息的采访对象，但其谦虚不大愿意说、在摄像机面前感到拘束不敢说、性格内向不会说，或者对要谈的事情需要回忆一番才能说，又或者身居高位不屑于说，甚至是其想说又不便自己主动说，这时记者就可以采取诱导提问法。这种提问，可以进一步引导对方明确访问范围和内容，渐渐打开“话匣子”。

有次记者去采访一位医院护理界的后起之秀。在病房办公室里，这位护士在记者面前显得十分拘谨，盯着记者的笔记本涨红了脸，结结巴巴地说：“请不要采访我，我……没有先进事迹。”其实对于护士的事迹记者已从受过她护理的病人那里了解了不少。为了消除她的羞怯、拘谨，记者收起了笔记本，说：“我们先随便聊聊吧。我家有个病人，已经躺了两个月（记者所说是真的），听人说‘三分医治七分护理’，我想了解一下我该怎样护理病人。”护士大大松了口气，在她专心地回答这个问题时，记者又打开笔记本记录起来，而这次护士并不在意，认为记者在记录护理要点呢。双方一直融洽地交谈了3个小时，告别时都很愉快，当然记者也是满载而归。

（来源：蒙应：《信任·共鸣·诱导——记者采访的另类技巧》，《新闻爱好者》，2008年第10期，第46–47页。）

四、追问法

追问法主要在采访对象表述不清晰或者是有隐晦表达时使用。“追”字既体现在阐发的频率上，又体现在主题挖掘的层层深入上。是否追问，关系到新闻能否做到调查充分、事实准确、挖掘真相。

追问是有技巧的。采访关键人物，可以先用套话，然后追问，动脑筋让对方说出实话。对问题的设置，应该巧妙，不能只问为什么，要善于从很小的切口切入去问。记者要有强烈的新闻敏感，能够注意到一些有意味的细节，并且能够围绕细节展开下一轮追问。同时，采访对象在回答问题的时候，记者要积极倾听，在听的过程中，及时判断对方的回答是否能够印证事实或真相。一旦出现采访对象有所隐瞒或回答偏离主题，记者要在脑子里迅速想好下一个要问的问题，持续发问。

在全球范围疫情尚未得到全面控制的背景下，第三届中国国际进口博览会不仅如期举办，而且质量更优。数百项新产品、新技术、新服务在为期6天的展会上全球首发或实现中国首展。《面对面》栏目专访中国国际进口博览局副局长刘福学及部分展商，讲述全球2 600多家企业如何共赴进博会之约。

董倩：办展是一门很专业的领域，办展好不好、高级不高级、成功不成功，用什么来衡量？

刘福学：用我们行内话来说叫回头率，我（进博会）现在的回头率将近达到了80%。我今年来、明年来、后年我还来，他就是对我最大的一个认可。

董倩：如果我们做一个横向比较的话，这种类型的展览会，如果您的回头率是80%，那其他的有比您还高的吗？

刘福学：目前来说不多。60%都算高的。

（来源：《面对面》，2020年11月8日。）

作为策展人的刘福学见证了进博会三年的成长。央视记者董倩在采访时积极运用追问法，收获了采访对象对回头率更进一步的阐述，更生动地展现出了盛会背后的中国力量。

作为记者，要时刻保持清醒、冷静的头脑，通过自己的逻辑思维，设置一个又一个问题；通过环环相扣的追问、严谨缜密的分析，客观、公正地把调查做得充分和细致，把采访过程中发现的每一个可疑的细节排查清楚，还事件以真相。

五、激将法

俗话说，“点将不如激将”，面对采访对象，记者从反面提出问题或者有意误解对方意思，以刺激对方情绪，使其不吐不快，或认识到不说出来会对自己不利，这样，采访往往能收到意想不到的效果。激将法一般来说包括设问法、反问法和错问法。

1. 设问法

设问法是指记者用假设性的问题提问，目的在于让对方在换位思考中说出自己内心想法。记者面对一些与自己意见相左又比较固执己见的采访对象，又或者是谈到一些采访对象不愿意透露的问题，使用假设性的问题提问可能会容易打开缺口，迫使对方回答问题。

李志方是武汉市强鑫蔬菜产销合作社销售经理，一直和农民、土地打交道的他，意外收获了一个特殊称号——“粮食英雄”。

10 月 16 日是世界粮食日，2020 年，联合国粮食及农业组织在全球评选“粮食英雄”，旨在嘉奖新冠肺炎疫情中将食物从农场运到餐桌的普通人。这是该组织 75 年历史里设立的首个奖项，在公布的 27 组获奖个人和团体中，李志方是唯一的中国人。

2020 年 1 月 23 日，受新冠肺炎疫情影响，武汉关闭离汉通道，全市交通停运，武汉战“疫”全面打响。在这个被按下暂停键的城市，当时有大约 900 万市民生活在其中。李志方在疫情期间坚持送菜，努力保障蔬菜供应和稳定蔬菜价格。联合国粮农组织这样概括李志方的事迹：“冲锋号吹响了，总要有人上。”

董倩：当储存空了以后，那怎么办?

李志方：其实我们有库存，库存不是放在仓库里面的库存，是在地上长着的库存。我们的农户还在生产，那个菜还在地里头长，我们武汉的超市没停。

董倩：在这种情况下如果停，结果是什么?

李志方：我们不能停。我感觉到，（我）没那么伟大，只是想到什么呢，我是卖菜的。别人需要，而且我们菜是自己种的，我们基地的菜要出去，我停了，我的菜怎么办？那我不自己损失了吗？最起码，这是一个人的自然反应。有一句话叫“兵马未动，粮草先行”，外面很多医护人员还往我们武汉跑，我们当逃兵有意思吗?

（来源：《面对面》，2020 年 11 月 1 日。）

记者的一个“如果”，问出了李志方内心的双重想法。“卖菜人”李志方的想法简单质朴，与此同时，不畏艰险、勇于担当的“粮食英雄”形象鲜明地显现出来。这种提问方法不但可以帮助记者了解对方的观点，也有助于揭示对方内心想法。但是这种方法适合经验老到，并且思维灵活的新闻记者使用。

2. 反问法

反问法是从事实的相反方向或是谈话的相反方向提出问题。当采访对象意见不明确时，记者可以运用反问法澄清和确认含糊的内容。这种提问方法可以帮助采访对象将自己的见解、看法说得更具体，更详尽，更真实。

董卿在《朗读者》栏目中，就嘉宾毕飞宇与其父亲的关系进行了一段采访。

毕飞宇：平时他跟你之间他不亲，我记得特别清楚，就是有一次我带我父亲去看病，因为他紧张，我就把手给了他，可是我一直没有告诉他，那个五六分钟里面对我来讲，之难受，之煎熬。跟我爸爸的手握在一块儿了，这让那时四十好几的我太紧张了，我身上都要冒汗了那种感觉。

董卿：第一次吗？那是因为从小到大，没有形成这样的习惯，没有这样很亲的……

毕飞宇：没有。

董卿：接触。

毕飞宇：我跟我爸爸讲，我说你几乎就不知道什么是爱，你也不知道怎么去关心孩子。他听得进去的现在。

董卿：但是反过来讲，你就知道什么是爱了吗？你连他攥着你的手你都想逃开。

毕飞宇：我也不知道，我觉得你这话跟得特别对。也很有可能20年之后，我会听到我的儿子这样说我。这个爱的教育也好，这个好的生活形态也好，真的是需要几代人一点一点地去建立。

在毕飞宇谈到他的父亲不懂爱时，董卿进行了有力反驳，一句“你就知道什么是爱了吗？”让毕飞宇陷入思考，重新审视这个问题。

3. 错问法

“错问”，就是有悖事理、违背常规、自相矛盾的设问。所谓“错问法”，即记者故意提出错误的问题，考察、试探、激发采访对象，促使对方澄清事实，以此了解真实情况，这种方法也被称为“以误求正法”。

使用错问法时，记者会故意抛出一个从相反方向提出的错误问题，刺激采访对象情绪，使其努力澄清。这样，记者就得到了想要的材料，比如说，“听说您要调离江西，将会前往北京担任新一届的领导班子？”

在《青年记者》的“记者部落”中一篇名为《以调查性报道推动社会进步——深度报道精英访谈之十》的文章记录了时任复旦大学新闻学院讲师的张志安对著名记者王克勤的一段采访。

张志安：有人说，你这样的记者是个另类，偶然性太大，你认同这样的评价吗？

王克勤：人家说的也对也不对。一方面我的经历确实有一些特别，另一方面，像我这样做事情的记者还有很多，我仅仅是他们中的一员。

张志安：有一种讲法说你是“中国第一调查记者”或者“揭黑记者”，你怎么看？

王克勤：我觉得这种评价太高了。在这条路上走的人非常多，大家都在做，可能我做的几个个案影响更大。被刀子顶在脖子后面这种事情我经历过，包括警察坐在家里，包括受到恐吓。过去是这样，到北京后依然是这样。当代中国新闻界可能很多人没有我这样的经历，我付出的成本可能太高了，所以，社会认为我是揭黑记者的No.1，实际上大家在内心深处认同这种价值，希望有更多的人去做。

张志安用“有人说”“有一种讲法”这样的字眼试探性地提出问题，促使王克勤对读者关心的问题进行回答。需要注意的是，错问法提问，一般以第三人称为主，比如“有人说”“听说”“据说”，等等。再者，错问法有时候会使采访对象产生误会，采访结束后一定要跟采访对象讲清楚情况。

六、插问法

插问法是指在访问过程中记者及时抓住采访对象话语中的疑点进行提问。在访问时，有些采访对象不清楚记者想要的素材是哪些，所以在回答过程中可能会将重要的问题或者关键点一句话带过，或者是遇到自己不想回答的问题就模糊带过，或干脆避而不提。对于这样的采访对象，记者要有清晰的逻辑思维，在遇到疑点或关键点时，要刻意留心，比如重复、强调采访对象说的某个重要问题或某句关键性的话；纠正对方口误；对方没有讲全、没有谈到的内容，需要及时提醒其补充内容；尚未听清、听懂的话，要通过插问弄明白，等等。

2020 年，央视记者在《面对面》栏目中专访了吉林大学珠海学院学生方坚泽。方坚泽是我国首位患有肌肉病的持证潜水员。

方坚泽：在小学、初中乃至高中阶段，为了能让我正常上课，叔叔每天骑着摩托车接送，背我进教室，背我上厕所，感觉自己像一只被圈养的宠物。

记者：为什么会用这个词？

方坚泽：跟一只动物差不多，这也是我初高中、小学时候的状态，没区别，只是我是人而已。当时那个年龄我很害怕跟别人不一样……

记者：你会觉得有什么样的不同？

方坚泽：担心别人嘲笑，害怕别人议论。

记者：曾经出现过这种问题吗？

方坚泽：有！初中的时候，在亚残会期间，老师开了一个班会，说要关注亚残会、关注残疾人，一定要给他特殊照顾，给他关怀，我当时感觉很震惊、很震撼，有种被撕裂的感觉。

（来源：央视网，2020 年 8 月 30 日。）

在方坚泽说完“那个年龄害怕跟别人不一样”这句话后要转到其他话题时，记者机智插话“有什么不同”“是否出现过这种情况”，及时补充了方坚泽没有谈到的而受众又关心的内容。

记者在访问中要善于插话，特别是话筒前、镜头前采访，这种插话很有必要。但需要注意的是，一定是在对方说完一句话后，不能随意打断别人说话的思路。

第六节 记者提问的技巧

一、要简洁清晰

新闻记者在访问前，一定要确保事先做好了准备工作。经过前期的资料收集，记者可以明确一些问题没有必要出现在访问中，记者访问时一定要单刀直入，直奔主题，不能拖泥带水。记者访问时，最好是一次只问一个问题，层次最好是由浅入深，因为如果一次性问多个问题，采访对象可能就只选择其中一个回答，这样既浪费了时间，又没有完全得到想要的材料。

对于第一次接受采访的对象，记者一开始最好使用封闭式问题，等到谈话双方熟悉之后，再慢慢进行其他方式提问。因为记者想要得到的是较为详细的反馈，希望对方准确无误地回答，所以记者提问时最好采用口语化的表达，尽量避免使用专业术语，这样有利于采访对象作答。同时，记者提问的语气语调也要有亲和力，不要装腔弄调，“唠家常”的聊天方式会让采访对象感到亲切。

二、要微观具体

要微观具体，首先表现在，提问的切入口要小而具体，对话要流畅、自然、亲切。因为任何事物都有形成、发展、结束的过程，如果提问笼统、抽象，采访对象就很难回答。比如，有些记者在提问的时候，往往问的问题大而空，没有什么实在内容，甚至有的问题根本没什么新闻价值。如经常有记者提问我们的领导人，问他们对过去一年的工作怎么评价。这个问题非常大，而且没有任何实在意义，因为政府的工作报告中早已将过去一年的工作做了总结，并对下一年的工作进行了规划，厚厚的一大本报告，受众自己去看就行了。因此记者提问要避免空话、套话和虚话，倡导提问始终以新闻价值为衡量标准，从微观角度出发，使重大新闻在细小的新闻点上具体化，从而加深公众对问题的理解。

其次，提问时一定要注意采访对象话语中暗含的深层意思和细节问题。新闻现场的细节往往能起到点染、深化主题的作用。在采访中，应变能力强的记者，善于捕捉新闻细节，挖掘新闻价值，能在短时间内找准观察点，提高新闻采访的质量和效果。记者要掌握采访对象的心理变化，一旦发现采访对象的微表情中透露出不愿意正面回答问题的信号，可以利用周围的人、事、物，摸清采访对象状况，并及时调整问题，采取合理的方式和语气沟通，可能会挖掘出更多细节。

三、要敢于质疑

采访对象的表达有自己的倾向性，记者在倾听过程中要有质疑精神，善于在思考中提出疑问，甚至反问，与对方形成思想交锋。这样的采访不仅可视性强，也更具深刻的思想性。

例如，央视前记者王志在一期《新闻调查》节目中采访河北某市纪委书记，采访对象铿锵有力地表示：“作为党员领导干部，一定要自觉抵制金钱和美女的诱惑。”此时，王志插话反问：“金钱和美女有什么不好吗？”这一反问就体现了记者的质疑精神，问得很精彩。采访对象马上表示：“当然，金钱和美女没什么不好，作为党员领导干部，一定要依法依规办事，取之有道。”

质疑精神是新闻记者写出高质量新闻稿所应具备的一项基本素养，但运用在新闻采访中，有时也会招致采访对象的抵触，使得采访无法顺利完成。因此，采访中进行质疑性提问时一定要运用一些策略和技巧。在新闻采访中，有时为了避免和采访对象的观点发生直接碰撞，新闻记者可以使用“广大网友反映说”“有媒体说”“有人批评说”等，借第三方之口实施质疑性提问。再者，采访对象有时会故意回避问题，甚至对新闻记者的提问表现出一定排斥，这时候，新闻记者不应该急躁地再度追问，可以尝试将一个问题分为多个问题，由提出外围问题开始，层层推进，抽丝剥茧，最后获取问题的最终答案。

四、尖锐问题委婉问

对于一些容易伤害采访对象的话语，我们可以采用委婉语将伤害降至最低。这也解释了在遇到社会禁忌和冲突时（如性别、死亡、疾病、收入、宗教、政治等）人们为什么转向委婉语。

例如，2015 年奥巴马在国情咨文中的讲话："经济危机带来的阴霾已经过去……"这里使用"阴霾"一词委婉地表达了经济危机所带来的危害。在中国，新闻中也经常使用委婉语。在 2014 年习近平主席的讲话中，他用"党内潜规则"这一词概括了贪污腐败等一些不规范甚至违法犯罪行为，从而缓解了人民群众的敌对情绪。

尖锐的问题委婉提问，还是要具体人物具体分析，具体事件具体分析。比如，问到采访对象个人隐私问题时，记者就应该换个委婉的问法，或者是换个受众感兴趣并且贴近主题的问题。提问时记者不要感到不好意思、吞吞吐吐，因为这样采访对象会产生一定抵触情绪。

曾任《南方都市报》首席记者的姜英爽说过："敏感的问题后问，而且要艺术地问，比如，这个人有很多争议，你也可能反对他，但你要这样问：'有些人可能会觉得你……'让他感觉你站在他那边的，他肯定会驳斥你提出的'那些人'的看法，也就达到了你的目的。而且最好是面带微笑甚至是用轻松的口吻去问，即使是咄咄逼人的问题，也不要丧失你真诚的目光。我个人很不喜欢以居高临下、先入为主的口吻去采访、逼问别人。"在表达方式上，记者一定要彬彬有礼，以表示对对方的尊重。比如首先这样问，"如果您不介意的话我可以问您一个私人问题吗？"再接着问下面的问题。记者还可以用能够意会的词汇代替敏感词。比如，访问年纪较大还未结婚的人时，可以问，"您目前的这种生活方式是您想要的吗？"或者是选择其他的访问方式，包括恭维对方的方式等。

第七节　非语言符号

从传播学角度讲，记者与采访对象交流与分享的是信息符号，除声音、语言外，还包括非语言符号。非语言符号是指除了语言文字之外，作用于人们感觉器官的、负载信息的一些标志或记号，如人的表情、姿态、动作，服饰及其图形等。

在进行新闻采访时，采访对象对记者的第一印象非常重要。一般说来，语言信息都是人们有意制造的，而非语言符号多数是人们无意识或者半无意识中表现出来的，因此，里面掺杂的虚情假意的东西就会很少。美国现代心理学家通过大量试验得出这样一个结果："在全部的信息表达中，说话占 7%，态度占 38%，而表情动作占 55%。"此结果反映的是人际交流中最初接触的规律，也就是说人与人之间最初接触时，信息的传播有 90% 以上是靠非语言方式实现的。"非语言符号不容易系统地编成准确的语言，但大量不同的信息正是通过它们传给我们的。"因此，研究新闻采访中非语言符号的运用，对于提高采访质量意义重大。

一、服装语言

俗话说：人靠衣服马靠鞍。外在衣着是影响采访对象对新闻记者的印象的关键。外在的着装总会有意无意地向他人传递自己的经济条件、教育水平、价值取向、道德修养、文化品位、宗教信仰等各种信息。因此，记者根据采访对象的不同条件，选择合适的着装特别重要。比如说，要去采访高级别的会议或者是重要人物就要穿正装以表示尊敬；如果是采访农民，就应该着装朴实，简单大方。要学会“入乡随俗”，给采访对象一种亲近的感觉。意大利影星索菲亚·罗兰说：“你的衣服往往表明你是哪一类型人，它代表你的个性，一个与你会面的人往往自觉地根据你的衣着来判断你的为人。”

2014 年 8 月，水均益接受《可凡倾听》主持人曹可凡的专访，因为这档节目主要聊轻松的话题，为了体现谈话节目宾至如归的氛围，主持人着休闲装，所以，水均益也换上了休闲装。而在央视做节目时，水均益总是西装领带、正襟危坐，因为他面对的嘉宾是外国元首或政府首脑。水均益称：“我曾经尝试在采访中穿得随便点或稍微休闲一点，但是不行，因为镇不住场，采访高端人物、外国元首，嘉宾西服领带地坐在你对面，你要是穿得休闲，根本跟人搭不上，会有不尊重嘉宾的感觉，所以慢慢地我就形成了这么一个风格，其实私下我是一个特别不爱穿西装的人。”

除服装外，新闻记者选择口红或是香水也要根据采访对象的情况具体分析决定，气味太过浓重会引起采访对象的反感。另外，记者在鞋帽、围巾、手套等方面都要注重搭配，要颜色合适、简洁雅致、大方得体，以凸显自己的职业形象。

二、表情语言

表情语言指的是人的面部表情，人们通过面部表情来交流情感、传递信息，表情语言是体态语言中的重要组成部分。表情语中使用最广泛、表现力最丰富的是目光和微笑。在新闻采访中，目光和微笑是电视记者常用的非语言符号，无论是现场观察还是与访问对象交流，或是面对镜头述评播报，记者的目光和微笑都传达着最丰富的信息。目光能表达记者对采访对象的尊重和对采访内容的关注，微笑往往表示对采访对象的鼓励和肯定。

在采访中，记者用眼睛与对方交流，目视对方，是对采访对象最基本的尊重。目光中传递出的信息可以让采访对象清楚地感受到谈话的重要程度，记者做出的反应和回馈会通过眼睛折射出来，采访对象自然而然地就会以同样的情感回应。

在访问中也会存在采访对象不配合的情况，采访对象回答问题时东张西望、答非所问，表现出明显的对采访内容不感兴趣的样子，这个时候记者就要想方设法引导话题，因为出现这种情况一定是采访对象想要隐瞒某些东西。一般来说，人的面部肌肉是不能有意识地控制的，眼神表现出的内容与语言表达的不一致时，眼神表现出的内容更可信。

三、肢体语言

一个人的肢体语言往往会展现出一个人的家教和礼仪素养，一个手势或者一个动作都可能反映出一个人的内心，这也是记者进行访问时应该重点关注的。

第一次见面，中国人习惯于握手，而外国人会有拥抱或者贴面礼等，所以记者在访问前要了解清楚用什么礼仪。在访问中，记者还要具体情况具体分析，总体来说，记者坐姿不能太过于随意，要保持端正，身体微微前倾。

在采访过程中记者还要学会解读采访对象的肢体语言。在访问中，采访对象无意识的一个小动作或者小细节会是我们获取新闻资料的关键，其往往能反映出采访对象内心最真实的情感。比如说，谈到某个问题时，采访对象目光下意识闪躲，拿起水杯喝水，拽一下自己的衣角，双手反复来回搓，触摸自己的头发等。这些无意识的小动作都应该引起记者的警觉，因为这时一定存在某些不真实成分。

察言观色是至关重要的一种能力，这种能力会帮助记者得到想要的新闻素材。在注意采访对象肢体语言的同时，记者也一定要注意自己的行为，跷二郎腿、打断说话、转笔等行为都会引起采访对象的注意，可能使采访结果大打折扣。

思考与练习

1. 如何营造访问的氛围？
2. 新闻访问有何特征？
3. 如何理解记者与采访对象的矛盾？
4. 访问有哪些问题类型？
5. 记者提问有哪些方法？
6. 搜索有关访问的经典案例，试剖析其中访问技巧与非语言符号的运用。

Chapter 5
第五章　采访中的观察与记录

第一节 倾听与观察

新闻采访首先是一个双向互动的过程，再者采访本身也是一种从感性到理性的过程，又是一门富于创造性的艺术。采访的本质是发掘社会中的真实，给大众带来真、善、美的生活。想要在采访中获得最真实的资料，听到采访对象内心最真实的想法，看到采访对象最真实的感情流露，就要学会“望、闻、问”，也就是观察、倾听和询问。倾听与观察是记者进入实际采访中最常运用的新闻职业技能，这两项技能直接关系到采访的质量。

一、倾听的艺术

美国明尼苏达大学尼科尔斯（Nichols）和斯蒂文斯（Stevens）教授研究发现，平均来说，我们交流的时间中有 42%—53% 的时间是在倾听，有 16%—32% 的时间是在交谈，有 15%—17% 的时间是在阅读，只有 9%—14% 的时间是在写作，因此，我们花在倾听上的时间最多。

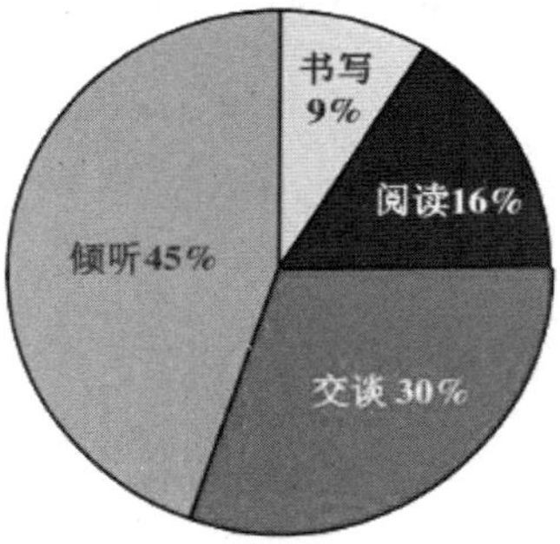

图 5-1 交流时间中各种交流种类的时长

记者应该是一个富有耐心同时善于思考的倾听者。新闻信息很多时候都是从采访对象的述说中获得的。记者在采访中能否获取有价值的资料，很大程度上取决于记者能否在倾听中发现采访对象叙述的事件的要点。倾听是记者的天职，善于倾听是记者的“智慧”。

（一）倾听的概念与重点

倾听，属于有效沟通的必要部分，记者通过倾听以求达成深入理解和情感交流。狭义的倾听是指借助听觉器官接收言语信息，进而通过思维活动达到认知、理解的全过程；广义的倾听包括文字交流等方式。倾听的主体是听者，而倾诉的主体是诉说者。在倾听中，记者最重要的目标是获得采访对象的信任，使其愿意交流，为此，记者要做到的是忘记自己是一个记者，以朋友的身份进行交流。记者在采访时要掌握以下几个倾听重点。

第一，听要点。例如，克林顿在联合国做过一次关于21世纪面临的几大挑战的演讲，他的演讲有三个要点：

（1）联合国面临的第一个挑战是如何利用全球繁荣解决发展中国家的贫穷与疾病；

（2）联合国面临的第二个挑战是如何防止种族清洗行为和其他大规模杀戮、根除人种事件发生；

（3）联合国面临的第三个挑战是如何确保不再有人利用核武器、化学武器和生物武器。这三点是克林顿演讲中的主要信息。

跟任何一场演讲一样，这些要点是人们应该注意听的中心内容。当克林顿在演讲时提出准备拿出“三个解决方案给新的千年”时，头脑灵敏的倾听者就会准备好去听三个要点，以及每个要点的不同解决方案。

第二，听证据。听支持要点的证据。认真的倾听者一定要关注采访对象所说的话里的证据。仍然以克林顿的那次演讲为例，他在讲“为什么要解决贫穷和疾病问题”时，演讲部分内容涉及如下方面：关于经济状况的数字、饮水质量情况、互联网使用情况、饥饿和非洲艾滋病流行状况。这些都来源于公用档案。这些资料跟克林顿说的要解决发展中国家的贫穷和疾病问题密切相关，足以证明他的观点。

当我们倾听采访对象所说的话里的证据时，有三个基本问题必须问。

（1）准确吗？

（2）是从客观来源获取的资料吗？

（3）足够支持采访对象的观点吗？

第三，听感想。一个采访对象在接受访问时，能够说的话无非就是事实、观点和感受。这既是记者提问的内容，又是记者应该着重听的内容。

在《鲁豫有约》中，主持人鲁豫采访演员王凯时，有一段是王凯讲到他刚毕业那段时间，在北京贷款买了房，却一年都没戏可拍，只能借钱还贷，房租也付不起。听完这段讲述，鲁豫做出了“所以人几个月不拍戏，到一定时候人会慌的，其实艰苦倒还好，我觉得那种慌就是你会想也许这几个月会成为一年，一年会成为两年，就是你到什么时候会出现慌的感觉？”“所以人就是这样，你觉得很难的几个月也就那样过去了”的回应，而王凯也相应告知了主持人及观众他当时的感受以及对困境的看法。

记者注意倾听采访对象的话，结合对方的生活和自己的人生经验，做感想方面的提问，有利于了解对方的价值观和人生观，使得报道有趣味的同时也更有深度。

第四，听细节和本质。采访的时候会碰到各式各样的人，面对一个话题，有的人会知无不言、言无不尽，有的人会刻意隐瞒，有的人会委婉表达，因此，记者在倾听时，不能光听表面意思，听话语中关键词句的同时，还要留意对方的语调、措辞、神情的微妙变化，从而了解对方的真正想法。对表述冗长或跑题的对象，要及时巧妙地阻止；对隐瞒真相的对象，要敢于质疑或从侧面迂回，引出核心；对委婉表达者，要用“你是说……”“我可以这样理解……”的类似说法进行确定，以免歪曲对方本意，引起不必要的误会。听清楚采访对象的话语细节，看明白采访对象的肢体动作，在掌握采访对象不同状态的同时予以相应回应，这样记者才能保证每一次谈论的节奏有张有弛，采访有序、有效。

（二）倾听的作用

对于记者来说，倾听是记者的一大法宝。传记作者乔治·麦尔在《奥帕拉·温弗丽：真实的故事》一书中写道：“一般来说，广播电视的访谈者只是提出问题，却并不认真听回答，他们的心思放在其他事情或下一个新问题上，但奥帕拉仔细倾听客人们的谈话，并且利用谈话内容把主题步步引向深入，这就是她适应当今时代的风格，由于对观众和嘉宾的生活进程充满关切，由于能同他们进行交流，这种风格大获成功。”

第一，倾听是记者实现顺利采访的基础。在与采访对象接触的过程中，最起码的原则就是尊重。记者在与采访对象面对面交流的过程中，要认真倾听采访对象的倾诉，这也是记者的采访能得以顺利进行下去的保障。而当提问式采访不太合时宜时，多花些时间与耐心来倾听采访对象的心声，虽然看起来似乎有些费力，实则可以让采访更加顺畅，甚至可能会有意想不到的收获。

人民日报社记者朱磊在追记一心为民、最终累倒在工作岗位上的宁夏吴忠市基层社区干部赵峰时，当时赵峰的爱人谢芳刚刚接受了新华社记者的采访，整个人沉浸在回忆中，已经哭成了泪人，而且还没有吃饭。如果记者一味地去提问，不仅可能问不出有价值的新闻素材，而且从人文关怀层面来说也显得不够有人情味。朱磊跟她坦言：“过节原本就不该打扰，何况对逝者的亲人，所以我们这次不一定要采访，您带我们去家里走一走，看一看，了解一些细节就可以。”在赵峰家里，谢芳打开了话匣子，从两人相识一直讲到赵峰去世，朱磊一直在充当一个倾听者，一言不发，但最终却获得了比其他媒体更加细节化的素材，写成《总觉得他会憨憨地笑下去——追记宁夏吴忠市利通区金塔社区党支部书记赵峰》。

（来源：人民日报地方部、费伟伟主编《人民日报记者说：典型人物采访与写作》，人民日报出版社，2016，第 53 页。）

第二，倾听是记者获得新闻素材的主要渠道。记者进行采访，是为了了解事情发生的前因后果，需要通过倾听来把握事情的本质，通过听来了解采访对象对事件的看法和意见等。积极倾听，有助于记者获得更多信息，这样，记者就能在掌握尽可能多的信息的基础上，做出更准确的决策。另外，交谈中很多有价值的信息常常是讲话者一时的灵感迸发，讲话者自身或许并未意识到，而这对倾听者却很有启发。记者通过倾听获取的信息，往往比从正式沟通渠道得到的信息要有价值。

第三，倾听可以使记者把握住采访对象的思路和心理，能够大致判断出下一步采访对象要说的话，从而步步深入，提出更精辟的问题，使得获取的新闻素材更加丰富且内容深刻。2019 年 7 月 14 日，《面对面》记者古兵在专访身中五刀仍与歹徒搏斗的湖北黄石市阳新县见义勇为退役军人尹文杰时，通过仔细倾听尹文杰的回答，紧紧抓住尹的所思所想不断追问，使尹文杰身上蕴含的坚守初心、退役不褪色的退伍军人崇高品质逐渐显现出来。

尹文杰在制服歹徒的过程中，被歹徒刺穿肺部，只差毫厘就会触及心脏，手术后直到第二天晚上尹文杰才恢复意识。

尹文杰：后来医生跟我说，他说“小伙子你运气太好了，连续三刀都没有碰到心脏”，他说“如果再往里面一点点的话，就到心脏了，可能你就已经不在了”。

古兵：这种感觉和经历，我不知道对你今后会有什么样的影响？

尹文杰：对我的家人来说，对他们的打击是很重的，因为他们好像差点失去一个很重要的人。但是我并不后悔，即使是我真的不在了的话，我也是守住了我的初心。

古兵：对你而言，这个初心是从什么时候开始有的？又是什么样的一种初心？

尹文杰：从我在部队上第一堂课开始，这个初心就有。因为之前也听过全心全意为人民服务这句话，但是并不知道这句话究竟代表着什么，从我穿上军装之后，我才明白这句话代表的是责任，它是一种使命，非常神圣。

古兵：但现在你已经没有这身军装了。

尹文杰：但是我还是要保持军人的本色，毕竟我曾经穿过那身军装，精神它是不会随着我的军装脱下就会磨灭，或者说是让这份责任感从我的肩上卸下去。

（来源：《面对面》，http：//tv.cctv.com/2019/07/15/VIDENMPe0q7EAVsupVTuXutn190715.shtml。）

（三）倾听的方法

每个人都希望说话时能得到对方回应，采访对象也一样，如果记者在采访中眼神飘忽不定、表情淡漠、缺乏兴致，那么采访对象如被泼了冷水，心里不悦，产生抵制情绪，失去交谈的热情，最终影响采访结果。所以，记者在采访中一定要讲求倾听的方法。

1. 全神贯注，展示足够的采访诚意

记者在采访活动中，不管是与身份地位高于自己的采访对象交流，还是与身份地位低于自己的采访对象交流，都要表现出足够的热情，都要以诚相待，集中精力听他说，把对采访对象的个性、行为举止及外貌的观察放在次要位置，不随意打断对方，努力理解谈话者的任何反应。采访时记者要与采访对象有眼神交流，身体微微前倾，我们的身体和眼神表露出渴望时，会激发采访对象说话的热情。倾听，不仅是指用耳朵接收声音，更重要的是用心去听，把听讲和思索有机地结合起来。

2. 调度好听与记的节奏

在访问过程中，记者需要了解的信息可能会比预想的多，因为任何一个细节都可能使记者产生深入探究的兴趣。所以记者要学会调节记录与倾听的关系。如果记者面对的是没有接受过采访的人，就应该先从别的话题引入，等待双方熟悉之后，记者掌握了采访对象的心理状态，而采访对象又慢慢打开了心扉时，记者再拿出笔记本记录。采访时，应该重在倾听，这就要求记者记录必须快速。需要快速记住以下这些内容。

第一，容易忘记且容易出错的材料。姓名、地名、时间、数字和专业术语应当当场记录，并适当重复核实。

第二，关键点。采访对象的主要观点和意见，时间发展过程中的主要阶段和情节等。

第三，具有个性特征的语言。这很可能会成为未来写作材料的语言细节。

第四，存疑的问题。写下采访中不清楚的部分，或与已知材料不同的地方，并在采访结束时提出问题，然后尝试找出答案。

3. 要给出积极的反馈

一次愉快的采访经历必将使双方产生情感交流。因此，在听的时候，记者应该在适当的时候与采访对象进行感情交流，比如点头、轻声应答，让采访对象知道记者正在倾听，并且对他（她）的谈话内容感兴趣。

积极反应还包括善于引导采访对象。当采访对象感到紧张、不舒服或悲伤，谈话无法继续时，记者要通过简单的语言表达对采访对象的关注，安慰采访对象，或者适当转移话题，待采访对象状态恢复正常之后，记者再慢慢引导采访对象回答问题，可以用例子和类比来激励和引导采访对象，避免只是简单提问。可能会出现采访对象表达观点散乱、表述意思模糊的情况，这时，记者要在头脑中将采访的内容进行合理整合，将主旨提炼出来。当采访对象谈到与主题关系不大的内容时，记者可以礼貌地说，“您刚才谈到的问题非常重要，但我想听到更多的内容”，用这样的话来引导他。总之，记者要善于追问，并能根据以往经验对信息进行分析判断。

二、观察的艺术

麦尔文·曼切尔在《新闻报道与写作》一书中写道：“记者必须学会用孩童般的眼睛观察世界，他把每件事情都看作新鲜的、各具特点的；同时，他必须用聪明长者的眼光洞察世界，能够区分出有意义的东西和无意义的东西。”美国著名记者李普曼说：“好的记者可以借助自己丰富的经验直接观察世界，差的记者不会观察，因为他们认为没有特别的值得观察。”

观察采访，是一种无声的采访，是开展采访活动的一个重要手段，是指记者的大脑及眼、耳、鼻、舌、身感觉器官同时运作，以眼为主使主观认识与客观实际相一致的采访形式。记者只有在现场学会观察，善于观察，不断发现更多新闻事实，运用恰当的思维方式去挖掘事实所蕴含的新闻价值，才会写出准确、鲜明、生动、形象的新闻作品。

新闻记者进行观察，主要是对采访对象的外观和言语进行观察，从这两者之中找出最微小的细节，进行更为详细的追问。在我们的日常生活中，总是不缺乏新闻，但是同样主题的一篇新闻报道，有的记者写得干枯、无趣，而有些记者就会写得鲜活、灵动，能引起读者阅读兴趣，两者最大的差别其实就是是否关注细节。

（一）观察的概念与重点

观察，是有目的、有计划的知觉活动，是指细察事物的现象、动向，是知觉的一种高级形式。新闻观察，就是记者依据一定采访任务，通过眼睛等各种感官和大脑对客观事物的外部现象与联系的综合反映来进行新闻采访的一种社会活动。记者观察的目的是捕捉场景、表象、行为、细节，以便更好地反映新闻事实。

新闻观察主要包含现场观察和人物观察。

灾难、会议、活动、比赛等现场感较强的新闻题材，记者必须进行现场观察，身临其境，感受现场的氛围。2019 年第 9 号超强台风“利奇马”8 月 10 日在浙江登陆，给浙江、上海、江苏、山东、安徽、福建、河北、辽宁、吉林 9 省市造成重大灾害，各地政府、官兵、消防员全力投入抢险救灾工作中。为及时报道灾情，各家媒体的记者们不惧风雨奋战在报道一线。记者亲入现场观察是不可或缺的一种采访方式。对现场进行观察时，记者要对基本场景和情景气氛重点观察清楚，对事件的动态和细节也要注意观察，另外，记者要学会透视，要注意选择适当的观察位置和角度。

获第二十八届中国新闻奖的一篇报道《谭蔚泓：分子抗癌路上的“金刚狼”》中有一段描写了中国科学院院士谭蔚泓的办公室。

谭蔚泓的办公桌上，摆放着郁郁葱葱的绿植，一排“萌猫”玩偶端坐在桌子最外侧，格外引人注目。

“这是几年前学生送给我的。”谭蔚泓指着一排5个玩偶，笑意盈盈地告诉记者。

仔细一看，每个玩偶上面都刻了一行英文小字，翻译成中文就是：生物纳米技术、核酸适体、分子工程、筛选技术、分子信标。这正好是谭蔚泓的5个科研方向。

（来源:《湖南日报》,2017年5月4日,该系列报道获第二十八届中国新闻奖一等奖。）

这段文字主要描写了两个细节：一排刻字的“萌猫”玩偶和绿植。最简单的办公环境，再加上谭蔚泓与记者交流时的表情、动作、姿势等，衬托出了谭蔚泓年轻的心态和平易近人的态度。如果记者不在现场用心观察，是难以捕捉到这些细节的。

人物观察，主要观察采访对象的表情态度、言谈举止、着装打扮和随身物品等，用来揭示采访对象的性格、内心世界、人物与事件的关联程度等。人物观察是一项极度注重细节的观察活动，考验新闻记者的业务能力和职业素养，需要记者具有强烈的新闻敏感，因为采访对象的表情和动作等细节都是下意识做出的，稍纵即逝，因此，观察到某个细节后，记者一定要及时记录下来。

2017年4月19日，《人民日报》报道的《一个人，一辈子，一道渠》，讲述的是贵州遵义草王坝村老支书黄大发36年来只干一件事，就是千方百计修渠引水。其中有一段情节写他为了让修渠工程立项，独自一人跋山涉水整整花两天时间到达县水电局。

徒步跋涉了两天的黄大发，下午终于到了县水电局。此时，瘦弱的身躯已经没几分人样，可眼神并不改当初，一样铿锵、坚定。不巧的是，水电局领导当天下乡了，不在单位。黄大发就打听到县水电局副局长黄著文的家庭住址……

晚上7点，黄著文回到家。在家门口，他看见一个瘦弱的身影在寒风中瑟瑟发抖，身上穿着破烂单薄的衣服，脸上冻得红一块紫一块，一双磨破了的解放鞋，露出脏脏的脚趾……

（来源：《人民日报》，2017年4月19日。）

通过描写黄大发的外貌、服装、动作等细节，记者展现了一个贫穷瘦弱却又坚韧实干的山村老支书形象，令人印象深刻。

（二）观察的作用

1. 核实事实的真伪，增加报道的真实性

记者通过现场观察，可以对采访中获取的各种新闻素材进行进一步核实和验证，对采访对象所说的内容进行基本的真假判断，从而尽最大可能避免出现事实性错误。许多新闻报道失实、人们感到新闻可信度不高的主要原因之一，是记者只凭借采访对象的口头介绍或摘编的网络信息进行报道，没有深入现场看个究竟，也没有进行必要的核实。虽然“眼见不一定为实”，但只要记者到现场通过观察对各种信息进行筛选和甄别，再进一步提问，就能最大限度地接近事实真相。

2. 提高记者思维的敏锐度，发掘新的采访线索

新闻素材客观存在于现实生活中，记者想要获得好新闻，善于观察是关键。通过观察，记者一方面可以获取采访对象没有介绍过的素材；另一方面也能发现新的采访突

破口，使得新闻素材源源不断地涌现出来。新华社记者张严平就是一个善于调动多种感官观察的人，在采访“感动中国”人物王顺友时，面对腼腆且不善言辞的采访对象，张严平发现王顺友最钟爱的是陪伴在他身边的马，便立刻以马为切入点，使王顺友打开了话匣子，然后记者通过一点点挖掘，最终顺利完成采访任务。观察作为新闻采访的重要手段，在某些不便发问的特殊场合，如隐性采访中，甚至可以成为记者获取新闻素材的主要渠道。

3. 帮助记者深化认识，加深对主题的把握

人类对客观事物的认识过程，实质是从现象到本质、由感性到理性的心理活动过程。通过现场观察，记者可以增进对采访对象所介绍情况的理解，促使感性认识向理性认识升华。在新闻现场，记者可以看到很多客观情景，产生一些感性认识，加之自身前期知识的积累和采访所得，其通过理性思考对采访的主题会认识得更加深刻。记者也可能受到现场某一事物或事实的启发，确立比以往更加深刻的主题。

4. 帮助记者加深印象，使其能生动形象地再现事物

现场观察能够帮助记者把所获取的抽象材料具体化、形象化，尤其当涉及专业性较强的报道时，记者需要形象化地描述一些场景或事件，生动再现事件发生的现场情形，否则，受众接收这些信息吃力，信息传播效果就会受到影响。要完成形象性、可读性和可信性兼具的新闻报道，记者不到现场观察是不可能的。我国当代著名记者穆青曾经倡导“现场短新闻”“视觉新闻”，其实就是在强调现场观察的重要性。

5. 可以让记者了解更多，增加知识积累

新闻记者作为一个重要的社会职业，有其自身发展的可持续性和长远性。现场观察不仅有助于记者顺利完成新闻报道任务，还可以帮助记者增加知识积累，为其以后完成新闻报道和写作任务储备素材、创造条件。在采写新闻过程中，记者将采访内容与以往相关新闻事实相勾连，可以增加报道的可读性和信息含量。

（三）观察的方法

1. 选择独特的观察视角

在观察事物时，选择视角十分重要，独特的视角，可以帮助记者进一步挖掘新闻价值。一篇成功的新闻报道必定是记者以某一视角为切入点对事件进行了深入剖析，揭示了事件真相。

一般来说，记者以第三者或者是旁观者的身份进行观察，可以避免与采访对象产生矛盾，保证新闻客观性。但是在某些情况，记者将自己定位为当事人，这时观察就会带有一定主观性，无意中就会与采访对象站在统一战线或是对立面，无论站在哪一方，都有可能影响到新闻客观性，所以，记者可以扮演当事人但是绝对不能深入，要时刻保持清醒。

新闻记者不仅要对采访对象进行全面把握，还要细致观察事件的某一个方面，确定观察重点，并以此为切入点开展新闻采访工作。例如，在 2017 年宁波老虎伤人事件的报道中，就有记者通过仔细观察动物园的安全管理设施建设情况，从园方安全管理的角度入手进行了新闻报道，给受众提供了别样角度的报道。

2. 观察角度由小到大

记者进行新闻观察，角度最好由小及大，以细节展示整体。采访对象的言谈举止、性

格神情、兴趣爱好都是我们访谈时需要观察的。对采访对象衣食住行等方面进行仔细观察后，记者会发现很多可以入文的动人细节、情节和小故事。比如，常规的公众人物报道，往往强调人物的典型性——既充分表现其专业上的成就，又通过讲述其光辉的往事，突出其较高的思想政治觉悟与高尚的个人行为品格，塑造这群人物"又红又专""德艺双馨"的形象。事实上，往往这样的报道引不起读者阅读兴趣。想要占据收视市场，拉近与读者的距离，就要选择从日常生活入手。比如说，我们经常看到某明星接受专访时，讲述他/她喜爱小动物，乐于陪伴家人，对大自然充满敬畏之心等，这样的报道，其用意是让被光环化、被标签化的人物形象变得更为饱满，"这个人不仅功成名就，而且热爱生活，是一个丰富、美好的人"。

记者要善于观察，以小见大，从而使新闻报道独特鲜活。展示事件真相、现场事实是新闻报道的目的。现场观察不细致，重要的新闻信息很有可能被漏掉，这就不利于记者制作富有感染力的新闻作品。

3. 灵活调动注意力

在采访时，记者要打破固有思维模式，多角度思考。

第一，记者可以观察与访问相结合，从观察到的细节中寻找线索。在采访时，记者要保持敏锐的观察力和良好的捕捉能力，不能"视而不见、听而不闻"，要凭借锐利的"新闻眼"在观察中寻找精彩细节，防止漏掉重要信息。但是大多数时候，采访对象的小动作可能没有引起记者足够关注，或是基于流程问题等，记者没有进行访问，所以，记者仅仅依靠观察很难了解事件背后的真相，还需要通过观察与询问相结合的方式深入了解人物特点，准确掌握事件变化，捕捉现场细节，真正实现对人物和事件的"望、闻、问"，如此，写出的新闻报道才会个性鲜明、生动形象、富有吸引力。

第二，记者可以观察和思考相结合，挖掘新闻事件背后的真相。不同记者对相同事物有着不同理解，记者在获取新闻第一手资料后要深入思考，将事物本质看透，挖掘其中的思想精髓，从而提高新闻报道质量。如果记者只是将表面观察所得整理成信息，那么最终形成的新闻报道就会缺乏深刻性，无法实现从现象到本质的升华。

第二节　记录与整理

资料是指运用一定手段存储下来的供再次使用的各种信息，它包括书刊资料、图标资料、录音资料、录像资料等。对于新闻记者来说，新闻资料是必不可少的。新闻资料在记者的访问和写作过程中发挥着重要作用。一般来说，新闻资料主要分为三类。

第一类是第一手资料，是指记者不经过任何中间环节直接从他要报道的事实那里得来的资料，包括记者的直接观察所得和物证材料。第一手资料（采访笔记、实物、录音资料、录像资料等）具有实证性、生动性和可读性的优点。

第二类是第二手资料，是记者从当事人或目击者那里获得的口头材料或者是书面材料，不是记者的亲眼所见。

第三类是第三手资料、第四手资料，是记者从非当事人或非目击者那里获得的资料，这些资料经过多人转手，相比直接获取的资料，愈转可能距离新闻事实愈远，需要认真核实其真实性。

新闻资料是新闻采写工作的基本组成部分，新闻采写过程中最应该重视新闻资料的收集、整理工作。新闻资料整理工作主要包括以下几方面内容。

第一，新闻资料的收集、整理和分类。记者需要先到事发地点了解新闻事件，然后选择有报道价值的材料进行整理和创新性完善，但是不能忽视新闻信息的准确性。最后是新闻资料的分类，记者对收集到的信息具体分类。需要注意的是，记者收集到的新闻资料可能存在不完整或者信息模糊的情况，这个时候就要进行新闻资料的补录工作。

第二，新闻资料的记录和保管。一般在进行新闻资料整理过程中，记者会对符合播报要求的内容进行记录，然后予以保管，防止信息遗漏。

第三，新闻资料的加工和编辑。收集来的新闻资料要整理成新闻稿件，然后要上传到新闻编辑部，进行排版加工，在此过程中，如果有新闻内容方面的问题，就需要重新确定是新闻事实出现问题还是整理工作出现失误，然后重新进行编辑。

熊高在《新闻采访》一书中称："新闻资料的特点主要有三个：一是记录性，是指资料是对已经发生事情的真实记录；二是参考性，是指资料对人的可借鉴性；三是积累性，资料室代代相传，是在历史发展中形成的。"①

对于新闻记者来说，不管是自然科学、社会科学、人文科学的内容，还是目击证人的一句话，抑或政府、司法部门提供的信息参考，都可以作为新闻资料。

一、记录的艺术

记录是采访成果的体现，没有采访记录就没有一手新闻资料，就不会形成后来的新闻稿件。记录新闻材料是有技巧可言的，而不是在笔记本上乱写一通，等到全部问完之后根本不记得刚刚记的是什么意思。

记者在记录内容的选择上也要有重点，首先是记录新闻事件的五要素和事件如何发生，对有揭示意义、具有代表性的对话也要记录下来。其次是记录细节，对采访对象的语气、动作、声调等出现变化的地方着重记录。如果访问结束之后，还有问题比较模糊，或者有关键点需要进行深度访问，一定要及时补充。最后，记录采访对象对整个事件的看法或是建议。

在新闻采访中，记录方式也有很多种，比如以下几种。

（一）直接记

直接记时可以选择心记和笔记同时进行。

心记又称"有意识记录"，就是记者将在新闻现场的所听、所感、所想强记在心中，这种方式适用于采访时间较为紧张或者采访对象不愿意接受记录的情况。民国时期著名记者邵飘萍采访后回到家，常跟家人说一句话："快，拿纸笔来，我的肚子快撑破了！"

---

① 熊高，熊倩．新闻采访 [M]. 2 版．北京：中国传媒大学出版社，2016：174.

心记是最没有限制的一种记录方式，随时随地都可以记下所听所见，但是同时又是局限性最大的一种方式，它要求记者拥有过目不忘的本事。

笔记分为详细记录、简洁记录、缩写记录。采访时间充裕、记者笔速较快，或者是后期进行补充采访时，一般记者会对采访内容进行详细记录。简洁记录是最常用的直接记的方式，记者按照采访进程记录采访对象的话，主要记录一些重点的、有意义的、容易忘记的事实材料。可按照记者自己的思维习惯、信息整理习惯、信息输出习惯进行记录，而不必拘泥于结构化的文字记录，确保在后期整理时能够记起采访的大部分内容。缩写记录，主要是将采访内容用缩写符记录下来，缩写符可以是自创的，也可以是新闻行业常用的，比如，八荣八耻缩写成“88”等。这种记录方式的缺点就是重点不清晰，为了弥补这个缺点，可以采取画横线和圈重点的方式。需要注意的是，笔记本不要过大，要方便随身携带，采访前检查本子是否有足够的记录空间。采访结束之后，要迅速回看笔记，防止因字迹过分潦草出现无法辨认的情况。

（二）按问题记

按问题记的前提是记者做好了充足的前期准备，要访问的问题和重难点以及需要确认的事实和需要深挖的重点都已经准备好。记者要在事先记录的问题下面留下足够大的空白区，以便在采访时，写下答案。这种记录方式可以让记者掌握整个事件过程，能帮助其理清思路，以便其在正式访问中能提出有价值的问题。

表 5-1 按问题记的笔记形式

<table>
<tr><th>设计的问题</th><th>采访对象的回答</th><th>其他信息</th></tr>
<tr><td>问题一</td><td></td><td rowspan="4">1. 临时想起来的问题，超出信息块的问题
2. 被访者的微表情和小动作等细节
3. 周围环境观察
4. 需要继续跟进的事项
5. 疑问、思考</td></tr>
<tr><td>问题二</td><td></td></tr>
<tr><td>问题三</td><td></td></tr>
<tr><td>……</td><td></td></tr>
</table>

在记录时，对涉及的问题可以按照信息块来记录，但是在提问中，要将提问顺序熟记于心，可以在记录时瞥一眼下个问题，一定注意与采访对象要有眼神交流，提问题时足够自然。具体的笔记形式可以参照表 5-1，一定注意在最右边的位置留下大约 1/3 的空白，记录突发情况。

这个记录方式存在一定的缺陷，有时候设计好的问题不符合客观实际，记者就会跳过话题进行下一个，这样一来，记者的思路可能会被打断。

（三）按“新闻六要素”记

在没有充足时间进行详细采访时或在采访前的材料收集阶段可按照新闻六要素来记录，比如说突发的新闻事件，由于新闻的时效性要求，记者没时间详细访问，这个时候对事实六要素进行提问和记录是最节省时间的。

表 5-2　按“新闻六要素”记的笔记形式

<table>
<tr><th>六要素</th><th>采访对象的回答</th><th>其他信息</th></tr>
<tr><td>当事人</td><td></td><td rowspan="7">1. 临时想起来的问题，超出信息块的问题
2. 采访对象的微表情和小动作等细节
3. 周围环境观察
4. 需要继续跟进的事项
5. 疑问、思考</td></tr>
<tr><td>时间</td><td></td></tr>
<tr><td>地点</td><td></td></tr>
<tr><td>发生的结果</td><td></td></tr>
<tr><td>发生的过程</td><td></td></tr>
<tr><td>发生的原因</td><td></td></tr>
<tr><td>对社会的影响</td><td></td></tr>
</table>

（四）按“内容块”记

一般来说，采访的内容一般分为背景性内容、事实性内容、评论性内容、分析性内容、细节性内容，记者按照这五方面进行记录也是一个不错选择，可以清晰地看到当事人的意见和建议，这样的记录方式适用于成熟记者，其能够发散思维，引导采访对象更多地发表自己的意见。

表 5-3　按“内容块”记的笔记形式

问题	背景性内容	事实性内容	评论性内容	分析性内容	细节性内容
1					
2					
……					

总之，不同的记录方式各有特点，记者可以具体根据新闻事件和新闻时效性以及自己喜好进行选择。需要注意的是，笔记只是记者的一个记录工具，不管多么整洁都不会有人看到，重点还是取得采访的成功，最后能制作出优秀的报道，所以采访时，一定要先抓主要内容记录。

在取得采访对象同意的情况下，对采访过程进行录音也是可行的，这可帮助记者后续核实记录不清楚的地方。

二、整理的艺术

整理新闻素材属于新闻采访的后期工作，主要包括采访笔记的整理、验证采访资料、补充采访资料三部分内容。这项工作有着承前启后的作用，其对前期采访工作进行整理和回顾，为后期写作工作做好铺垫。

（一）整理采访笔记

1. 按读者对素材的感兴趣程度整理

媒体刊发新闻，主要有两个目的：一个是获得受众的认可，取得一定反响，收获社会效益；另一个是占据市场，获得经济效益。

不管是想要社会效益还是想要经济效益，落脚点都是服务好受众，新闻报道只有有人看，新闻才有价值有意义，如果无法引起读者注意，那么这样的新闻就会沦为边角，不仅浪费记者整理的时间，也浪费新闻版面，所以记者在后期新闻素材整理阶段，要抓住受众的兴趣点，对症下药。大部分受众都有猎奇心理和求异心理，但是记者不能为了吸引注意而胡编乱造，可以通过抓住新闻特点的方式提高新闻吸引力，如把细节、情节描绘得如在眼前，或抓住关键点，挖掘出素材里有价值的部分，这样的新闻才有特点有看头，才能吸引读者。

2. 按逻辑整理

前期收集的新闻材料往往是零散的、没有逻辑联系甚至相互矛盾的。记者需要对素材进行整理、核查、补充，然后按新闻价值大小使用素材，写成新闻。面对大量繁杂的新闻素材，整理者要有系统有方向地整理，使制作的新闻逻辑合理清楚，言之凿凿。整理者要有全局观，认真甄别，舍弃一些看似很有吸引力，但不符合整体逻辑的素材。

首先，可以采取比较新闻采访资料，确认新闻事实的方法。新闻事件目击者或者其他相关人员因为现场观察角度不同，或者与当事人的关系不同，采访他们获得的资料，内容可能观点对立或者含糊不清、自相矛盾，所以一定要多采访，采访与此事件相关的人越多，整理阶段通过对比资料得出的结论就越真实。其次，可以采取分类的方法。资料整理是新闻采写中非常重要的一环。因为新闻报道中的结论是从记者采访、观察、调查后获得的事实资料中分析并推论出来的，事实资料是否真实、准确，将直接影响结论的正确与否，所以说，资料整理的核心工作就是资料分类。要进行资料分类首先解决按什么标准分类，比如说，按照内容不同，分为事实性材料、评论性材料、建议性材料。进行资料分类时，还要注意把记录了人们意见、感受的资料和记录了客观事实的资料分开，把反映特殊情况的资料和具有总体特征的资料区分开。再者，可以按照重要程度分类，对于在后期编写中要着重强调的材料一定要将其排在较显眼的顺序范围内，以便后期查找，比如将其前置，做好标记等。

3. 按新闻价值整理

新闻价值是指事实的内涵能够在多大程度上引起受众普遍关注的要素，以及其传递价值观的能力，是新闻传播主体衡量、选择新闻事实的依据。新闻价值主要包含六要素：真实性、时效性、重要性、显著性、接近性、趣味性。一般来说，一篇新闻报道，首先是要以能够吸引受众的新闻价值为主线，而受众最关心的又是那种新奇的事物，所以，记者在整理资料时，要充分考虑到受众的这种喜好。

4. 按是否符合法律法规进行整理

新闻素材的整理选择要符合国家的法律法规，新闻内容要受到法律法规的约束，那些危害国家或社会安全，损害国家和人民利益，泄露国家机密或侵犯公民隐私权的素材一律不得见报。

（二）验证采访资料

各种媒体传播的信息宠杂、传播速度快且有些媒体缺乏新闻把关人，致使各种信息的真实性存在极大争议。对此，为了保证新闻报道的真实性，需要记者对新闻资料反复核实。

验证新闻采访资料也是一个比较复杂的过程，主要验证以下内容。

第一，要检验资料是否完整，按照新闻六要素来检验，何人（who）、何事（what）、何时（when）、何地（where）、为何（why）、如何（how）。一般来说，如果在检查中发现漏掉了关键证据，就要及时补充。但随着网络技术的发展，人们对新闻的时效性要求越来越高，这就使得许多记者来不及了解详细情况就发布新闻。比如，一则有关儿童溺水的报道，可能在发稿时记者还没有了解清楚新闻发生的具体原因，只是掌握了大体的案发时间和相关地点。这个时候，在报道中可以写上“具体原因尚在调查之中”。在后期报道中记者要将新闻要素补充上。

第二，考察新闻的来源是否可靠。新闻资料很多是新闻源提供的，而通过新闻源，记者将事情的真实情况还原给受众，让受众了解当时发生的一切。那么记者怎样考察新闻的来源是否可靠？可以采取“多源求证”的方法，这种方法是验证新闻素材的一个重要方法，即采访两个或两个以上与事件相关的人（新闻目击者、知情人，以及与新闻事实有这样那样关系的人）来对新闻进行核实。

第三，推敲资料中的细节。在接触到事物的局部细节或表象后，记者要对这些资料进行认真核实、鉴别、整理和提炼加工， 才能获得真实、完整、典型、生动的新闻事实，最终形成反映事物本来面目、揭示事物本质的新闻报道。对新闻素材进行分析，首先要看前后逻辑是否存在矛盾；其次，记者可以根据常识进行判断，就是指根据众所周知的知识对人物或者事件，抑或科学知识、社会经验、生活常识等进行判断。大多数新闻线索并不需要多么深厚、专业的知识才能判断真伪，而是需要记者具有进一步去核实的敏感，记者分析判断时间久了，一些假新闻一眼就能看透。

陈秉科在他的《深一度：新闻采访与写作》一书中，提到过一个案例：

2011 年 8 月 13 日，一张照片在微博上流传，网友孙某在微博中称，其表弟身陷山西省晋中市的一个传销窝点，传销组织人员向其表弟父母索要 1 万块钱，被拒绝之后，传销人员向其父母发来一张表弟的断指头的照片。看照片中，刀在地面上，刀下的手指似乎已经断掉，隐隐含有血迹，看年轻人，嘴角还有血迹，牙关紧闭，眼睛闭着，满脸痛苦……

（来源：陈秉科：《深一度：新闻采访与写作》，中国广播影视出版社，2016，第 58 页。）

有经验的记者一看就知道照片有问题：第一，手指被切断，地面应该有大量血迹，作为切手指的第一现场，血迹太少；第二，假如一个人知道自己手指要被切断了，应该会拼命反抗，没有几个人是摁不住的，但是照片中，站着的歹徒一只脚踩着被害者身体，另一只手抓住其头发，轻而易举地将其制服；第三，“受害者”遭到如此残害，他的左手貌似在闲着，一点点反抗的迹象都没有，很不正常。

2018 年 7 月 19 日，《鲁中晨报》刊发《淄博从未进过长春长生生物生产的疫苗》，报道称：被爆出狂犬病疫苗生产过程中存在记录造假等行为后，长春长生生物科技有限责任公司2017年曾生产过问题百白破疫苗一事又被重提。记者从淄博市食品药品监督局了解到，淄博没有进过该企业生产的疫苗，市民不管是接种百白破疫苗还是狂犬病疫苗都是安全的。《鲁中晨报》报道后，有淄博市民很快晒出了自己孩子的接种记录，可以清楚地看到曾三次接种长春长生生产的疫苗，接种地为淄博新区预防接种门诊。7月22日，《鲁中晨报》微信公众号发布致歉声明承认刊发的《淄博从未进过长春长生生物生产的疫苗》这篇报道信息不实、报道有误。这便是记者没有详细核实新闻素材真实性所导致的恶果。

在现在网络媒体时代，新闻的消息源越来越多，假新闻也层出不穷，比如，2016年5月4日，凤凰新闻、腾讯新闻、网易新闻等媒体发布新闻称，5月3日下午4时许，长沙机场高速一大巴被烧，造成二死十余伤，目击者称不明物体被两次点燃抛向前坐。

消息发布时间地点表述清晰，又有相关众多媒体同时报道，应该可信，但根据湖南省公安厅官方微博消息，此是篡改2010年7月21日长沙机场大巴纵火案的虚假新闻，长沙机场大巴纵火案发生于2010年7月21日，机场高速（S40线）12公里地段，犯罪分子已于当年被执行死刑。该假新闻给社会造成了一定恐慌，湖南警方要求媒体纠正错误，发布澄清公告，消除影响。

如此看来，假新闻已经成了一个世界性难题，如何让自己少被假新闻“套路”？网友总结了一套识别假新闻的技巧：

①看新闻五要素(何时、何地、何事、何因、何人)是否齐全，假新闻很难做到这一点。

②核对细节，假新闻常有自相矛盾的地方，或错误百出。

③事件过分离奇，出乎常理的一定要存疑。

④遇到带图片的新闻，可使用搜图功能，假新闻配图很容易现形。

⑤使用搜索引擎新闻搜索功能，看是否旧闻，是否有媒体跟进。

⑥是否含有很明显的宣传意图或者蛊惑意图。

⑦看来源是否正规，消息源模糊不清的小心有诈。

⑧看官方通报或当地媒体、权威媒体有没有报道。

⑨通过电话或者网络求证核对细节，包括直接联系当事人求证。

（三）补充式采访

补充式采访，是指有的数据还不够充分，有的材料不够清晰，有的地方还需要核实，需要进一步采访。还有的需要进行补充式采访是因为记者通过采访，发现了更丰富的采访素材，而这些素材更能支持报道主题，需要进一步挖掘。如果新闻素材的整理者二作不够深入，素材整理得不够彻底，出现大量“应该”“可能”“也许”等词语，会造成新闻含糊不清，词不达意，减损新闻的权威性。所以，有时候采访一次是远远不够的，需要补充采访。采访资料中，不管是记者提问部分还是现场观察部分，都可能出现问题，最常见的就是事实含混不清。

2017年8月20日，在情景剧《生活大爆炒》的开机仪式现场，有记者向翟天临询问在这部剧中的角色设定等问题。

翟天临：他（饰演的角色）是一个非常高成就、高学历的一个理工男，他对各种数学公式和化学公式都倒背如流，虽然这是一个很轻松的戏，但背他的词一点也不比背杨修(《大军师司马懿之军师联盟》中翟饰演的角色）的词简单。

记者：啊，是吗？那你现在有在背吗？

翟天临：有在背。

记者：那给我们先来一段呗。

翟天临：关于阿基米德原理啊，密度的计算啊等这些东西一直在背，π 等于 3.14 啊这些。

记者：我们知道你是文学博士，但你上学的时候数学怎么样啊？

翟天临：我高考考得超过一本线。

记者：那数学呢？

翟天临：但是我数学才 19 分。

记者：呵，你是怎么做到的？

翟天临：我小三门能力非常强，我小三门基本都在满分吧。

（翟天临采访视频：http：//video.sina.com.cn/p/mobile/doc/2019-02-10/191269127448.html。）

就这样，翟天临蒙混过了记者的采访。后来，此话被扒出之后，就有不少网友站出来质疑，有网友表示，在当年的高考中，如果要以数学 19 分总分 580 分考取北影，那么翟天临的小三门要接近满分才可以，英语和语文也要超过 145 分。又有网友查证，2006 年山东省文科一本线是 568 分，而当年北京电影学院表演系本科班在山东只录取了两人，成绩分别为 348 分和 402 分，如此可以证明翟天临说自己过了一本线是在撒谎。

反观记者的采访，虽然记者察觉到了翟天临所说成绩中存在巨大反差，也简单追问了一句，但并没有就此深挖下去，造成当时采访所得的信息含混不清。

一般来说，最常见的事实不清主要是新闻五要素不清，这会影响报道的准确性，给受众造成误导，记者的业务能力也会遭到质疑。

进行补充采访需要注意这样几个问题。

第一，注意采访前的说明。补充采访的原因是什么，需要对方提供哪些材料，或者需要再采访哪些人，这些都要事先与采访对象做充分沟通；

第二，需要对方提供准确材料的，记者要事先列出一个清单，以便对方做准备。

第三，要问一下对方在这些补充采访清单外，还有没有自己的想法，比如对方知道了需要做补充采访，往往也想到了某件事情，某个细节，也希望能在报道时给予报道。事先沟通，可以有效推进采访进程，因为事先沟通了，采访对象就不至于在采访过程中突然提出新要求，这样就确保了记者的采访顺利进行，更防止了被采访对象牵着鼻子走。

第四，在什么时间做补充采访等诸多细节，要充分与采访对象沟通，以征得对方同意。比如在采访时间的选择上，在采访地点的选择上，在提供材料的细节上，都要征求对方意见。

值得注意的是，补充采访要尽量一次性解决所有问题，如果感觉可能还要采访几次，在进行补充采访前与采访对象沟通时要说明，以让对方有一个心理准备，这样，记者才能得到对方的有力配合，才能更好地完成采访任务。

思考与练习

1. 采访中的倾听有哪些重点？
2. 倾听的方法有哪些？
3. 新闻观察的方法有哪些？
4. 新闻采访中有哪些记录方式？
5. 如何整理新闻素材？

Chapter 6

第六章　新闻写作的基本方法

▶ 第一节　新闻报道与新闻评论的区别　　▶ 第二节　用事实说话

第一节　新闻报道与新闻评论的区别

新闻报道的目的是向受众传递新信息，提供新闻事件的事实真相，力求反映客观事实。新闻评论则是以新闻提供的事实为出发点，通过说理分析，挖掘新闻事件背后的意义和道理。在新闻采写实践中，初学者往往容易混淆二者之间的区别，误将大量的个人议论掺杂进新闻报道中，致使所写就的作品不像新闻报道，反而与新闻评论有几分相似。鉴于目前存在的问题，有必要在此先明确新闻报道与新闻评论的区别与联系。请先来阅读两篇获得中国新闻奖的作品。

【文字消息】

23年圆梦，福建晋江水流进金门

本报讯（记者 刘益清 吴洪 刘深魁）“来水了！来水了！”5日上午，随着来自福建晋江、穿越约28公里陆海输水管道的碧水，在金门田埔水库喷涌而入，3 000多名围观的当地民众欢呼雀跃。

“金门缺水的历史一去不复返了，这是金门发展史上的一件大喜事！”专程赶到晋江龙湖观摩通水现场会的台中市金门同乡会理事长蔡少雄，兴奋之情溢于言表。

上午10点，晋江龙湖岸边的通水现场。随着与会领导、嘉宾共同按下启动按钮，一股股源自泉州母亲河晋江的清澈水流，经过龙湖南岸晋金供水公司泵站机组加压抽水，源源不断流向通往金门岛的陆海输水管道。2分钟后，这股清水流入金门田埔水库，宣告晋江水成功直供金门。

这是一个历史性的时刻！

金门与晋江，隔围头湾相望，最近处仅5.6海里。长期受困于资源性缺水的金门民众，深怀从大陆引水入岛的梦想。对此，习近平总书记在福建省委、省政府工作时，就十分牵挂金门同胞的饮水用水问题，对福建向金门供水工作，从提出论证到具体措施，多次部署、亲自推动，体现了为台湾同胞谋福祉、办实事的真挚情怀。1995年，两岸提出从福建向金门供水的构想。两岸相关部门和专家曾提出了从厦门、泉州等地向金门供水等多个方案。最后，由晋江向金门供水的方案获得各方认可。

23年来，经双方多次商谈协作，金门供水工程持续推进：2015年7月，福建与金门签署供水合同；2015年10月，大陆段率先开工；2017年11月，海底管道全线贯通；2018年5月，双方进行联合测试，具备通水条件。

为让金门同胞早日喝上家乡水，从国台办、水利部到福建省、泉州市、晋江市各相关部门和群众，均全力支持。晋江龙湖镇党委副书记施纯玺表示，龙湖是金门供水工程的取水口，工程建设从征迁起，群众就积极保护水源地，龙湖水质常年达到Ⅱ类标准。

供水工程日设计流量3.4万立方米，远期可达到5.5万立方米。福建水投集团副总经理朱金良表示，我们将继续做好工程的维护管理工作，确保24小时实时监测水质水量，让金门同胞喝上安全优质的家乡水。

“盼了23年，终于迎来大陆的清水！”在金门接水仪式现场，金门自来水厂厂长许正芳表示，通水后该工程可满足金门未来30年中长期发展用水需求，并间接改善地下水枯竭与湖库水质不佳等问题，不仅造福民生，更有助于金门产业发展。

金门县民意机构负责人洪丽萍表示，通水完成了两岸民众的历史心愿，金门人感恩大陆实实在在的善举，将继续与大陆手牵手、心连心，希望今后两岸交流之路越走越宽。

（来源：《福建日报》，2018年8月6日，作品获第二十九届中国新闻奖一等奖。）

【新闻评论】

别把超时加班美化为“拼搏和敬业”

近日一则由互联网程序员引发的新闻登上了热搜榜——一名程序员在GitHub社区上建立了一个“996.icu”（即工作996，生病ICU）的项目，披露部分互联网公司“996”工作制现象，大量“996工作者”涌入并控诉。

“工作996，生病ICU”，意味着长期过劳工作，最终面临健康风险。由此引发的“996”加班问题再次进入公众视野。许多被证实采用“996”工作制的公司被推上舆论的风口浪尖。其中，有新兴互联网公司，也不乏跻身世界500强的大型企业。

所谓“996”工作制，即每天从早9点工作到晚9点，每周工作6天。以此测算，每周工作时间达到了72小时。而这一制度是违法的。1995年施行的《中华人民共和国劳动法》规定了劳动者每日工作时间不超过8小时、平均每周工作时间不超过44小时的工时制度，并强调“劳动者享有休息休假的权利”。法律也考虑到不同企业的实际情况，规定用人单位由于生产经营需要，经与工会和劳动者协商后可以延长工作时间，一般每日不得超过1小时；因特殊原因需要延长工作时间的，在保障劳动者身体健康的条件下延长工作时间每日不得超过3小时，但是每月不得超过36小时。与此同时，用人单位安排加班的，应当按照国家有关规定向劳动者支付加班费。

随着我国劳动法律制度的不断完善，保护劳动者权益的制度体系和社会氛围已经形成，侵犯劳动者休息权的行为不再明目张胆，但是有的超时加班却披上了“温情的面纱”——企业用加班文化将员工捆绑在岗位上，要求员工付出更多工作时间和劳动力，以此期许提高企业的KPI（关键绩效指标）；员工忍耐着适应加班文化，以此换取稳定的收入和职业的发展。

如此加班给劳动者带来的是幸福吗？日前，整个微博都在安慰一个因为逆行被交警拦住、情绪失控大哭的小伙子。小伙子的一句话戳到了许多人的泪点：“我加班到十一二点，所有人都在催我，我真的好烦啊。我只是想哭一下……”

因为一件小事瞬间崩溃，程序员在网上自发声讨“996”工作制，这反映了重压之下的劳动者已不堪重负。全国总工会开展的第八次全国职工队伍状况调查显示，迫使职工超时加班现象较为普遍，每周工作超过48小时的职工占21.6%，仅有44%的职工表示加班加点按劳动法规定足额拿到了加班费或安排了相当时间倒休。

诺贝尔奖得主科斯曾经感叹：“中国人的勤奋令世界惊叹和汗颜。”但问题的另一面是，辛勤劳动不等于无所顾忌的加班和漫无边际的任务指标；“为幸福而奋斗”也不应当成为企业逾越法律红线、忽视员工健康权休息权的代名词。

将超时加班美化为“拼搏和敬业”的企业文化，这是用温情的姿态，变相强迫劳动者加班。这不仅阻碍了企业的可持续发展，更可能损害高质量发展的耐力。因为劳动者的健康是国家发展的基石。过度延长工作时间，会导致一系列恶果，包括健康受损、生育率下降、心理疾病，甚至过劳死。

高质量发展是一场耐力赛。劳动者的身心健康不仅是这场“耐力赛”的推动力，也应是衡量高质量发展的重要指标之一。秉持以人为本的原则，关注和维护劳动者的身心健康，这才是创造价值和利润的正确路径。

“五一”国际劳动节即将来临，这个节日正是为争取8小时工作制而来。今天，应该撩开“996加班文化”的温情面纱了。高质量发展，需要的是更合理的工作节奏、更高效的运转模式、更科学的管理方法，需要企业承担起维护劳动者权益的法律责任，需要全社会对“8小时工作制”意义的认可。

（来源：《工人日报》，2019年4月11日，作品获第三十届中国新闻奖二等奖。）

（一）新闻报道与新闻评论的区别

1. 写作目的不同：报道事实与表达意见

新闻是对新近发生的事实的报道，因而其自身存在的价值在于及时、有效地传递信息，能够客观准确地呈现新闻事实，让受众对于发生的变化有清晰明确的认知。然而，至于事件本身的实质如何，以及由此可以引申出哪些方面的深层含义，对社会能够带来哪些影响，这往往要留给受众自己去思考，这也是新闻报道的魅力所在——读者自己去解读新闻，“一千个人的头脑中有一千个哈姆雷特”。从上面的文字消息可以看出，记者报道新闻的目的就是向广大读者讲清楚经过23年的努力，福建晋江的水通过跨流域调水被顺利引入金门这件事。记者自始至终在陈述事实，将这一项目的实施过程，以及在通水现场所看到的情形描述出来，点到为止，并没有刻意发表议论，而报道背后的价值和深层意义需要读者自己去感悟和思索。

新闻评论的目的在于阐明作者对事实与问题的观点，通过直截了当地表明看法和立场，来影响受众，引导社会舆论。对新闻事实表象背后实质进行挖掘，以此来向受众传递作者的核心观点、理念，使得新闻的内在思想得以拔高和升华，这正是新闻评论的价值所在。《工人日报》刊发的评论作品，开门见山，题目就是作者的观点——别把超时加班美化为“拼搏和敬业”，然后作者由现在部分互联网公司提倡“996”工作制说起，阐明自己对于这一社会现象的看法，作者提出我国自1995年起施行的《中华人民共和国劳动法》中，明确规定了劳动者每日工作时间不超过8小时、平均每周工作时间不超过44小时的工时制度，由此说明“996”是对劳动者权利的损害，之后又阐述了这种“996”工作制会带来的一系列不良后果。全文紧扣主题，严密论述，使人读来有畅快之感。

2. 表达方式不同：描写叙述与议论说理

新闻报道以记叙为主，以满足新闻的六要素（时间、地点、人物，事件的起因、经过和结果）为基本条件，讲求平铺直叙，通过细节描写等手法来向受众提供尽可能多的新闻信息。新闻报道的文风讲求平实朴素，无须刻意煽情和议论，只需将事实表述清楚即可。其中事实是否准确可靠、能否客观地反映实际，是一篇新闻报道最基本的评判标准。简而言之，真实性是新闻报道的生命。文字消息《23年圆梦，福建晋江水流进金门》的各新闻要素是完整的，记者通过描述3 000多名围观的当地民众欢呼雀跃、台中市金门同乡会理事长蔡少雄专程赶到晋江龙湖观摩通水现场会等细节，表现这一新闻事件在当地人心中所占的分量，同时又借用背景材料，将这一通水工程的前因后果和推进过程完整地呈现了出来。

新闻评论以议论为主，讲究概念、判断、推理，要求论点准确、证据充分、论证逻辑清晰有条理。新闻评论主要阐述作者的思想观点，阐明事理是写新闻评论的基本要求。在遣词造句方面，新闻评论中经常会出现带有个人主观色彩的词汇，这一方面是为了更好地传递作者观点，另一方面也是为引导社会舆论而采取的必要举措。上面的评论作品，作者从微博热搜“996”这一事件入手，先厘清相关概念，然后将我国相关法律规定引入其中来论证，最后阐述这一做法会给个人和社会带来一系列不良后果，呼吁改善这一不良状况。作者层层推进，条理清晰，对提出的“别把超时加班美化为‘拼搏和敬业’”这一观点进行了严密透彻的论证分析。

（二）新闻报道与新闻评论的联系

新闻报道与新闻评论是新闻体裁的两种形式，二者是相互依存、相互配合的。

评论中要有事实，但是使用事实的目的在于传播观点。新闻事实是评论得以存在的基础和条件。首先，新闻评论要先陈述新闻，新闻是评论的对象。其次，新闻评论要从事实说起，事实是开展评论的因由。最后，新闻事实也是新闻评论的论据，是用来证明观点的。新闻评论只有占有大量典型、真实的事实，进行全面剖析，才能将道理阐述得更加生动和深刻。上面举出的评论作品，作者是利用一名程序员在 GitHub 社区上建立了一个“996.icu”（即工作 996，生病 ICU）项目这一事实，披露部分互联网公司“996”工作制现象，由此展开评论，可见，新闻事实是作者的评论灵感的来源。另外，作者通过使用交警安慰情绪失控大哭的小伙子这一事例，来有力说明“996”高强度工作模式之下社会个体的心理和身体遭受了极大伤害，论证因此更加有说服力。

新闻报道中可能会含有少许评论，但其目的在于更好地传播事实。当然，在新闻报道中，记者一般少发或者不发表评论。借助新闻评论的阐述和分析，相关新闻报道所发挥的作用才会不断被放大，产生更为广泛和深远的社会影响力。记者主要通过对事实的排列组合，对事实的选择来表达自己的倾向，是“寓论断于事实之中”。消息作品《23 年圆梦，福建晋江水流进金门》，似乎并没有带有个人感情色彩的议论出现，但报道中描述了社会各界对通水这一事件的反应，从中我们可以看出记者暗含褒扬之意。再者，记者巧借他人之口，来充分说明晋江水流入金门所蕴含的社会意义和政治意义。

（三）避免混淆新闻报道与新闻评论的策略

我们借鉴早川一荣在《思考和行动中的语言》一书中对报告、推论、判断和倾斜的分析，来把握新闻报道与新闻评论存在的差异，以便有效避免混淆新闻报道与新闻评论。

1. 准确报告

报告，是指为交换知识而进行的基本的符号活动，如实反映我们看到、听到、觉察到的事情。报告要遵从以下规则：第一，报告的事实必须是能够被证实的；第二，必须尽可能地排除推论和评判。这一原则同样适用于新闻报道，即客观准确地呈现新闻事实。

在新闻报道中，记者所写的新闻事实要能够被证实，经得起推敲。虽然有的新闻事实无法逐一查明，但我们仍然需要在关键事物的名称，在量词、时间的表达上尽量做到准确无误，这样带给受众的事实性偏差就会相对较小。在当今社会，每个个体都在互相信赖着彼此提供的信息。旅行时，我们会向素不相识的人问路，并且毫不怀疑路标的可靠性；读书时，关于其中提供的数学、机械、旅行、地理、服装等相关内容，我们一般会认为作者是知无不言、言无不尽的。诚然，有偏见的宣传者、许多不真实的信息会引起关注，成为普通民众议论的对象，但我们仍要相信，绝大多数的新闻报道是靠得住的。

新闻报道的语言讲求准确生动，通俗易懂，是一种“地图式”语言。新闻报道的受众是社会上各行各业、各个年龄段的大众，要想准确地将信息传递给受众，就必须要注意规范严谨，一是一，二是二，用新闻的语言来描述事物的发展变化，将所写就的事实及时告知受众。

2. 避免推论

采写新闻报道是记者这一职业的主要工作，新闻报道其实就是记者将新闻事实有目的地有机组合而成的，因而，新闻报道材料尽量是记者亲眼所见的事实或面对面采访新闻当事人取得的。这些内容是可以被证实的、能获得大家认同的。而为了增加新闻的客观真实性，在采写过程中记者要尽量避免加入自身的推论。

这里所说的推论，是以已知的事情为基础，对未知的事情所做的叙述。我们从某位妇女的服装来推论她的财富、社会地位等；从建筑物受损的情况来推论火灾发生的原因；从某位男子手掌的磨损情况来推论他的职业；从某位议员对军备法案的投票来推论他对俄罗斯的态度，等等。

推论是在有意无意中进行的，可能是在记者有丰富经验的基础上，也可能是在其完全没有经验的情况下进行的。推论的一般特性是，对于无法直接获悉的事情，在观察的基础上做出叙述。

为了避免在新闻写作过程中推论，记者不要主观想象他人心中发生了什么。例如“他在生气”，这就不是客观陈述，而是从可以观察到的事实出发所进行的推论，而“他用拳头敲桌子。他骂人。他向秘书掷电话簿”，在这个例子中，没有推论，而是客观陈述。再看以下表达：

“他只考虑自己的事情。”

“他怕女人。”

“他有自卑感。”

这些都是基于偶然的社会性观察而形成的认识。

我们在采写新闻时，应把推论藏在心里，而代之以如下叙述：

“他在公司很少与下级说话。”

“在某个聚会上，他只接受女方邀请跳了一次舞。”

“他如果申请奖学金，很容易得到，因为有那样的实力，可是他没有申请……”

即使已经注意到避免推论，但可能在如实呈现看到的、已经发生的事情时，我们还是难免犯错误，因为在日常生活中，推论是一种快速出现的、几乎是自动的思维活动过程。我们看到汽车蹒跚行驶的情形，可能就会说：“看，驾驶员喝醉了酒在开车。”但实际上，我们看到的只是汽车不正常的移动。某记者曾经认为一个男子真大方，给1美元小费。不久，服务员走过来，将1美元放入现金出纳机，敲了一下90美分的键，结果服务员找出10美分作为小费收到自己的衣袋里。换句话说，记者如果写那男子给了“1美元小费”，就不是在叙述事实，而是给出推论。

但切莫就此认为，不能进行推论。如果一个人没有推论的动力，那本身就是头脑有缺陷的证明。例如，从事语言疗法的 L. 李写道：“在我这里有一个患失语症（脑损伤）的成人感到，要依据我给她看的图画做出推论是非常困难的。她能告诉我，那幅画中发生了什么，但是，她无法说出此前可能发生了什么，此后又将发生什么。”所以，问题不在于我们要不要推论，而在于我们是否意识到自己在进行推论。

3. 排除评判

我们在进行新闻写作时，也应排除评判。这里所说的评判，是指记者在陈述事件时表达出自己的好恶。例如，不能说“那是一辆极好的汽车”，而应该说“那辆汽车行驶了 5 万英里，没修过一次”。

又如，“杰克对我们撒谎”这样的叙述，应予以回避，改成能被证实的叙述：“杰克说，自己的汽车钥匙没有带来。但是，两三分钟后，当他从衣袋里拿手帕时，带出了汽车钥匙。”

再如，不能这样陈述：“那议员顽固，没礼貌，不合作。”“那议员勇敢地坚持自己的意见。”

而应该说：“那议员对那项法案投了反对票。”

许多人认为，如下叙述是对“事实”的叙述：

“杰克对我们撒谎。”

“吉力是一个贼。”

“汤米很贤明。”

“撒谎”这个常用词，第一，包含了推论(认为杰克知道事实，却说了与事实不同的话)；第二，包含了评判(断定杰克撒了谎，表明了对杰克的反感)。另外两个例句，也应改成如下表达。

“吉力被判犯有盗窃罪，在沃旁劳动了两年。”

“汤米会拉小提琴，能领导班级，是讨论部的主将。”

说某人是贼，将导致如下结果。

“他偷过东西，想必下次还会偷。”

这与其说是陈述事实，不如说是预言。

“他偷过东西”这句话也是推论(而且加入了评判)。他“被判犯有盗窃罪”则是能通过法庭和监狱的记录加以证实从而能得到人们认可的叙述。

科学实证是基于对事实的客观观察，而不是基于评判的堆砌。如果有人说：“彼得不正经。”即使有人附和：“我也那么想。”这一叙述仍未得到证实。在法庭上，常可看到证人因为不能区别自己的评判和产生这种评判的事实依据而引起麻烦。为了找寻评判的事实依据，记者往往需要耐心地反复追问核实。

在报道中陈述客观呈现的事实时，要避免带有感情色彩的词语。例如，不用“潜入”而用“静静地进入”，不用“政客”而用“国会议员”“地方议员”“候选人”，不用“官僚”而用“公务员”，不用“流浪者”而用“无家可归的失业者”，不用“独裁体制”而用“中央集权政府”，不用“怪人”而用“持不同见解的人”。例如，有人写道：“一群傻瓜昨晚聚集在有碍观瞻的城市南端破旧小屋里听史密斯参议员讲话。”对此，应改写为：“75 个到 100 个人，在靠近城市南端的埃巴古林会馆听史密斯参议员演说。”

4. 巧妙倾斜

在采写新闻时，记者即使尽可能回避评判，仍难免多少加入一些个人的主观倾向。例如陈述某个男人："那男人看上去好像每天都不刮胡子，脸和手净是污垢。他的鞋破了，尺寸太小的衣服上沾着星星点点的干泥巴。"从文字来看，并没有带有评判色彩的字眼，但是很显然，文字整体蕴含的感情色彩里包含了评判。试与描写同一个人的另一段话比较一下："他脸上的胡须很长，也没有修剪，但是，那双眼睛清澈明亮。他快步走在路上，眼睛笔直地望着前方。个子也很高，因其上衣太短，所以显得更高。他左边腋下夹着一本书，一只小狗紧随其后。"

在这段话中，同一个人给人的印象相当不一样，而仅仅是因为写作者加入了新的细节、减少了不理想的细节而已。就作品而言，即使排除了明显的字面意义上的评判，但实质仍然暗含评判。

那么，怎样才能写出不偏不倚的新闻报道呢？答案是，既然使用日常生活用语，就不可能完全公平，即使使用非个人化的科学用语，也很难做到完全公平。但是，让受众通过体悟某个词语、事实产生好或坏的感觉，则可望达成实际需要程度的公平性。认识到这一点，暗含的正面评判与负面评判有望实现相互平衡。从下列相互对照的细节描写中，我们就可以看出记者的感情色彩。

表 6-1　细节描写对比

使人产生好感的表达方法	令人不快的表达方法
他有一副洁白的牙齿	他的牙齿不整齐
他的眼睛是蓝色的，头发是金色的，稠密的	他很少直视对方的眼睛
他穿着一件很干净的白衬衫	他衬衫的袖口磨破了
他讲话很有礼貌	他发出尖叫声
他的雇主表扬他	他的房东说他不按时交房租
他喜欢狗	他不喜欢小孩

这一选择过程可称为倾斜。记者运用"倾斜"不明确表达评判，而是巧妙地给出某种评判。让我们看下面这句话。

"去年11月，当克莱德氏在纽约时，有人看到他与一位出席展览会的女士一同用餐……"

如果添加以下内容，根据上述消息而做出的推论一定会有所改变吧。

"……而且，她的丈夫和两个孩子在场。"

如果克莱德氏是已婚者，他的政敌说他"与出席纽约展览会的女士用餐、约会"，这会对克莱德氏名誉造成极大损害。这种片面的、偏袒一方的倾斜，在个人闲谈、背后中伤时也不少见，但在报纸、杂志的"解释性报告"中更为常见，这是一种不说谎的说谎手段。

记者依据利害关系和自身的背景，在对新闻素材进行选择、抽象的过程中，将"倾斜"的东西传达给所有人。如果你倾向于同情工人、天主教徒，或者从小爱好汽车比赛，你关于什么重要、什么不重要的思考，一定不同于对上述阶层、事物不感兴趣的人。在写作过程中，记者要尽量做到公平、平衡，也要学会巧妙"倾斜"。

第二节 用事实说话

用事实说话是新闻写作的基本方法。用事实说话离不开两个核心要素："事实"和"说话"。用事实说话的基本内涵，指明了新闻写作是这两个要素的结合，即必须用"事实"体现"说话"，同时又必须用"说话"来统领"事实"。从新闻报道的实践上看，好的新闻报道，尤其是动态性的新闻报道，都不直接论述对事实的观点，亦不直接总结、判断事实，而是采取"寓论断于叙事之中"的方法，通过叙述和展现事实来"说话"。胡乔木曾经说过："我们人人都会发表有关意见，新闻却是一种无形的意见，从文字上看去，说话的人只是客观地、忠实地、朴素地叙述他所见所闻的事实。因为每个叙述总是根据着一定的观点，接受事实的读者也就会接受叙述中的观点。"

新闻不能脱离事实，在于事实与新闻的本质特征和新闻的传播目的、效果有密切的联系。首先，新闻是新近发生的（或发现的）有价值的事实的报道，即表明事实既是新闻内容的实体，也是其存在形式，没有事实的支持，就没有新闻报道。新闻所有的作用和意义，都须由事实才能派生出来。其次，从事实与道理（观点）的关系看，总是先有事实，后有道理，道理总是蕴藏在事实之中。正所谓"事实胜于雄辩"，没有事实，道理就是空洞和抽象的；有了事实，道理有时就不言自明。再次，从受众的需要上看，受众关注各种媒体，主要是想获得各种信息，而不是像读书学习一样，想掌握理论知识和科学道理。因此，提供新鲜具体又为受众未知欲知而又当知的事实，才是媒体在市场经济中得以生存和发展的前提。

一、运用新鲜事实说话

现实生活是复杂的，事实也是大量存在的。选择什么样的事实才能表达记者的观点或倾向？这是首先要考虑的事情。在新闻报道中常有这样的情况，一个事实选择得好，它可能有以一当十的作用，如果选择得不好，哪怕列举出再多，记者想说的话或希望表达的观点，仍然模糊不清，甚至引起歧义。新闻报道选取的事实新鲜，读者爱看，自然能取得良好的传播效果。新闻写作就是要用这种"新鲜事实"来说话。以下这篇是来自中国新闻网的报道。

报告：夏季医美群体学生过半，七成整形不看资质

中国医美平台更美App30日对外发布了《2019夏季学生医美报告》（下称"报告"）。该报告根据更美后台3 600万用户、8 000多家医美机构2019年6月、7月、8月的数据情况，以及对10 000名学生医美用户的调研所得的数据制作而成，以期能提供夏季医美消费市场和学生医美消费市场的趋势和特点。报告显示，夏季医美消费群体中有51%是学主，作为颜值焦虑最严重的学生群体，应届毕业生占据了学生医美群体的41%，其次是大学生。

24岁以下的医美用户贡献了近四成的夏季医美销售额，加上"90后"，30岁以下的医美用户贡献了近八成的夏季医美销售额。学生群体中男性用户占了将近两成，相比整体用户中的男性占比约高5%，这也从侧面验证，年轻男生是医美行业中一个潜力巨大的消费群体。

调查显示，近三成学生遭遇过"黑医美"，最常遭遇的情况包括因为价格不透明被骗购买高价医美项目、误入没有资质的诊所、还不上整形贷，以及整形上瘾。值得一提的是，近七成学生整形时没有看医生和机构的资质，医美安全意识较为薄弱。主要原因包括不知道该去哪里查看医生和机构资质、朋友介绍很放心等。从消费来看，2019 年夏季医美市场消费火爆，报告显示，微整、双眼皮、隆鼻、牙齿矫正较前三个季度订单量均呈现增长趋势。医美消费力最高的 10 个城市分别是：重庆、武汉、郑州、成都、深圳、西安、杭州、上海、北京、广州。城市消费力除以城市订单量则代表着该城市的医美消费力，重庆的医美消费力高达 4.04，远超其他城市。这主要由于重庆人夏季偏爱下颌角整形类大型医美项目，这大大提升了重庆的整体销售额。

（来源：中国新闻网，2019 年 8 月 31 日。）

众所周知，医美项目一直广受爱美人士青睐，近些年来越来越多的普通市民通过医美手段让自己看上去更美。这篇新闻报道从几个方面展开让读者了解到医美在我国现阶段的发展情况，例如夏季医美项目中 51% 的用户是学生，全国医美消费力最高的城市是重庆等客观事实，但同时，这篇新闻也揭露了现阶段有七成人选择整形医院时未注意资质等存在安全隐患的问题。

二、通过新闻背景说话

关于新闻背景，可以从事物发展与新闻写作两个层面上来理解。就事物的产生与发展这个层面而言，新闻背景是指对人物和事件起作用的历史情况或现实环境。任何事物都不是突然出现、孤立存在的，它们都有一个从无到有、从小到大的渐变过程，与外在的各种相关事物都有一定联系。一般消息写作中所说的新闻背景，是指新闻事实之外的，对新闻事实或新闻事实的某一部分进行解释、补充、烘托的材料。以下是来自澎湃新闻的一篇报道。

“他承认强暴并杀害了章莹颖”，细节令人发指

当地时间 6 月 12 日，中国访问学者章莹颖案在美国伊利诺伊州皮奥里亚联邦法院开庭审理。在开案陈词中，伊利诺伊大学前教学助理布伦特·克里斯滕森的律师令人震惊地承认，他自己的当事人绑架并杀害了一名年轻的中国访问学者。“克里斯滕森对章莹颖的死负有责任。”辩护律师乔治·塔瑟夫说，“克里斯滕森杀死了章莹颖，我们所说或所做的任何事情都不会意味着回避或否认这一点。”2017 年 6 月 9 日，26 岁的中国访问学者章莹颖在距离大学公交车站只有几码远的地方进入了一辆黑色轿车中，随后便消失，几周后，警方调查人员追踪到了这辆车的主人克里斯滕森并将其逮捕。

《芝加哥论坛报》2019 年 6 月 12 日的报道称，辩方律师在法庭上的开案陈词一反过去两年内拒不认罪的姿态，而是承认了克里斯滕森杀死了章莹颖，传递出辩方的辩护策略是——试图说服陪审团不要投票判处克里斯滕森死刑。如果罪名成立，29 岁的克里斯滕森可能会面临死刑。在塔瑟夫发表讲话之前，检方首先发表了开案致辞，“他绑架了她，他谋杀她，他掩盖了他的罪行”，美国助理检察官尤金·米勒在开案陈词中重复了三次，并首次证实存在将克里斯滕森与犯罪联系起来的 DNA 证据。

综合媒体 12 日的报道，检方花了 45 分钟描述了章莹颖死亡前遭遇的可怕细节，称章莹颖在被克里斯滕森骗上车后，被绑架至其公寓，遭到了强暴、殴打和斩首，然后尸体被丢弃在某个未知地点，事后被告还对其公寓与车辆进行了清理。根据检察官的说法，警方已在克里斯滕森的公寓里多处发现了章莹颖的血迹，以及在床垫和地毯上发现了其他多种污渍，与章莹颖的DNA相符。

据检方披露，在克里斯滕森女朋友提供的窃听录音中，他还描述了令人发指的作案细节，克里斯滕森还吹嘘自己从19岁开始就一直在杀人，章莹颖是自己手下的第十三个受害者，自己的罪行堪比美国20世纪70年代连环杀人魔泰德邦迪（Ted Bundy）。不过检方尚未将克里斯滕森与任何其他案件联系起来。对此，辩方律师称他的当事人在说这些话时处于醉酒昏迷状态，并且没有证据表明他杀过除章莹颖以外的任何人。律师描述称克里斯滕森的生活因为婚姻问题遭遇了动荡，他曾寻求心理健康咨询帮助以解决杀人和自杀的念头。

（来源：“澎湃新闻”微信公众号，2019年6月13日。）

这篇新闻如果去掉背景，只写新闻事实，那么便是：“当地时间6月12日，中国访问学者章莹颖案在美国伊利诺伊州皮奥里亚联邦法院开庭审理。在开案陈词中，伊利诺伊大学前教学助理布伦特·克里斯滕森的律师令人震惊地承认，他自己的当事人绑架并杀害了一名年轻的中国访问学者。”而其他部分都是新闻背景。它们在解释、补充说明章莹颖案件，特别是补充说明了审判过程的关键点，以及凶手布伦特·克里斯滕森是如何丧心病狂地杀害章莹颖的。没有这些新闻背景的话，孤立地报道凶手承认杀害章莹颖并不具有说服力，作为旁观者也很难理清案件的发展过程。

三、借助直接引语说话

直接引语是指记者通过采访得来的采访对象的原话。在报道中，直接引用原话已经成为现代新闻写作不可或缺的手法，西方新闻教科书把它称为“新闻写作不可分割的组成部分之一”，并辟有专门的章节论述其重要性以及引用的具体技巧。在新闻报道实践中，西方记者也很重视使用直接引语。1995年10月1日，新华社通过电脑系统对美联社和路透社的发稿做了一次调查，结果显示，在两社当天所发的81条新闻中，使用了一至三段直接引语的有23条，使用了三段以上直接引语的有25条，两者总计占全部发稿的60%。

直接引语有以下几个作用：第一，直接引语是新闻报道中不同身份、不同个性的人物所说的话，不拘一格地引用它们，可以使报道具有现场感，富有变化和人情味，避免了新闻写作中容易出现的单调乏味与概念化。第二，直接引语一般都有出处，即消息来源，有助于提高新闻的真实性。如果直接引语来自重要人物或重要机构，还有助于提高新闻的权威性。第三，它有一个特殊的作用，就是本节要着重讲的“借助直接引语说话”。记者可以利用新闻报道中的人物之口，讲出自己希望说出又不便直接出面说的话。按照西方记者的说法，采用直接引语，就是“把用记者的嘴说话，改为用被报道者的嘴说话”。这样的报道看起来更客观，因而更有说服力。

我国新闻界也越来越重视直接引语的作用。我国新闻报道中常见的是间接引语，全文充满了“某某说，某某又说，某某指出，某某强调”等句式，有气势但是很单调。直接引语用得好的报道，生动真实，现场感强，且观点鲜明。在我国的对外报道中这样的例子不少见。

人民日报社记者胡洪江和杨文明在采写先锋模范原云南省怒江州贡山县县长高德荣时，运用了大量的直接引语，题目便是新闻人物高德荣的原话“生活在群众中让人充实”。稿件的四个小标题——“独龙族同胞还没有脱贫，我的办公室应该设在独龙江”“与其花时间打扮自己，不如多留点精力打扮家乡”“干部是用身影指挥人，不是用声音指挥人”“漂浮在官场上使人浮躁，生活在群众中让人充实”便是主人公在与记者交流过程中不经意间的真情流露。同时，记者在稿件中还穿插其他人物对主人公的描述，如司机肖建生说的“这哪是厅官，分明就是老农”等。记者将生动鲜活的语言放入其中，与丰富的细节、故事相互映衬，使整个人物真正立体起来。①

四、运用现场材料说话

新闻中的人和事，一般都是有形可感、有物可托的。俗话说“眼见为实”，用新闻现场材料说话，使新闻报道有神、有形，使读者仿佛亲临其境、亲眼所见，自然会增强新闻的可信性和说服力。美国著名记者威尔·柯里姆斯说过：“最好的写稿人总是把报道写成似乎可以触摸到的有形物体。如果你不这样做，那么你写的报道就会变成过眼云烟。读者也就感觉不到它的存在。”一般来说，可感性越强，可信度就越高，因为读者对记者所报道的事实乐于感知，他们可感知的内容越多，感知的程度越深刻越具体，他们对该事实的内涵以及记者选择这个事实说话的理由就会理解得越充分。

人民日报社记者姜峰和贾丰丰采写的通讯作品《玛可河的日与夜》，以时间为线索，用生动的现场细节展现坚守在青海班玛县玛可河林区的青年人。“备齐风干的牛肉、拌好的糌粑，还有防晒的帽子、墨镜……卡日土保一天的工作，就在妻子贴心的叮咛中开始了。”“阳光透过高耸的云杉洒下来，林中传来阵阵鸟鸣。没走几步，人就喘不上气来。抬头一看，卡日土保却已经在高处，正给一棵圆柏‘体检’。”“临近晌午，大家找块空地拿出食物，围坐一圈吃饭、唱歌，兴致高了，还有人跳起了锅庄。卡日土保拿出手机，录了一段视频传给妻子，伴着电话那头的笑声，大家继续踏上了巡护的路。”“温度调节、墒情测试、长势记录……29 岁的冯智鹏正加班加点，观测一批自主培育的树苗。一个个纸杯大的穴盘内，卫茅、冷杉、四川丁香的幼苗正茁壮成长。”记者如实记录现场的所见所感，使得读者仿佛跟随镜头注视着采访对象的一言一行，真实可感，极富感染力。在此基础上，读者对采访对象的理解就会更加深刻，对新闻稿件主题的把握就会越发到位。

五、运用数据和文献说话

数据是直观可感的，在新闻中记者大量运用数据材料为观点提供有力支撑，且摒弃多余的话语描述，新闻稿件看起来简洁又清晰，因此，数据在新闻中运用得也十分广泛。以下是来自新华社的一篇新闻的部分内容，报道的是一段时间内猪肉价格高涨的情况，新闻中大量运用数据进行对比分析，给读者留下了深刻印象。

猪肉价格持续高位运行 农业农村部：生猪生产将逐步恢复

农业农村部市场与信息化司运行调控处处长赵卓表示，这轮猪价上涨是非洲猪瘟疫情与周期性因素叠加的结果。本轮生猪价格于 2018 年 5 月跌至周期低点后步入新一轮上涨通道，之后受非洲猪瘟疫情影响，生猪产能下降明显，猪价短暂调整后持续较快上涨。据农业

① 人民日报地方部，费伟伟．人民日报记者说：典型人物采访与写作 [M]. 北京：人民日报出版社，2016：163.

农村部监测，自去年10月份以来生猪基础产能大幅下降，导致从今年6、7月份开始生猪市场供应明显减少、价格加快上涨。7月份，全国400个监测县生猪存栏环比减9.4%，同比降32.2%，全国规模以上生猪定点屠宰企业屠宰量1 730.34万头，环比减1.6%，同比降11.3%。辛国昌表示，猪价上涨与中美贸易摩擦无关。据他介绍，近10年来我国猪肉进口量总体呈增加趋势，但主要起到供需余缺调节作用，进口猪肉占国内猪肉产量的比重不超过3%，猪肉供应以国内生产为主。主要进口来源国较多，包括德国、西班牙、加拿大、巴西、美国、丹麦等。

“2016至2018年，我国从美国进口猪肉分别为21.55万吨、16.57万吨和8.57万吨，分别占国内猪肉产量的0.4%、0.3%和0.16%，对我国猪肉市场供应影响微乎其微。”他说。

（来源：新华社，2019年8月31日，节选。）

这篇新闻报道讲述的是自2019年夏季以来，猪肉价格持续上涨的情况。新闻中应用了大量的数据进行对比和分析，阐释了此次猪肉价格上涨可能的致因，并排除了中美贸易摩擦导致猪价上涨的可能，行文流畅清晰。

思考与练习

1. 新闻报道与新闻评论的区别与联系。
2. 如何运用事实说话？
3. 剖析近几年获中国新闻奖的消息作品，看看这些作品是如何运用事实说话的。

Chapter 7

第七章　消息写作的标题与导语

第一节 消息写作概说

一、消息的定义

消息即狭义的新闻，它是对新近发生的有社会意义并引起公众兴趣的事实的简短报道。因此，真实性、时效性及文字少、篇幅小成为消息的基本特征。消息是报纸、广播、电视中最广泛、最经常使用的新闻体裁，新闻报道中数量最多、最常见的新闻形式。据统计，美联社、合众社每天发稿300多万字，其中，三分之二是消息。

目前，对于消息有了一种新的定义，消息是用简洁明快的语言及时报道新近发生、发现的有价值的事实的一种新闻文体。

二、消息的特点

（一）迅速及时不拖拉

消息的主要功能是记录事件发生的概况，包括时间，地点，人物，事件的起因、经过、结果等，它反映的是最新发生的或正在发生的事实，因而特别讲求时效性，尤其突出一个快字。所以，在写消息时要将迅速及时要求放在首位。

（二）内容清晰不复杂

消息不像评论、特写、深度报道等其他类型的新闻作品，它的目的是将新闻事件的概况传达给读者，它不需要语言优美、大篇幅，而只需清晰明了地将该新闻表达出来，让读者通过阅读这则消息很快了解这一新闻事件。所以，内容简明扼要，文字干净利落，是消息写作的另一特点。

（三）准确真实不虚假

事实是新闻的本源，真实是新闻的生命。在消息写作中要实事求是，消息所反映的内容必须准确无误，时间、地点、人物、事件、原因、结果等必须与客观事实相符，而不能为了博取眼球散布不实、虚假、夸大的信息，误导读者，助推谣言的发生。

（四）语言精练不繁杂

消息语言是新闻工作者通过新闻媒介，向受众报道新近发生的事实时所使用的语言。因为消息语言是以报道新闻事实为主，因此在使用消息语言时要保持客观理性、精练简洁，用事实说话，从而满足现代社会大众获取重要信息的需求。在消息语言中有四个“不要”，即不要矫饰浮夸、不要过于堆砌、不要模糊不清、不要错词病句。

三、消息的分类

消息的种类很多，可从不同角度对其做出不同的划分。根据消息的内容形式和特点来划分，消息可分为：简明消息、动态消息、经验消息、解释性清息、综合消息等。

（一）简明消息

简明消息又称简讯、短讯或快讯，也叫“一句话新闻”。它是新闻报道中最简练也最短小的消息体式，篇幅小、内容简单，但报道领域非常广泛，常常使用“一句话”迅速地报道出国内外新近发生的有意义的事件。简明消息又常以“集束”的方式发表，如《今日快讯》《新闻集纳》《新闻在线》等，都是专门发表简明消息的栏目。由此可见，短新闻越来越受到人们的重视。如：

多量子比特的操纵和纠缠是量子计算研究的核心指标。记者从中国科学技术大学获悉，近期该校教授潘建伟及其同事陆朝阳、刘乃乐、汪喜林等通过调控六个光子的偏振、路径和轨道角动量三个自由度，在国际上首次实现18个光量子比特的纠缠，刷新了所有物理体系中最大纠缠态制备的世界纪录。国际权威学术期刊《物理评论快报》日前发表了该成果。

（来源：新华网，《我国实现18个量子比特纠缠 再次刷新世界纪录》，2018年7月2日。）

（二）动态消息

动态消息是以报道单一事实为主的，能够显示某事物或领域的最新动态及发展趋势的一种消息体式。它反映的是新情况、新成就、新动向、新趋势。动态消息一般结构完整、篇幅短小、时效性很强。动态消息的内容集中单一，可“一事一报”，也可“一事数报”。动态消息又是新闻消息体裁中使用最多、最讲时效的一种，通常用来报道国内外的重大事件，如军事冲突、经济动态、自然灾害、各种事故等。由于这类消息报道的事件多是突发性的，报道上有很强的时效性，对人们的生活和心理有明显影响，因而，这类消息也最引人注目。如2020年11月18日新华网刊发的一条消息《台湾军方一架F-16战机在花莲外海失踪》。

新华社台北11月17日电（记者吴济海、傅双琪）台湾军方17日晚举行记者会证实，一架F-16战机当天18时5分自花莲基地起飞执行例行性训练任务，18时7分雷达光点消失在花莲外海。

据介绍，机上有1名44岁的资深飞行员。台军方称，正从空中和海上展开全力搜救。

（三）经验消息

经验消息又叫“典型报道”，是对某一单位或个人典型经验、成功做法进行报道和推介，以叙述事实为主的一种消息体式。被报道的经验或做法是这类消息中最具新闻意义的成分，经验和做法说明白了，值得学习借鉴的内容也就表述清楚了。值得注意的是，推介的经验和做法，总和一定社会的政治、经济、方针政策相联系，要特别讲究思想性，所以，这类消息写作难度相对较大。

2017年3月20日《人民日报》刊登的《等不是办法，干才有希望（打赢脱贫攻坚战）》完美体现了经验消息的特点。

本报昆明3月19日电（记者张帆、徐元锋）岩头村从前真穷：嫁进来的媳妇儿熬不住，偷偷跑了6个；村民卖头猪，光雇工把猪抬出去，就得花去猪价的1/4。如今，致富之门豁然打开，外面的企业主动上门谈合作。偌大反差，皆因一条一公里长的水泥路——村民小组长李华明带着15户人家干了12年，在悬崖峭壁上劈出4米宽的进村路，"实干"二字刻在了村头。不仅是岩头村，整个西畴县，扶贫重扶志，唤起群众自力更生的"洪荒之力"。

只有26万多人的云南省西畴县，地处滇黔桂石漠化核心区，石漠化率高达70%以上，一度被认为罹患"生态癌症"。但在这个国家扶贫开发工作重点县，有一个出名的"不等式"：政府在农村投入10万元，群众跟着投工投劳、捐款凑钱，能干出二三十万的事来！县委大院的墙上，书写着"西畴精神"——搬家不如搬石头，苦熬不如苦干；等不是办法，干才有希望。

鸡街乡肖家塘村的5公里硬化路，修得不比岩头村轻松——4户人家整整干了6年，为此家家几乎"砸锅卖铁"。带头的小组长侯寿高今年38岁，他感叹："修路比修长城还难！"2015年通了路，去年肖家塘种下1 000多棵核桃树，村里4G信号也很强。侯寿高走出大山开了家餐馆，还买了辆微型车，直接能开到院子里。从带头修路到带头致富，侯寿高家堂屋里挂起一副对联——敢比愚公劈山修路建家园，勤劳一家欢天喜地迎新年。

截至目前，西畴县完成农村自建路1 361段1 876公里，累计投资4.6亿元，其中群众自筹、投工投劳折资3.46亿元。虽为滇东南边境小县，西畴每平方公里上的农村公路长度，却是全省平均数的3倍。在县里有关农村公路建设的"红头文件"上，"群众主动"排在"党政推动"前面。

有志气修路，就不愁致富。李华明说，路通后，村民把地流转给种三七的企业，养的猪也好卖了，2016年村里人均收入6 000多元。

石漠化治理，西畴唱出政府投资、群众出力的"合奏曲"。隆冬时节的"三光"片区，收了烤烟的"石头梯田"一望无际，为了这片高产稳产的石埂田，片区群众自筹及投劳折资7 000多万元。"三光"本因"树砍光、水土光、姑娘跑光"得名，如今具备了发展产业的条件，土地流转租金从每亩二三百涨到八九百元。

穷山恶水逼出了西畴人的自力更生精神，持之以恒的"西畴精神"美了山水、富了群众：30年绿化了石漠化土地，20年来减少贫困人口20万。2015年，西畴被评为云南10个"争先进位县"之一，县域"三农工作"综合评比排名全省第一。到今年年末，县里2万多贫困人口将全部脱贫。

（来源：《人民日报》，2017年3月20日。）

在这篇消息中，记者以西畴县和西畴人为典型，赞扬了西畴县在脱贫攻坚道路上持之以恒和勇往直前的决心，为其他地方打赢脱贫攻坚战树立了榜样，提供了方向。

（四）解释性消息

解释性消息是一种不仅要报道新闻，而且要着力于对新闻事实做多方面解释的消息体式。它不同于动态消息的是：解释性消息必须在报道新闻事实的同时，运用多种类型的背景或其他相关材料，解释内含在新闻事实中的原因、结果、意义、性质，并侧重于体现指导性。解释性消息以其指导性显示其思想深度，比仅仅展示事实动态的消息要有深度。解释性消息倾向性强，这种倾向性不但表现在对新闻事实的报道上，更表现在对新闻所进行的客观而科学的解释上。如《新京报》2016年6月24日刊登的消息《江苏盐城龙卷风已致78死500伤》，专门对读者特别关心的问题进行了解答。

1. 死伤为何如此严重？盐城龙卷风为何会造成如此严重的人员伤亡？

首先是此次龙卷风的等级高。据央视报道，目前初步判断发生在盐城的龙卷风等级为EF3级。除了龙卷风，还伴有雷暴大风、每小时50—100毫米的大暴雨和冰雹。此外，龙卷风经过的地方为人口稠密地区，造成的人员伤亡因此也更严重。

既然龙卷风造成的损失如此严重，气象部门能否提前预报预警？

昨日，盐城市气象局在其官方微博对此回应称，阜宁和盐城气象部门此前均发布了相关预警。

记者注意到，阜宁气象局、盐城市气象局分别于昨天12时57分和13时42分发布了雷暴黄色预警，其中提到可能伴有雷雨大风、短时强降水等强对流天气。不过，预警中并未提到龙卷风的字眼。

据了解，目前我国气象部门并没有单独针对龙卷风的预警，而是将其归至强对流天气预警之中。

盐城市气象局也在微博中提到，即便是在龙卷风监测预警水平较高的美国，对龙卷风的预警也是有时有、有时没有的。

有媒体曾报道，2010年，美国对龙卷风的预警错误率高达70%。

近年来，广东在湛江、阳江、深圳、汕头等地部署了先进的新一代多普勒天气雷达，提升对强对流天气的监测预警能力。但广东省气象局首席预报员伍志方表示，由于龙卷风预报尺度很小，且孕育龙卷风的天气条件常常与雷雨大风极为相似，不仅区分的难度很大，预报难度也很大。

2013年，广东佛山成立了首个龙卷风研究中心，但佛山气象台今年3月制定了一个龙卷风报料奖励办法，邀请当地市民第一时间向佛山气象台报告目击的龙卷风状况。根据该方案，首条对当次龙卷风预警起到实际作用的报料信息，一经确认，奖励1万元。

2. 龙卷风因何形成？

江苏盐城阜宁、射阳两地发生龙卷风后，据中国天气网消息，江苏省气象台首席预报员韩桂荣对龙卷风的成因做了解析。

韩桂荣介绍，黄淮地区处于副高西北边缘，温度高，湿度大，对流潜势好。高空有冷涡配合低槽东移南下，中低层有低涡切变东移，地面有气旋，后部有冷空气。低层西南急流，中高层西北急流，存在强的风切变，在地面有强的风向风速辐合触发下，就产生了龙卷风。

据中国气象局介绍，我国长江三角洲、苏北、鲁西南、豫东等平原、湖沼区以及雷州半岛等地，都是龙卷风的易发区。

在上述这些地区中，江苏是我国强龙卷风发生次数最多的省份。根据1961年至2010年强龙卷风数据统计，江苏在我国所有省份中排名第一，其中EF2级龙卷风27个，EF3级以上龙卷风9个。（龙卷风等级共分6级，EF0级最小，EF5级最大。）

江苏为何多发龙卷风？

一个最主要的原因是，江苏北部地区地势低洼平坦、江河湖泊水网交织，处于亚热带和暖温带的气候过渡地带，易积聚不稳定能量，有助于龙卷风生成。

此外，龙卷风在一天中的任何时间都可能发生，以午后发生最多，其中，15时至16

时为发生高峰时段。本次江苏盐城阜宁、射阳的龙卷风就发生在下午。

3. 龙卷风应如何防御?

……

(五)综合消息

综合消息是以综合反映全局情况为内容的消息体式。综合消息的报道面广、内容丰富、具有集纳性，这种集纳若干新闻事实的报道给读者一种全局性认识。综合消息又分为横向综合消息和纵向综合消息。横向综合消息把同一时间内发生在不同空间中的同类新闻事实组织在一起，或是将一个地区、一个系统同时发生的有共性的多个新闻事实综合起来，反映全局和总体趋势，事实之间是并列关系。纵向综合消息则不仅反映事物在全局范围内发展的总体趋势，而且反映事物发展的阶段性，所综合的新闻事实，往往就是构成新闻总体的几个侧面，事实之间有递进关系。如2020年11月19日中国网财经频道发布一条消息《四季度消费迎来开门红 餐饮收入增速转正、票房好消息不断》。

旅游收入显亮点、票房好消息不断、餐饮收入增速转正、社零增速消费连续三个月同比正增长……四季度消费迎来“开门红”。

餐饮复苏 线上线下消费需求双双回暖

消费需求逐步回暖，叠加国庆中秋双节带动，10月份商品销售继续回升，餐饮消费明显复苏，线上消费快速增长，线下消费持续改善。

从数据来看，10月份，社会消费品零售总额同比增长4.3%，增速比9月份加快1.0个百分点，市场销售连续三个月同比正增长。扣除价格因素，社会消费品零售总额增长4.6%，增速比9月份加快2.2个百分点。

中国民生银行首席研究员温彬指出，受疫情抑制的消费需求逐渐释放，并保持回升态势，但前10个月消费累计同比增速仍然下降5.9%，实现转正尚需时日。

值得注意的是，10月餐饮收入增长0.8%，疫情以来首次实现转正。

实际上，除了餐饮，旅游和票房经济也在迅速恢复。“十一”期间，国内游客数量以及旅游收入在明显改善和提升，票房收入也恢复到上年同期的七成以上。

根据文化和旅游部数据，八天长假期间，全国共接待国内游客6.37亿人次，同比恢复79.0%；国内旅游收入4 665.6亿元，同比恢复69.9%。

据灯塔专业版显示，内地影院在10月产出票房63.43亿，共计动员1.64亿人次观影，单月票房和人次均创造本年度全球单一市场最高纪录。

票房分析师罗天文表示，今年内地市场不仅年度总票房已超越北美地区登顶全球最大票仓，还首次包揽全球年度最高单日、最高单月以及单片最高票房等含金量较高的纪录。

“随着生产生活秩序的恢复，消费的前景也在改善。”国家统计局新闻发言人付凌晖指出，随着就业形势继续改善以及居民收入的增长，居民消费信心持续增强。

国家统计局贸易外经司统计师张敏表示，消费市场呈现出稳定恢复的态势，重点商品销售回暖，餐饮消费稳步回升，新型消费方式快速发展。但要看到实体店铺销售有待进一步改善，住宿餐饮等服务消费累计降幅仍然较大。下阶段，要坚持扩大内需战略基点，加快培育完善内需体系。

新业态带来新机遇 消费“触网”加速内需释放

新消费已成为2020年经济增长的新动能。中国网财经记者注意到，今年的“双十一”购物节于10月20日提前开启，20日当晚薇娅、李佳琦带货直播观看人数均过亿。

从统计局的数据来看，1—10月份，全国实物商品网上零售额同比增长16.0%，增速比1—9月份加快0.7个百分点，明显高于同期社会消费品零售总额。

实际上，国家已经出台了一系列的政策措施支持新消费新业态的发展。

今年9月，国务院办公厅印发《关于以新业态新模式引领新型消费加快发展的意见》(以下简称《意见》)，明确指出，今年以来，新冠肺炎疫情加速了传统线下消费的在线化进程，凸显了新业态新模式在保障居民日常生活需要、推动国内消费恢复和促进经济企稳回升中的重要作用。

疫情倒逼下，“生鲜电子商务＋冷链宅配”“无接触配送”“无接触服务”等新模式，成为新型消费重要力量，同时也塑造了“直播电子商务”“社交营销”等新模式。

《意见》明确提出，总结并推广这些新业态新模式，有助于进一步激发消费活力，促进线上线下深度融合、有机融合，推动新型消费加快发展。

为进一步扩内需、促消费，10月29日，国家发改委会同财政部等13个部门印发《近期扩内需促消费的工作方案》(以下简称《工作方案》)，其中一项重要内容便是推动线下服务消费加速“触网”，充分释放线上经济潜力。

国家发改委国民经济综合司负责人表示：“近年来，我国线上经济快速发展，实物消费网上销售是相对的‘长板’，但服务消费网上销售则是相对的‘短板’，其占比不到20%，仍有较大拓展和提升空间。目前，在疫情深度抑制线下消费的情况下，在线医疗、智能体育、线上教育等服务消费迎来了新的发展机遇。”(记者 畅帅帅)

四、消息写作的原则

(一)追求真实，杜绝作假

真实性是新闻报道的最高准则，是新闻报道内容选择的基本依据，也是新闻报道的终极要求。保证新闻真实，这不仅是对广大人民群众负责，对新闻工作岗位负责，更是对新闻工作者自己负责，真实性是新闻得以存在的基本价值、理由和意义。因此，一定要将追求真实作为消息写作的最基本原则。

(二)保证准确，注意细节

普利策对新闻业做出了突出贡献，堪称新闻业巨人，他曾给自己的采编人员立下了最重要的规则，即：准确！准确！准确！可见，保证新闻采写的准确性有多么重要。新闻报道要客观公正，而新闻写作也需要坚持客观公正原则。要做到客观公正，就需要记者对新闻事件进行深入细致的探究，尽最大努力做到准确、客观，而不能浮于表面。这要求新闻工作者要有不畏艰难、吃苦耐劳的精神，做到保证确有其事，并要对事件进行深入调查，同时要对消息写作中用到的各种数据和各种细节等材料仔细确认和审核，确保准确无误。

（三）交代来源，有据可循

很多新闻工作者对交代消息来源心里并不看重，但是交代消息来源对维护消息真实性有着十分重要的作用。因为只有记者明确消息来源之后，才能知道去哪里核实，而读者知道消息来源之后才可以根据消息来源确定消息的权威性和可信性，同时还可以根据消息来源去判断记者与新闻事件、新闻当事人之间的利益关系。

当然，有几种情况对注明消息来源不做强制性要求，如消息来源众人皆知或已被多种权威来源证实或不具有任何争议性，等等。

（四）谨慎核实，加强把关

谨慎核实是考验新闻工作者专业能力的一项重要指标。这要求记者运用一切手段，对与该新闻事件相关的一切细节以及获取该信息的一切渠道进行核查把关，防止出现虚假不实信息，做到对读者负责。这项工作会占用新闻工作者大量工作时间，耗费新闻工作者极大的智力和体力。

（五）坚守客观，避免感性

新闻报道的内容必须是客观事实，不能虚构、夸张、编造、想象新闻内容。新闻工作者在进行消息写作时也不应该加入个人观点。消息不同于评论，它需要客观地呈现新闻事实，满足读者获取信息的需求，因此记者的观点与消息要分离。新闻工作者也要有自己的专业素养，努力做到不受事件相关人士的干扰，揭示新闻的真相和本质意义。

（六）力求简洁，防止拖拉

语言简洁是消息写作过程中自始至终需要遵循的原则。这是因为，消息的目的是将新闻事实传达给读者，而简洁明了的语言不仅能体现报道结构的清晰性，帮助读者快速获取重要信息，还能提高消息写作的效率，加快新闻传播的速度。而如果消息太过冗长、拖拉，会导致新闻发布的时效性下降，无法满足读者及时获取信息的需求。

五、消息写作的基本方法

（一）事实至上

“事实”一词在消息写作中提到的次数最多，所担当的责任最重大。消息写作的一切技法都是以事实的存在为基础，用来描述事实的形态和意义。客观存在的事实具有一些基本属性，这些属性对消息写作提出了具体要求。

第一，事实具有客观性。事实是客观存在的，是不以人的意志转移和改变的。因此，记者在写消息的过程中，就应该抛开一切主观想象、臆测、好恶，而去展示事实的本来面貌，披露事实真相。

第二，事实具有具体性。客观世界中的事实都是有其具体形态的。对于新闻事实来说，一定是由时间，地点，人物，事件的起因、经过、结果等这些具体要素组成的。新闻工作者进行消息写作，就是要把这些具体的事实要素调查清楚，对这些要素进行整理、说明和阐释，必须通过对新闻事实的具体化描述精确地展现新闻事实的本来面貌，不能抽象模糊地去叙述，也不能笼统地概括。

第三，事实具有唯一性。世界上没有两个事物是完全相同的。每种事实产生与存在的内部与外部因素的特定性质，使得任何一种事实都是与众不同的，都是独一无二的。所以，要保证事实的唯一性，就要求新闻工作者发现新闻事实的种种独特之处，通过描述它的特殊形态，揭示它的特殊意义。

第四，事实具有联系性。任何事实都不是孤立存在的，任何事实都有其产生、存在与发展变化的环境，并且其与环境之间会发生种种关系。因此，要想展示事实真相，消息写作中就必须注意说明新闻事实存在的环境因素，新闻事实与环境之间的相互影响态势，从而揭示新闻的深层意义。

（二）写好导语

导语是消息的开头，需要简明扼要地揭示核心内容。新闻工作者要将消息写作视为一个有组织的整体。每个句子、每个段落的安排都应该各有目的，特别是在写消息导语时，更要注意句与句之间的联系。

导语中选用的事实，要有一种紧紧抓住读者眼球的力量，但要简短精练，尽量不要超过 50 个字。导语内容并不是越具体越好，要努力找到这则消息中的兴奋点或卖点，既可以用讲故事的口吻写导语，也可以从具体的问题入手，然后再拓展话题。当然，新闻工作者也可以只使用事例和数据，开门见山、单刀直入；同时，也可以将导语写得具有画面感，但是不能为了达到这个目的而丧失重点，要有针对性，要明白稿件是给谁写的，千万不要空，不要大，要感人，要以小见大。

（三）选择角度

所谓报道角度，指的是新闻报道的切入点，实际上就是选择揭示事实中的新闻价值的具体途径。报道角度的选择对于消息写作来说具有极重要的意义。报道角度好的消息，人们阅读它如同在欣赏一颗切割精美、光彩夺目的钻石，人们不由自主地去品味。

一篇消息报道得是否成功，消息报道的角度选择是否独特，就要看消息能否在读者接触到它的那一瞬间吸引住读者。

由于客观事物本身往往是多种因素混合在一起的综合体，是多种矛盾的集合，具有复杂性和多面性，因此新闻工作者可以从不同角度对该新闻事件进行报道。

面对一个新闻事件，记者可以考虑从下面几个要素中选择报道角度：最能反映新闻事件的本质和核心的新闻要素；最能表现事物非同寻常之处的新闻要素，如“狗咬人不是新闻，人咬狗才是新闻”；与受众利益联系最为密切的新闻要素，包括房价、惠民政策，等等；最能引起读者兴趣的新闻要素；最能触动受众情感的新闻要素。

（四）展现细节

细节展现了人物的行为和事态的一系列过程。用细节展现的新闻能够再现新闻事实本身的生动性、独特性、丰富性和深刻性，能给受众留下深刻印象，引发受众思考。在消息写作中，展现细节无疑是十分重要的一步。细节往往不仅引导人们认识事物的形态，而且能揭示事物的本质。关于对细节的把握，消息写作应该达到将读者带入新闻发生环境，引导读者经历新闻发生过程，即让读者有身临其境之感。研究优秀消息作品我们会发现，记者们往往有这样一种能力：把动作、语言、神态、情绪、形状、色彩、气息、场景这些有声有色有景有情的细节凸显出来，组合起来，在读者的眼前勾勒出一幅幅生动的画面，将读者引入新闻事件的实际情景之中，让读者感觉仿佛亲眼看见、亲身经历了新闻事件，使读者自觉地去想象和判断新闻事件的深层内涵。

（五）使用引语

直接引语在消息报道中的作用同样很重要。直接引语是指在报道中直接引用新闻中涉及的人物所说的话，以体现新闻消息的真实性，提高其说服力。在新闻报道中，没有任何一个元素能够像直接引语那样，可以在一瞬间将新闻人物置于读者面前，让读者感受新闻的环境与发展过程。由于直接引语是新闻中所涉及的人物的话语，因此，它对新闻报道具有非同寻常的意义。以下就是对直接引语意义的总结。

第一，直接引语可以增加新闻的可信度。当新闻报道中出现直接引语的时候，读者就好像听到了新闻中人物在说话。这种现场感、真实感、贴近感是一般的新闻要素难以创造的。一看到引号标示的直接引语，人们会本能地意识到自己正在直接倾听新闻中人物的讲述，甚至从直觉上就会相信他们说的是真话。如下列这则消息：

“经济发展了市场活跃了就需要更多市场主体，就像水多了需要更多的鱼，鱼多起来了水也更活了，这是一个良性循环。”广东省政府参事、省委党校教授陈鸿宇认为，广东市场主体破千万具有标志性意义，说明广东经济保持稳中有进的增长势头，同时，也意味着广东全面深化改革取得了一定成效，特别是营商环境不断优化，使得愿意来广东投资创业的人越来越多。

（来源：南方日报，《千万“活鱼”搅活广东市场》，2017 年 11 月 12 日。）

消息通过引用广东省政府参事、省委党校教授陈鸿宇说的话，使“广东市场经济更加活跃”这一信息更加可信，消息的现场感、真实感、贴近感更强。

第二，直接引语可以增加新闻的趣味性。为什么直接引语是现代新闻报道的一个不可缺少的要素呢？一个显而易见的原因就是它们可以使读者感到与新闻当事人实现了最密切的接触。直接引语让记者可以退居一旁，让报道中人物自己说话，让读者直接接近新闻人物，进入新闻场景，领略新闻发生过程。

第三，直接引语有助于澄清冲突与问题。在具有矛盾和冲突的新闻中，引用新闻事件中人物的话语来表明各方观点是最准确、最不容易出错的。面对复杂的问题，人物的话语也最能够清晰表达其立场、观点和感情倾向。直接引语也会帮助读者了解当事人的观点，深刻认识新闻事件的本质和意义。

第四，直接引语能够引起读者注意。人们最为关注的是人的行为。使用直接引语，能够直接提高读者对新闻的关注度。新闻中人物的话，瞬间就会引起读者关注，当然，引用的话本身必须具有新鲜感和刺激性。如 2017 年 12 月 18 日《浙江日报》的一则消息。

“美丽的大渔湾，终于能留给子孙后代了！”这些天，随着苍南县叫停大渔湾围垦工程，这一消息在当地不胫而走。

这则消息的导语使用了直接引语，并用“终于”一词和感叹号，表达了迫不及待又兴奋激动的心情，瞬间引起了读者的关注。

第五，直接引语能够改变报道的节奏。新闻报道需要跌宕起伏，需要有波澜。直接引语是改变报道节奏的有效因素。镶嵌在报道中的不同内容、各种风格的直接引语，会造就文章的跌宕起伏、峰回路转，增加报道的跳跃性、丰富性和可读性。

第二节　消息的标题

人们常把消息的标题比作眼睛，看一个人漂不漂亮，主要看眼睛有没有神，眼睛炯炯有神，才有可能吸引到更多人的目光，同样，消息的标题靓丽醒目才能引起读者注意，特别是首先唤起编辑的注意，不然，写出来的消息就可能发挥不了相应的作用。所以，采编消息，首先必须学会制作精彩并能够打动人的标题。

一、消息标题的特点

（一）简明清晰

消息标题要简明扼要，其是对新闻事件的概括总结，读者读到该标题就能对新闻事件有基本了解。一般来说，单一标题的字数不超过 15 个字，复合标题，包括引题、主题、副题，其字数也要尽量控制在 15 字以内，避免重复累赘。

（二）真实准确

真实是新闻的生命，这一点我们已经多次强调。作为新闻的一部分，标题也需要坚持真实准确的原则。标题党、虚假标题等在消息的标题中不允许出现，为了增加噱头、引起读者注意，增加阅读量而用夸张、不符合事实的标题，与真实准确的原则相违背。

（三）结构完整

这里所说的结构完整包括两个方面：一方面，在拟新闻标题时要确定是用单一标题还是用复合标题，单一标题比较简单，但是如果选用复合标题就需要确定复合标题的结构，包括引题 + 主题、主题 + 副题、引题 + 主题 + 副题，选择哪一结构要根据具体新闻事件和新闻工作者的需求来确定，并且在拟复合标题之前要了解每一部分的作用；另一方面，不管是单一标题还是复合标题，都要对新闻事件要素进行概括，其中最起码要包括人物以及事件的起因、经过和结果。

二、 消息标题的分类

消息的标题分为主体类、整合类和从属类三类。

（一）主体类标题的构成

主体类标题是消息标题最基本的类型，包括主题、引题和副题。

1. 主题：主题又称主标题、正题、母题，它是消息标题的核心部分，通常包含新闻中最重要、最吸引受众的信息。从表达上看，主题可以是实题，即叙述新闻事实，也可以是虚题，即评价新闻事实，揭示其意义或隐含的观点。但实际上，通常起的标题应是实题或有叙有议的虚实结合题。如：

武汉大学对458名本科生学业“亮黄牌”（主题）

这个主题清晰扼要地指出该则消息是关于武汉大学对458名本科生提出警告的报道，尤其“亮黄牌”一词更是用得恰到好处，与消息内容相呼应，很轻易地吸引到了读者的注意。

2. 引题：引题又称肩题、眉题，一般用来交代背景、说明原因、烘托气氛、揭示意义等。引题一般多为虚题。如：

省政协召开专题协商会（引题）

打造“一县一业”推动县域经济发展（主题）

这是《云南日报》刊登的一则消息的标题，在该标题中，引题指明了本次召开的会议是什么会，即交代了背景，主题介绍了此次会议召开的目的和主要内容。读者在看到了引题之后，能更全面地了解主题表达的内容。

3. 副题：副题又称子题、副标题，一般用来补充、注释和说明、印证主题。副题一般多为实题。如：

牢记嘱托，书写人民满意答卷（主题）

两会代表委员和广大干部群众认真学习贯彻习近平总书记参加两会审议讨论时的重要讲话精神（副题）

主题将消息的主要内容做了简单概括，因为表达比较模糊，所以副题对主题进行了补充和说明，让读者清楚地了解了该新闻事件。

（二）主体类标题的分类

主体类标题按构成不同，可分为单一型标题和复合型标题。单一型标题无引题和副题，只有主题。复合型标题有主题、引题组合，主题、副题组合和主题、引题、副题组合（又叫完全式标题），前两种组合前面已经述及。

（三）整合类标题的分类

整合类标题统领主体类标题和从属类标题，包括类题和栏题，主要用于报纸。

1. 类题：类题即整合类标题的简称，指的是以归类为主要目的，多以事件、问题冠名，可以“合并同类项”的简化标题群，常置于主体类标题之前。需要注意的是类题并不是为每条新闻所做的标题，它很笼统，并不是严格意义上的新闻标题。

如：2020年11月6日《人民日报》的《新农村》专栏中，《咱们的村组路畅通了》和《乡村振兴既要富口袋又要富脑袋》这两篇消息稿件标题之前分别被加上了“小康之年补短板”“话说新农村”这两个类题。

2. 栏题：栏题指的是为一个专栏或一组稿件所加的总标题，用来表明某个专栏或一组稿件的中心思想，通常居专栏或一组稿件之首，也可居中或置后。栏题是对新闻报道的一种强化和深化，多用于重点报道，往往具有思想性和导向性强的特点。

如：《南方日报》在2020年11月20日刊发了以“2020年东莞金融扶贫”为主题制作的新闻专栏。该栏题将《精准施策 全力服务乡村振兴彰显金融扶贫力量》《东莞金融系统多措并举助力扶贫攻坚》《助力地方经济跑出“东莞速度” 东莞农商银行上榜2020中国服务业企业500强》等多篇稿件组合在一起，展现东莞金融为脱贫攻坚做出的贡献。

栏题与类题最大的区别在于：栏题表某种意向，类题主要起分类和醒目的作用。

（四）从属类标题的分类

从属类标题是对主体类标题的补充，包括提要题和分题，主要用于报纸。

1. 提要题：提要题又叫内容提要或纲要题，它能比较全面地概括消息中的主要内容，一般放在标题之后、正文之前的突出位置。提要题主要用于重要信息多而篇幅又长的新闻，可以起到突出要旨和活跃版面的双重作用，常用围框，以示醒目。

如《人民日报》2020年11月22日刊发的一条题为《易地搬迁户 走上幸福路——云南省镇雄县见闻》的消息，就使用了提要题，概括了这篇消息的主要内容。提要题的内容如下：

云南省政府近日宣布，镇雄县、会泽县等9个贫困县（市）退出贫困县序列，至此，这个贫困县数量曾居全国第一的省份，历史性地告别了延续千年的绝对贫困。

挪出穷窝，斩断穷根，云南实施大规模易地搬迁扶贫工程，数十万贫困群众实现从深山到城镇的跨越。住进新房子，有了新产业，在贫困群众面前开启的，不仅有蒸蒸日上的新生活，还有广阔的奋斗新天地。

2. 分题：分题指的是插在新闻中的小标题，或称插题。它主要用于概括消息中某一部分或段落的内容，以方便和吸引读者阅读，多用于篇幅较长的稿件。

如2020年11月21日，《证券时报》上刊发了一条题为《短线游资新特征：单日完成“吸拉派落”》的消息，在消息中记者使用了“游资快进快出”“市场新特征”“差异化路径”三个小标题将整个消息稿件的内容进行了整合，方便读者阅读。

三、消息标题的功能

（一）导向功能：用于评价新闻事实、揭示新闻主题、点出新闻意旨

消息的特点是用新闻事实说话，手法要体现客观性。一般在消息中，记者不对新闻事实发表评论，但在标题中可以表达思想倾向，国内外有许多新闻报道实例，其内文是报道客观事实，标题却旗帜鲜明。纸质媒体对标题的设置（如字号、字体、位置等）往往也寓有立场和态度。

例1：广东教育扶贫“连跨山海”（引题）

“粤教力量”精准施策，覆盖8省19市140县（主题）

（来源：《南方日报》，2020年11月20日。）

例2：江西吉安扎实推进民生工程（主题）

让老区群众安居安康安心（副题）

（来源：《人民日报》，2020年11月20日。）

由这两个例子可知，消息标题对所报道的事实有揭示和评价作用，寓有记者（或媒体）的态度和观点，体现了新闻报道的主旨，有舆论导向作用。

（二）导读功能：诱发阅读兴趣，引人入文

一个好的标题是一条好新闻的开始，也是读者的一个好向导，有新闻学者说，报纸媒体现在已进入一个读图与读题时代。因为报纸的版面很多，内容丰富，而读者工作繁忙，生活节奏快，时间有限，许多读者都是忙里偷闲读报，读者不可能把每一期报纸都读完，读者总是根据自己的需要或者兴趣去选择看与不看、先看与后看、略看与细看，读者对自己不感兴趣的信息可能就看看标题，一扫而过。所以，标题是读者产生阅读兴趣的诱因，对于一条具体的消息来说，精彩的标题能有效吸引读者去阅读。例如2020年11月18日《人民日报》（海外版）刊发的一条消息：

CPI同比上涨0.5%（主题）

10月物价数据释放哪些信号？（副题）

这一标题在主题部分概括了整篇消息的主要内容，“CPI同比上涨0.5%”，但是，这个CPI上涨到底释放出哪些信号呢？记者通过设问的方式吸引读者，引出下文，起到了一个很好的导读作用。

（三）美化功能：增加版面意趣，冲击读者视觉

消息标题是报刊版面的主要元素。报纸的版面由标题、文字和图片构成，倘若整版都是文字，黑压压一片，就会令读者生厌。而消息的引题、主题和副题字号不一，字体不同，这样各种标题大小相应，错落有致，疏密相间，版面更美观，读者阅读起来也方便。

四、消息标题的制作方法①

（一）巧用人名、地名

巧用人名、地名可以让标题变得巧妙和有趣。

如2018年4月23日广西人民广播电台刊播了一条广播消息《习习暖风下的广西答卷——写在习近平总书记视察广西一周年之际》，“习习”在这里有两层意思：一方面是指气候，时值暮春，春意盎然，习习春风吹拂大地，万物生长，南方到处是一派生机勃勃的景象，空气中充满了令人感动的暖意和甜蜜；另一方面，“习习”在这里又暗指习近平总书记。本消息不露痕迹地表现了广西各族干部群众不负总书记殷殷嘱托，撸起袖子加油干，把人们向往的美好生活一个个变成现实的作为。

---

① 这里参考了南方传媒书院公众号中刘咏2019年2月14日发表的一篇文章。

（二）巧用谐音

巧用谐音起标题，可以使标题活泼而诙谐，新颖而别致。

获得第二十五届中国新闻奖文字消息一等奖的作品《项目审批“长征”698天 泰豪动漫变“动慢”》，标题起得很巧妙，“慢”的发音同“漫”，既包含了消息报道的对象泰豪动漫项目，又有该项目进展缓慢的暗意，产生了独特的表达效果。

（三）巧用采访对象原话

用采访对象的原话做新闻标题，充满生活气息，也更容易让受众理解新闻所要表达的主题。

2017年11月19日，《广西日报》登载了一篇题为《一条小河沟中看见美丽中国》的稿件，这是直接引用采访对象的原话作为标题的新闻稿件。报道讲述的是南宁用两年时间成功将那考河这条臭水沟打造成了“现象级”生态休闲之河。作为南宁市内河生态治理的重点项目，那考河流域综合治理项目在全国首创“一个核心，两种理念”的城市水环境治理“那考河模式”，成功完成了改造，改造后的那考河不仅成为市民新的休闲养生游玩之所，还吸引了不少国内外考察团前来参观学习。摩洛哥多党干部考察团成员勒吉瓦尼在参观考察完那考河接受记者采访时说：我们从一条小河沟看见了美丽中国的魅力。

（四）巧用成语诗词

成语诗词是中华民族优秀传统文化宝库里的一颗璀璨明珠，引用成语诗词作为新闻标题，可以增加新闻的文气。

获得第二十八届中国新闻奖文字消息二等奖的作品《寸土寸金地 让与贫困户》，记者在标题中借用了“寸土寸金”这个成语，表达出土地的珍贵。沩山乡乡党委、乡政府把如此宝贵的一块平地主动让给贫困户，真正把最好的资源用于第一民生工程。

（五）巧用反义词、数字对比

因为具有对比鲜明的特点，反义词往往让人印象深刻。数字具体形象，也让人记得牢。因此，在新闻标题制作中，也可以巧用反义词和数字对比。

第二十六届中国新闻奖文字消息一等奖获奖作品《629户人的藏乡走出359名大学生》，就是一个利用数字对比来起标题的例子。

四川阿坝州若尔盖县求吉乡是一个藏族乡，全乡只有629户人家。记者在采访时了解到，当地村民吃够了没有文化的苦头，痛定思痛，乡里制定、采取各种措施，鼓励孩子刻苦读书。

经过近10年努力，全乡有235名孩子大学毕业，124名大学生在校就读。629户，出了359名大学生，多么鲜明的对比！这个标题就巧妙地把这两个数字融入其中，让人过目难忘，印象深刻。

第三节　消息的导语

一、消息导语的定义及功能

导语是一则消息的开头部分。它用简短的语言介绍主要内容，揭示新闻主题；或采取其他生动形式引起读者阅读兴趣。“导语”是新闻写作的专用术语。导语的产生既与写作的自身规律有关，也与读者的欣赏规律有关。从新闻写作的自身规律来看，新闻写作要求简明扼要，开门见山，这就需要记者用简短的语言将最重要的新闻事实首先告诉读者。从读者的欣赏规律来看，读者阅读一篇新闻，主要是想了解新闻事实，而不是像阅读文学作品那样想获得美感享受。为适应读者这一需求，记者要尽快将最有新闻价值的事实告诉读者。

由此可见，消息导语的功能为：（1）用最简洁的语言反映出新闻要素与轮廓，使读者一看到就知道传递何种信息；

（2）确定新闻基调，即记者在导语中用简洁概括的语言将新闻基调确定下来，方便读者理解；

（3）激发读者阅读兴趣，即记者在导语中用简洁明了又生动的语言抓住读者眼球，激起读者阅读欲望。

二、消息导语的分类及特点

（一）叙述式

叙述式也称直述式，即以直接陈述的方式将新闻事实概括出来。叙述式导语包含的要素通常除了六要素外，还有消息来源。大多数重大事件性新闻的导语，都采用的是叙述式。

其特点是文字简洁、开门见山，把一个新闻中最重要、最新鲜、最精彩的新闻事实提炼出来并传播给受众。

如《南方日报》上的一则消息的导语。

南方日报讯（记者／刘倩 黄应来）记者从省工商局获悉，截至今年11月，广东省实有市场主体总量突破1 000万户，超过全国实有市场主体总量的1/10，成为全国首个破千万的省份。

（来源：《南方日报》，《千万“活鱼”搅活广东市场》，2017年11月22日。）

记者用直接陈述的方式，将这则消息的重点在导语中体现出来，使人一目了然。

（二）描写式

描写式指的是通过对新闻的一个场景、一个情节、一个景物、一个画面进行描述，甚至是讲一个故事，来揭示报道主旨，营造气氛，将读者带入现场。

其特点是通过描述某个场景或者某个事物的细节给读者一种现场感或生动感。

如《安徽日报》上的一则消息的导语。

本报讯（记者 夏海军）4月9日，迎着蒙蒙雨雾，石台县七都镇河口村贫困户钱泽民开始了一天的采茶工作。“以前收入只能靠茶叶，现在还有光伏扶贫、大棚蘑菇。今年脱贫不成问题，但我还想致富，希望能继续得到第一书记的帮扶。”老钱在茶园里跟记者聊起了心里话。

（来源：《安徽日报》，《35 名贫困村第一书记申请留任》，2017 年 4 月 10 日。）

在该导语中，“迎着蒙蒙雨雾”一词将采茶的意境体现得淋漓尽致，接着记者引用了老钱朴实亲切的话语，让读者阅读时如同身临其境。这则导语不古板正式，有种娓娓道来的感觉，通过这则导语的铺垫，一个故事似乎正在悄然展开，让读者有读下去的欲望。

（三）设问式

设问式指的是在导语中直接提出一个关系到新闻核心事实的问题，将读者的注意力瞬间集中起来，然后立即公布答案，从而披露新闻的核心内容。

其特点是以提问的方式，把问题开门见山地提出来，以提示消息的主题，引起受众的兴趣和关注。

如《西海都市报》上的一则消息的导语。

地球的周长是多少？答案能轻松找到：40 076 公里。但你不知道的是，青海产的光纤，其长度一年可绕地球 325 圈。“经过四年的努力，我们公司已经具备年产 400 吨光纤预制棒和 1 300 万芯公里的生产能力。”11 月 27 日，青海中利光纤技术有限公司副总经理贺秀才说。

（来源：《西海都市报》，《我省工业探寻发展新动力 青海产光纤一年可绕地球 325 圈》，2017 年 12 月 2 日。）

在这则消息的导语中，开篇第一句话就运用了设问句：“地球的周长是多少？”随后给出了答案，40 076 公里，接着记者引出了这则消息的重点“青海产光纤一年绕地球 325 圈”，环环相扣。设问句引起了读者注意，也披露了新闻的核心内容。

（四）引用式

引用式指的是导语中引用新闻人物有代表性的语言或总结评论式的话，或引用成语、典故、诗词、谚语、名人名言，等等，借以点明新闻主题或衬托新闻事实。这种导语往往会给人留下深刻印象。

如 2017 年 10 月 30 日《经济日报》上刊登的《山东平度新河镇：草编制品登上国际舞台》这则消息中的导语。

“不点火不冒烟，看着电视做草编；不出门，不出院，轻轻松松把钱赚。”在山东省青岛平度市新河镇，树荫下、走廊里随处可见三三两两的村民席地而坐，一边拉着家常，一边编着草编。草编成为这里很多农户的主要经济来源。

导语中因为记者引用的是出自村民之口的顺口溜，所以可信度高，消息的传播效果也自然更好。

（五）对比式

对比式就是把现在的情景与过去的情景比较（纵比），或把此时此地的情景与另一处情景对比（横比），相互映衬。

其特点是把好与坏、是与非、曲与直、美与丑进行一番对比，由此使受众更为深刻地认识事件和观点。

如《长江日报》刊发的一则消息的导语：

（本报讯）几厘钱，分把钱的利润，有些人是看不起的。可是，江夏区法泗镇菱朱村就是靠这样的薄利富起来了。

在这则导语中，记者将有些人和菱朱村的人进行对比，对比中总结出菱朱村的致富路。

（六）其他类型

导语的类型除了以上提到的几种以外，还有其他多种。一切可以运用的文字手段和技巧都可以用于新闻导语的写作。比如，拟人、借代、对比、排比等这些手法运用在导语中都可以创造出各种不同的效果。

三、导语的写作步骤

（一）挖掘事实

挖掘新闻中典型事实，找出新闻中最值得人们关注的要素，确定新闻事件中，什么是最重要的，什么是与读者关系最密切的，什么是前所未有、独一无二的，什么是最不寻常的，什么是读者最感兴趣的，答案一定要非常明确、非常有说服力。只有完成这个判断后，记者才有可能写出有吸引力、有震撼力的导语。

1. 最新的事实

既然要向受众提供新闻，就应该把客观环境中最新的变动情况最先报道给受众。如果记者是在化工厂泄漏事故发生的第二天报道这个事故，记者就要把事故导致的后果的最新动态在新闻的开始告诉公众。

2. 对受众影响最大的事实

比如中国城市水价调整政策的出台，可能会涉及诸多事实要素，但是记者在报道中最该考虑的是价格调整对当地居民生活有什么影响，并且把这种影响在新闻的开头清晰地反映出来。看一个反面例子。

本报讯 在昨天市政府常务会议上，市农办主任白有光汇报了京郊北部山区严重受灾和抗灾的情况。

上述导语中，只是叙述了一般的工作程序，而没有介绍受众最关心的灾情。

3. 最有趣、最富戏剧性和人情味的事实

记者要把最能够引起人们情感共鸣的事实要素在报道中显示出来，以引起人们对新闻的关注。比如你要报道中国贫困大学生的状态，如果只是描述他们的贫困状况，不一定会打动受众，而如果报道那些贫困大学生发奋学习并且取得突出成绩的故事，容易触动受众。例如下面这个例子。

本报讯（记者焱红）昨天下午，读者顾健向本报发来紧急传真：史小六，你为了逃避手术费，竟然左臂伤口内带着引流条失踪了。请你立刻回到中国康复研究中心博爱医院进行紧急治疗。否则，你有感染、截肢甚至丧命的危险。

（二）判断事件与谁有关

谁做的？谁说的？事件影响到谁？人，永远是新闻中最为重要的元素。

（三）决定导语的写作形式

根据新闻的内容和特点，记者决定究竟是使用硬式导语还是软式导语。

（四）寻找能够吸引受众的关键词

记者确定最能吸引读者的主语和动词，并将其放入导语中的恰当位置。

（五）审读导语

看是否简洁、顺畅，是否吸引人。要想让导语简洁就必须大胆且准确地舍弃一切可以舍弃的东西。

1. 不必要的消息来源

消息来源对于新闻报道是必不可少的，但是它不一定必须出现在导语中。

2. 避免使用说明核心事实要素的复合句

尽量使用简单的句子完成对新闻事实的描述，把进一步的说明放到新闻主体中去。

3. 确切的时间

时间无疑是新闻的基本构成要素，但是在导语里不是一定要把确切时间标示出来。

总之，要干脆利落地完成导语，把更详细的内容放到新闻主体部分。

四、导语的写作技巧

（一）一语破的法

好的新闻导语应做到“抢眼”，即能用最短的文字，一语破的，产生开门见山、立竿见影的效果。如“农民工从今天起可以刷卡了!”简明的一句话导语，鲜明地表达了喜悦之情。

（二）设置悬念法

在新闻导语中设置“悬念”，会引起读者阅读兴趣，“逼”人不得不继续读下去。如报道会场的热烈气氛，导语中可以这样写：“在礼堂内，不时传出阵阵掌声和欢呼声。”为什么会有掌声？为何而欢呼？导语中一概不说，如果想知道读者就不得不往下读。

（三）欲擒故纵法

欲擒故纵法即先放开一步，再紧紧抓住，先纵后擒。如在“3・15”国际消费者权益日，有一报道电视机质量不过关的新闻，导语是这样设计的：“今天是‘3・15’，市民张先生投诉X X电视机因存在严重质量问题而突然爆炸。而就在昨天，该电视机作为‘3・15’推荐消费产品登上了省城报纸的广告。”显然前后两句表达的内容是矛盾的，但正因为有了前后对照，没有人会相信那则广告了。

（四）拟人修辞法

巧妙运用拟人的修辞手法写导语，会使导语和报道对象具有“人情味”，让人感觉亲切。《杭州日报》创办了我国历史上第一张下午版报纸。当天，《新民晚报》发了一则消息，导语是这样写的：“中国新闻史上第一次响起了一个与众不同的声音：‘嗨，下午好！’我国第一张下午版报纸今日由《杭州日报》正式创刊。”

（五）数字对比法

数字是枯燥的，但数字是最有说服力的。把读者关注的数字，巧妙地运用到新闻导语中，既能回答读者的问题，还能提高新闻的价值。听说联合国会议多文件多，但联合国文件究竟多到什么程度？法新社发的一条电讯稿的导语对这个问题回答得非常清楚：“如果把联合国去年在纽约和日内瓦印刷的全部文件首尾相连排列起来，总长度将达27万公里。”

（六）古诗名句法

在新闻导语中恰当地引用古诗名句，常能使导语文采飞扬，并能大大增强新闻的吸引力。《湖南日报》刊发的消息《我省旅游事业取得突破性进展》的导语颇具文采：“‘养在深闺人未识’的武陵风光，已经揭开面纱，深深地吸引着众多的海内外旅游者。”

思考与练习

1. 消息有哪些类别？有何特点？
2. 消息写作的基本方法有哪些？
3. 消息标题有哪些分类？有何功能？
4. 可以从哪些方面着手来制作标题？
5. 比较报纸消息标题和网络消息标题，揣摩标题的制作。
6. 导语有哪些类别？有何特点？
7. 如何写作导语？

Chapter 8

第八章　消息写作的结构

第一节　消息写作的基本结构

一、消息的构成

消息一般由五部分构成，要特别注意把握每个部分的写作要求。

（一）标题要浓缩核心内容

消息的标题就如人的眼睛，要能传情达意，表达出消息的核心内容，能吸引受众关注，从而吸引受众了解新闻事件的详情。

（二）导语要揭示核心内容，先声夺人

导语是消息开头的第一段或第一句话，它主要是告诉受众这条消息的内容是什么，并适当制造气氛，使受众愿意读下去。因此，要用简洁、生动的语言把最新鲜、最重要的事放在导语中，以便先声夺人。

（三）主体内容充实，层次清楚，语言简明

主体是新闻的主干，它要承接导语，用实在、典型、具体的材料，印证导语中的内容，对导语的内容做进一步阐释和扩展。

（四）背景烘托和深化主题，不喧宾夺主

任何新闻都是在一定环境和历史条件下产生的，这就是背景。好的背景，能烘托和深化主题，同时能增加消息的知识性和趣味性。

（五）结语注意简要概括，可以适当评论或提出希望

结语是整篇新闻的收笔之处，它的作用是阐明事实的意义或指出事件发展的趋向，给受众以完整的感觉，也可给受众留下思索的余地。一般有对事实结果简要概括，对主要内容进行评论和根据报道内容提出希望三种结尾形式。不过，背景和结语有时可以暗含在主体中。

二、消息结构的设计

（一）消息结构设计的重要性

消息的结构要素包括：标题、导语、背景、主体、结尾。有人把标题排除在消息的结构要素之外，这是不合适的，因为标题并非孤立地游离于全篇，它和导语间的关系，会牵

动整篇消息的结构布局，它是消息结构要素的有机组成部分。

正确认识消息结构要素的功能，是处理好消息结构要素之间关系的前提。在诸消息结构要素中，标题、导语、主体间的关系极为重要，特别是导语与主体间的关系，直接影响到整篇消息的结构。由于记者们对导语与主体功能的认识不同，对消息结构的设计也就不尽相同。

新闻写作实践证明，消息结构要素要“各司其职”，不可“僭越”，即各自实现各自的功能，不能“多管闲事”，但“过”与“不及”，仍然是新闻写作的常见病。这里的“过”，指的是功能的“僭越”。如：标题太“过”，肩题、主题、副题加起来，几乎五个“W”俱全，比导语表述得还充分；导语太“过”，成了整条新闻的缩写；背景太“过”，塞进与主题无关的内容。标题的功能是“点睛”，却偏要“画龙”，“点睛”的功能就没有实现；导语的功能是导读，弄得五脏俱全，就无法起导读作用；背景的功能是说明、深化主题，加入与主题关系不大的背景则只会削弱主题。

这里需要提到的是，某些记者对各消息结构要素功能认识得不准确，往往无法正确处理各要素间关系，致使各要素间功能失调。一个认识上的原因是，不恰当地强调所谓的“重要性”。本来，强调重要性是对的，但并非要突出每个结构要素的重要性，各结构要素因功能各异，有的突出新奇性，有的突出显著性，有的突出重要性。一条消息，标题突出重要性，导语强化重要性，主体又重复扩展重要性，这样的结构安排肯定是不合理的。正确的处理方式应当是从各结构要素的功能出发，根据不同题材，选准各结构要素的表述角度，确定每个要素内容的侧重点。

（二）消息结构设计的决定因素

消息结构样式纷呈，但消息结构的设计仍是有规律可循的。

1. 因内容而异，量体裁衣

内容决定形式，即结构样式。不同题材的新闻需要不同样式的结构来表现。很多新闻题材，需要记者把新闻事实按其重要程度逐个告诉读者，这样往往采用“倒金字塔”结构，大量消息采用这一结构样式；有些新闻，读者希望尽可能详细地了解新闻事件的全过程，可采用“时间顺序”结构，其也叫“编年史”结构；还有一类新闻题材故事性、趣味性比较强，可以事先制造一个悬念， 或者可以先披露一个生动细节，然后再娓娓道来，这类新闻适于采用“反倒金字塔”结构，或叫“积累兴趣”结构；有些新闻包含的事实几乎同样重要，适于采用“并列式”结构；还有的新闻，读者需要对某个问题的诸方面都有所了解，则宜采用“提要式”结构，又叫“一二三四”结构，这是“倒金字塔”结构同“并列式”结构结合的产物。

随着新闻的改革发展，消息结构的样式也在增加，如有些新闻题材，可采用散文式写法。设计消息结构样式一个基本的原则是普遍适用的，就是量体裁衣，因材制宜。

2. 符合读者心理

（1）探奇寻异心理

在设计消息结构时，可巧用新闻事实中的奇异因素，吸引读者，使其于涉奇览异中接受新闻主题。

2020 年 12 月 1 日，《环球时报》上刊发的一条题为《新冠死者被家属领走火化后，结果被通知患者本人痊愈》的消息，其结构设计就很巧妙地应用了事实中的奇异因素。

据印度报业托拉斯29日报道，印度西孟加拉邦一名75岁老人迪欧帕德亚伊（Shibdas Bandyopadhyay）于11月11日因确诊新冠肺炎而送院治疗。入院仅2天，家属得到院方通知，称老人家已病故。

接到噩耗的家人感到伤心之余，从医院取回遗体进行火葬，送老人走完最后一程。然而遗体火化两天后，家属却又收到院方通知：老人已痊愈，请安排救护车将人领回家。

原本还陷入失去亲人痛苦中的儿子，得到消息后又惊又喜，不禁一阵错愕，葬礼那天被火化的人到底是谁？

报道称，新冠肺炎死者尸体都按照医院相关防疫措施被存放在尸袋中，家属在远处无法看清面部。家属由始至终都信任医院方面，却未料到会出错。

这位老人的儿子说："我们把尸体火化了。然而，昨天我们接到一个电话。有人告诉我们，我父亲已经康复了，我们应该安排救护车把他从医院接回家……我们感到震惊。然而，我们还是把他带回家了。"

他补充说："我们不知道我们火化了谁。"

当地卫生官员说，另一位感染新冠的老年患者穆克帕帕德（Mukhopadhyay）是在迪欧帕德亚伊"死亡日期"的同一天去世的。相反，穆克帕帕德的家人被告知老人已经康复，让他们去医院将老人领回家。

报道称，印度西孟加拉邦卫生部门已成立四人小组调查此事。

首先，该消息标题突出了奇异性：新冠死者被家属领走火化后，结果被通知患者本人痊愈。随后在导语部分记者简单介绍了基本情况，在主体部分记者运用反问勾起了大家的好奇心，随后记者又交代了后续的一些情况，结尾仍留下悬念。这样的结构设计，把新闻事件中所包含的奇异性因素，按其强弱，安排得有起有伏，跌宕有致，既不是杂乱无章，又不是一下子和盘托出，这就有节律地满足了读者的探奇求异心理，牵着读者的鼻子走。

（2）解悬获释心理

解除心中悬念，听到对欲知而未知事物的合理解释是读者的共同愿望。根据读者这一心理特点去设计消息结构，就能抓住读者，使新闻主题潜移默化地被读者接受。

2020年11月28日，《南方周末》在微信公众号上发布了一条消息《绿地困局："摩天大楼专业户"万亿负债压身》，读者一看标题就产生疑问：为什么有那么多摩天大楼的绿地会负债累累？导语也是悬念式："承诺商办物业，再拿下便宜的住宅用地，曾是绿地控股（600606.SH）的拿手好戏。但如今，商办变成了沉甸甸的包袱"。如此吊起了读者胃口。主体部分开始释疑：资金不足、受疫情影响等都是导致绿地现有的商办项目停滞的原因。结尾，"当天，由绿地控股作为担保人的多只美元债均遭遇暴跌，2025年到期、利率7.25%的美元债创历史最大跌幅。"一语又掀波澜，不仅深化了主题，甚至还产生了吸引人再读一遍的效果。

（3）接近相关心理

可利用读者对地域接近、利害相关的事物感兴趣的心理特点，设计消息结构。在材料安排上，要有序有度。

一个典型的例子是获得第二十五届中国新闻奖三等奖的文字消息《68年前南京人民曾大力援助拉贝一家》。看了主标题，恐怕每一个南京读者都会看下去。读者在看完主标题时不禁会想：拉贝这个人是谁？为什么南京人民会援助他？紧接着在导语中，记者就解答了大家心里的疑问，介绍了拉贝的人物事迹以及南京人民对他一家的种种援助，层层递进。

消息结构设计还要考虑到读者的厌旧心理、逆反心理，记者不仅要想“该怎样写”，也要想“不能怎样写”，否则，违背读者心理去安排消息结构，肯定不会产生好的传播效果。

3. 采用断裂式行文法，打破板块式消息结构

（1）断裂式行文法的定义

什么是断裂式行文法？简单说，就是行文中，把组成消息结构的段落予以分解，区分出更小的层次，每一个小层次一个自然段，每一自然段所用的材料具有思想上的单纯性，段与段之间不用结构性连接词连接，大多采用短段落、短句子。这样的行文法在结构上给人以“断裂”感，在形式上给人以错落感，在阅读心理上给人以跳跃感。

（2）传统结构的弊端

断裂式行文法，是对传统的“三段式”“四段式”“板块”结构的挑战。它所产生的层次性、运动性，是对呆板、凝滞的矫正，更易吸引读者注意力。实践表明，人们在阅读由综合性段落合成的“板块”结构消息时，感到相对吃力，主要原因有以下几个。

首先，综合性的主体段落，往往使人产生心理眩惑。

在那种一导语、二背景、三主体、四结尾的“板块”结构中，主体段落内容含量大，综合性强，较多的思想内容砌铸一体，使人在阅读时难以一时消化理解，需要花气力重复品味。一般来说，人们不愿使阅读成为一种负担，费力使人厌烦。从心理学的角度来分析，过多的刺激性因素集中到一起，会使注意中心被模糊，被混淆，这种现象叫作“心理眩惑”。毫无疑义，这无论对维持读者注意，还是对读者顺利地接受新闻主题，都是不利的。

其次，大块的东西给人以凝滞感、冗长感。

静止的东西容易使人心理疲惫，运动着的东西，吸引人注意。大板块的文章会使人在阅读之初就产生“得读半天才能读完这一段”的感觉，阅读中，整个段落中逐个刺激因素的“前呼后拥”，又会使人透不过气来，由此造成心理疲惫，注意力转移。相反，思想性单纯的短段落、短句子，便于读者阅读，使注意力保持相对稳定与适时转移。由于断裂式行文法形成的短段落，便于区分思想层次，增强了层次感，短段落与短句子又给全文增添了动感，这显然比“三段式”与“四段式”的“板块”结构更吸引读者。

（3）断裂式行文法的写作要点

合理区分思想层次，适度分解事实材料，这是结构上要遵循的原则。诸多思想内容堆砌在一起不好，但层次过多，杂乱无序更不好。根据表达主题的需要，恰到好处地区分思想层次，清晰有序地排列这些层次，这是一个基本要求。在表达诸层次思想时，对体现思想的材料同样也要分解适度。

多视角、立体化表现事物，这是选材原则。一般来说，可以选取围绕新闻主题的从不同视角阐述的事实性材料。视角单一，必然产生单调感、平面感。而从不同角度选材去表现主题，才能使“断”“裂”有致，各层次的段落言之有物，各呈异彩。譬如，主动视角与被动视角的配合（如领导者主观行为与群众客观反应），中心视角与辐射视角的配合，横向视角与纵向视角的配合（如背景材料与现实材料的交叉）等。行文中的视角易位，能使丰富的材料“活起来”，收到多侧面、立体化传播的效果，形“裂”

而神“聚”。如果说“板块”结构的行文可以喻为“砌筑式”的话，断裂式行文法就可以喻为“积木式”。前者需要表示时间空间顺序、因果关系、逻辑顺序的关联词语来衔接；后者则要求新闻材料为表现主题需要而有机地组合在一起，虽无关联词语紧针密线地勾连，却要前后一体。这种形“裂”神“聚”的要求不可背离，这就要求有一条线索贯穿全文，这条线索是根据表达主题的需要而设置的，可它又不是主题本身，它是结构线索。

断裂式行文法不可滥用，同任何一种表现手段都有一定的局限性一样，断裂式行文法也有局限性。它大多适用于事件性新闻，一些非事件性新闻也可采用，但很多非事件性新闻和少数事件性新闻并不适用断裂式行文法。所以，要从新闻题材实际出发，宜用则用，不宜用则不可滥用。

第二节　消息写作的背景

一、消息背景材料的定义和分类

任何新闻都不是孤立存在的，都是在一定环境和历史条件下产生的，这些环境因素和历史条件并不是新近发生的事实，即不是“新闻”，但它们是新闻事实赖以产生的制约因素和相关条件，我们在写作中要对这些因素和条件做必要的交代和介绍。这些与新闻人物或事件形成有机联系的因素和条件就是新闻背景。

按照不同的标准，背景可以分为很多种类。通常依据写作手法不同，我们把背景分为三类，分别是衬托对比性背景、说明性新闻背景、注释性新闻背景。

（一）衬托对比性背景

新闻的意义常常寓于当前情况与过去情况，此一事物与彼一事物的比较之中，与新闻事实密切相关的过去的情况或彼一事物的情况被写入新闻，以显示新闻的意义，这样的材料即为衬托对比性背景。缺乏衬托对比性背景的新闻就会缺乏深度，窄化了受众视野。衬托对比性背景的作用是使主题在较大范围内得到全面深刻的发掘和表现。

《人民日报》2020年11月23日刊发的一条题为《吉林白城实施“河湖连通”工程——河湖成网　焕发绿色生机》的消息中，记者就使用了衬托对比性新闻背景。

白城位于嫩江平原西部、科尔沁草原东部，曾经江河交错、有700多个自然泡塘。然而，因连年干旱缺水，2000年以来，白城8条较大的河流中有7条连续多年断流，湿地面积萎缩40%以上，90%的湖泡干涸。

河湖连通工程的实施，让白城恢复和改善湿地面积640平方公里，恢复草原、芦苇面积105万亩，荒漠化土地面积减少556.6万亩，生态脆弱的局面得到扭转。

记者拿过去白城河流的干旱情况与如今白城河流的良好生态比较，在对比中更好地说明了白城近些年在治理生态方面做出的努力，也开阔了读者的视野。

（二）说明性新闻背景

对新闻事实产生的相关政治背景、地理背景、历史背景、思想状况或物质条件等情况进行交代的文字，以及对新闻事件的来龙去脉做出阐述的文字，就是说明性新闻背景。说明性新闻背景的作用是说明事物产生的各种因素，揭示事物发生或变化的意义。

《南方日报》2020 年 11 月 23 日刊发了一条消息《2020 广州文交会开幕 专家大咖齐聚一堂 纵论文化产业发展 推动城市文化综合实力出新出彩》，在这篇稿件中记者就对文交会的一些背景进行了交代，补充了这次大会的相关信息。

据介绍，今年文交会于 22 日至 25 日集中举办，涵盖产业峰会、影视演艺、艺术交易、动漫游戏、文化创意、文化装备、综合交易、文旅论坛等 10 大板块活动，采取“展览 + 主旨论坛 + 产业发布会 + 产业集群联动”的办会模式，集中展示广州城市文化综合实力出新出彩成果。活动以“文旅融合、业态创新、湾区共建”为主题，重点聚焦文旅新经济，突出文旅新业态，坚持市场化运作，培育高品质项目。

（三）注释性新闻背景

因为消息来源于生活的各个方面，所以，其内容难免会涉及一些受众不懂的知识，这时，就需要记者加入新闻背景来解释。如果不做注释，就会给读者造成阅读障碍。对概念、术语、著名历史事件和人物、有关科学知识进行解释的文字，就是注释性新闻背景。注释性新闻背景的作用在于为受众解疑释惑，排除阅读障碍，使受众增长知识和见闻。

2020 年 11 月 23 日，《人民日报》上发表了一篇题为《浙江金华探索“选缴保费法”大病保险，提高报销待遇——选缴促筹资，兜底有力量》的消息，在这篇稿件中记者在多处插入括号，在括号内加入注释说明文字，方便读者理解内容。

与此同时，将大病保险报销范围由合规医疗费用（住院和特殊病种门诊费用中按规定需由个人支付的自理、自付费用及浙江省规定的 13 种大病用药）扩大到因病施治所需的全部“国药准字”和“国药进字”药品，医用材料扩大到因病施治所需的医保目录内全部超适应症和超限额医用材料。如医保目录外药品纳武单抗（肺癌用药）纳入报销范围后，单个患者单月单品药费支出平均下降 2.7 万元。

二、消息背景材料的作用

背景材料在消息中的作用，主要有以下几点。

（一）充实主体

有些消息本身主体材料比较简单，只有补充了有关背景材料，新闻内容才会丰富起来，甚至背景材料也同样具有相当的新闻价值。

2020 年 11 月 16 日，《人民日报》刊登了一篇消息——《山西运城又见火烈鸟》，这篇消息非常简短，但是记者在稿件中增加了有关火烈鸟的知识，丰富了稿件的内容。

日前，随着气温逐渐下降，火烈鸟再次飞抵山西运城盐湖越冬。白里透红的火烈鸟或嬉戏觅食，或展翅飞翔，成了盐湖一景。

据介绍，火烈鸟已是连续多年到运城盐湖过冬。火烈鸟又称红鹳，是国家一级保护动物。近年来，运城盐湖生态保护力度不断加大，为众多鸟类提供了良好的栖息环境。

（二）拓宽视野

消息中的事实本身并不是孤立、静止的，而是处于历史发展的长河之中。要把运动变化着的新闻事实清晰地反映出来，就要从纵、横两方面运用背景材料，对新闻事实加以说明。

2020 年 11 月 17 日，《人民日报》刊登了一条题为《印尼雅万高铁首座千米以上隧道顺利贯通》的消息，在稿件中记者增加了有关雅万高铁的背景知识，开阔了读者视野。

雅万高铁连接印尼首都雅加达和第四大城市万隆，线路全长 142.3 公里，设计时速 350公里。建成通车后，雅加达到万隆的列车运行时间将由现在的3个多小时缩短至40分钟。

（三）突出事实

许多新闻事实就其本身现状来报道，不能引人注目，不能给人以很深的印象。不走平地，不显高山，有比较才有鉴别，所以，记者要运用背景材料，通过今与昔、新与旧、正与反的对比来报道，这样，可以突出新闻事件或人物。

2020 年 11 月 17 日，《人民日报》刊登的一条题为《武汉市洪山区 多措并举打好脱贫攻坚战》的消息中，记者就通过对比过去和现在姚河村的变化，突出这些年姚河村脱贫攻坚举措取得的成果。

姚河村是新洲区旧街街道 14 个贫困村之一。村里引进茶叶种植 10 多年，之前只是部分村民自己种自己销，规模不大。自从 5 年前精准扶贫工作队进驻后，姚河村的茶叶种植迅速发展。姚河村具备独特的山水资源，由洪山区文化和旅游局与洪山经济开发区管委会共同组成的精准扶贫工作队确定了大力发展茶叶产业扶贫的思路，邀请专业人士制定茶叶产业规划，打造提升茶叶品牌，还指导村里成立了武汉市姚家河茶叶种植专业合作社。

（四）渲染意境

俗话说："牡丹虽好，还须绿叶扶持。"如果把新闻的主题比作牡丹，那么起烘托作用的背景材料就是"绿叶"了。所谓烘托作用，就是用与新闻事实有关的事物和情景加以衬托，构成一种令人神往的意境。

如获得第二十六届中国新闻奖二等奖的文字消息《我首批自主培养舰载战斗机飞行员拿到"海天通行证"》。在这篇消息中，记者在多处使用了背景材料，介绍了参训人员在飞行中的细节，也补充了 2012 年我国舰载战斗机着舰技术取得重大突破的事实，反映出我国首批自主培养舰载战斗机飞行员拿到"海天通行证"的来之不易，渲染了新闻意境，让读者阅读后心生敬意。

一天、两天、三天……一架次、两架次、三架次……阻拦着舰、滑跃起飞、飞行调运……此次试验试飞任务中，全体参训人员奋勇攻关、大力协同，安全组织近百架次海上飞行，实现驻舰飞机数量、出航飞行时间、航次内飞行强度、单批次放飞密度等多方面的历史突破。

今天的一小步，航母事业的一大步。2012 年 11 月，随着"航母战斗机英雄试飞员"戴明盟的惊天一着，我舰载战斗机着舰技术取得重大突破。今天，我国自主培养的首批舰载战斗机飞行员成功上舰，又成为我航母事业发展新的里程碑。

（五）深化主题

新闻通常是只限于写新近发生的事件，人们对该事件还不了解，甚至是还不知道这件事，因而，很难将其与历史联系起来。如果新闻中记者恰当运用历史材料作为背景，有助于突出新闻主题。

2020 年 11 月 17 日，《人民日报》刊发了题为《埃及加快数字化建设步伐》的消息稿，在稿件中记者借助新闻背景让读者了解埃及政府近年来在数字产业方面的建设成果，更好地深化了主题。

埃及政府近年来高度重视数字化建设。2019 年，埃及数字、信息与通信技术产业增长迅速，全年创造产值 934 亿埃镑（1 美元约合 15.6 埃镑），同比增长 17%，占国内生产总值的比重由 2018 年的 3.5% 上升至 4%。数字领域全年新增初创型企业约 1 500 家。埃及政府在 2020—2021 财年专门拨款 127 亿埃镑用于发展数字产业，并于今年 10 月启动“数字埃及”计划。埃及财政部部长马伊特表示，“数字埃及”计划将成为促进经济增长的催化剂。

（六）传播新的知识

在科学技术日新月异的今天，科技新闻逐渐增多。在报道新的科学技术时，记者结合新闻事实通俗地介绍有关知识，有助于读者理解新闻，可提高科普效果。

2020 年 11 月 23 日，《广州日报》刊登了《“长五”送“嫦五” 中国探月第三步拉开序幕》这一消息，在稿件中记者利用背景材料向读者传授有关长征五号的知识。

长征五号运载火箭是我国新一代大推力低温液体运载火箭，全长近 57 米，起飞重量约 870 吨，起飞推力超过 1 000 吨。火箭采用“两级半”构型，芯一级、芯二级直径为 5 米，芯一级捆绑四个直径为 3.35 米的助推器，芯级和助推器全部采用液氢、液氧、煤油等无毒无污染推进剂；地球同步转移轨道（GTO）运载能力可达 14 吨，是目前我国运载能力最大的火箭。由于芯级直径大于其他长征火箭，长征五号运载火箭被亲切地称为“胖五”，而又因为采用了液氢、液氧等低温推进剂，长征五号运载火箭也获得了“冰箭”的称呼。

（七）表达政治倾向

在政治性报道中，背景材料是记者表达政治倾向的好工具。虽然消息的背景内容都是事实性材料，但是记者在运用时，写什么、不写什么，张扬什么、避开什么，却是大有奥妙。这里面渗透着记者的政治观点和倾向，选用的背景材料含有“弦外之音”，有可以意会的“潜台词”。

新华网在 2020 年 12 月 12 日发布《日本延长海上自卫队中东任务期》，在这则消息中记者运用了两个背景材料，一正一反中间接表达出记者的看法。

日本防卫大臣岸信夫在记者会上说，船运行业团体对自卫队活动“表达赞赏和更多期待”。

日本政府去年年底依据《防卫省设置法》向中东地区派遣海上自卫队，如遇紧急情况，可依据自卫队法“海上警备行动”条例使用武器保护遇险日籍船只。海上自卫队“高波”号驱逐舰今年 2 月初在民众抗议声中前往中东海域。

三、消息背景材料的选择原则

（一）活

背景材料很多是“死”的，必须用“活”。材料放置的位置要灵活、表达的方式要活。

（二）精

运用背景材料，务必精要，不能滥用，不能以为用得越多越好。材料要精、语言要精。与主题无关或关系不太紧密的材料都应当删掉，有些尽人皆知的背景材料也不必写进去，即使必要的背景材料也应用精练的语言来表达，力求简明。

（三）巧

背景材料用得巧不巧，主要在构思。如何将背景材料适时地放入整篇文章中，既不突兀也不多余，需要新闻工作者在构思上多下功夫。

四、消息背景的位置

交代背景，是新闻写作的一项基本要求。交代新闻背景，有助于读者理解新闻事件的重要性，新闻背景在新闻报道中的位置不局限于第二段开头，可以灵活放置，不是固定不变的。到底在什么地方运用背景材料，要根据新闻报道的主题需要和结构布局的特点来定，除了在标题上运用背景材料外，还有其他四处常用背景材料。

（一）导语中

背景材料放在导语中，同新闻事实巧妙地糅合在一起，简明扼要，一语点破，有助于开宗明义，增加新闻的价值和吸引力。

如获得第二十五届中国新闻奖三等奖的文字消息《青海湿地面积居全国第一》，在导语部分记者将青海省注重保护生态的这一背景材料和青海湿地面积居全国第一这一新闻事实结合在一起，简洁明了。

日前，青海省发布了全省第二次湿地资源调查结果，作为三江源所在地，青海注重持续保护生态，湿地资源面积逐步恢复，目前扩大到814.36万公顷，跃居全国第一。

（二）导语之后，主体之前

背景材料独立成段，放在导语之后、主体之前，使全文眉目清楚，这种写法比较常见。

如获得第二十六届中国新闻奖二等奖的文字消息《700吨氰化钠已找到 尚未发生大范围泄漏》，在导语部分记者简单介绍了事件的最新进展，随后补充了关于该公司的相关信息，在介绍完该公司的相关背景后，记者又将读者的视线引导到这次事件的具体细节上。

记者15日从天津港“8·12”瑞海公司危险品仓库特别重大火灾爆炸事故现场消防专家处了解到，昨日上午8时左右，氰化钠生产企业河北诚信有限责任公司老板主动带着一群技术人员来到爆炸现场，协助全力排查氰化钠的分布情况，组织实施对氰化钠的清理回收。

河北诚信有限责任公司（下称河北诚信）官网显示，该公司是全国规模最大的氰化钠及其衍生物生产企业之一，是中国化工500强企业。该公司是天津滨海爆炸事故现场堆放的氰化钠的货主。

爆炸事故现场消防专家介绍，15日上午8时左右，现场发现一种白色固体。他们及时将氰化物货主找来辨识，确认后迅速组织相关人员查找氰化钠可能分布的区域。

（三）主体之中

背景材料用于新闻主体中，主要有两种用法。

一种是将背景材料同新闻事实融为一体，放在同一个自然段中，背景材料既为新闻事实作铺垫，又成为新闻事实不可分割的组成部分。这是大多数新闻采用的写作手法。

如获得第二十六届中国新闻奖二等奖的文字消息《盐池县扶贫贷款零违约》，在消息主体部分，记者将“2006年，盐池县启动贫困村互助资金”“2012年，盐池农村信用联社与贫困村互助社捆绑推出‘千村信贷’”这样的背景材料穿插进新闻主体中，从而烘托了农民树立诚信观念是实现扶贫贷款零违约的重要原因这一新闻事实。

互助资金和信贷资金捆绑贷款连续多年零违约，是盐池县又一诚信传奇。2006年，盐池县启动贫困村互助资金，8年累计为89个贫困村发放互助资金借款1.44亿元，无一笔逾期违约。互助资金把贫困群众“等救济睡着吃”的观念变为“靠双手干着吃”，贫困村互助社也成为金融机构诚信客户的摇篮，农民普遍树立了“好借好还，再借不难”的诚信意识。“乡亲们不再认为扶贫贷款是救济款可以赖着不还，而是想方设法用贷款养羊赚钱，活得有面子有尊严。”王乐井乡曾记畔村村支书朱玉国说。2012年，盐池农村信用联社与贫困村互助社捆绑推出“千村信贷”，形成“凡在互助社借款违约者不得在信用社贷款，凡在信用社贷款违约者不得在互助社借款”的诚信机制，破解了因不讲诚信导致金融部门“难贷款”、农民“贷款难”的困局。

另一种是根据表现主题的需要，将背景材料化整为零，灵活穿插，巧妙地运用到关键处，使之同新闻主体紧密结合，自然地解释、说明、衬托新闻事实，帮助读者加深对新闻事实及其特点、意义的理解。

如获得第二十六届中国新闻奖二等奖的文字消息《中国新发射卫星有望揭开暗物质之谜》，记者在稿件多处补充了暗物质的相关知识以及国内外对于暗物质的最新研究情况，这些背景材料同新闻主体紧密结合在一起，突出了中国新发射卫星的重要性。

暗物质是现代科学的一大谜团，它既不释放也不反射电磁辐射，因而人类无法直接观测。

科学家早先引入暗物质的概念，用以解释宇宙间的质量缺失以及光在遥远星系中的异常弯折现象。如今，暗物质已被物理学界普遍接受，但科学家仍未能探测到其存在的直接证据。

科学家相信，我们已知的宇宙中，包括质子、中子、电子等构成的普通物质仅占约5%，其余都是看不见的暗物质和暗能量。

暗物质粒子探测卫星首席科学家常进说，揭开暗物质之谜对物理科学和空间科学具有革命性意义，让人类可以更清晰地理解星系和宇宙的历史与未来演变。

此前，科学家已通过国际空间站搭载的阿尔法磁谱仪，以及位于瑞士日内瓦城郊的欧洲核子研究中心（CERN）的大型强子对撞机（LHC）等装置探索暗物质的真实属性，并取得了一些成果。

中国还在西南部的四川建立了地球上最深的暗物质实验室，位于地下约2 400米的深处。

（四）结尾处

在新闻的结尾处运用背景材料，能使新闻后劲十足，使读者回味无穷。

如获得第二十五届中国新闻奖二等奖的文字消息《祖国强祖国昌："忠勇孪生兄弟"10年演绎血性军人精武传奇》，在消息结尾，记者补充了主人公祖国强祖国昌兄弟俩的连队和他们自己获得的最新荣誉的背景材料，让读者不由得产生敬佩之情。

"训练是唯一乐趣，打仗是唯一专业，打赢是唯一追求。"某师政委陈登铝告诉记者，当兵10年，兄弟俩在步兵连队服役，却早把目光聚焦在未来战场，练就一身"三栖"特战本领。记者采访时，"钢七连"被团里确定为"步兵特战化"试点单位，刚刚被师考评为"特级战斗员"的兄弟俩，当仁不让地入选"特战武教头"。

实践经验告诉我们，重视使用新闻背景材料的同时，应注意以下几点。

1. 紧扣主题，不要脱离题意

应当明确这样一个概念：新闻报道运用背景材料，目的是更好地说明主题、表达主题，帮助读者理解新闻的主要事实和意义，而不是为交代背景而运用背景，背景更不能冲淡主题或冲击主题。因而在运用背景材料时，切不可游离主题，那些与新闻主题和主要事实没有关系或关系不大的背景材料，都应删除。

2. 简明扼要，不可喧宾夺主

在新闻报道中处于从属地位的背景材料，一般作为概述部分，记者应该言简意赅，抓住最能说明问题的事实，寥寥数语，颇有分量地点明要害，而不能展开细写，造成主次不分，喧宾夺主。要知道，在有限的篇幅里，背景材料一多，势必会影响主要新闻事实的连贯性和其的进一步展开。所以，背景材料决不可过多过长，一定要精选精写，真正做到"嫩绿枝头红一点，动人春色不须多"。

3. 自然联系，防止生硬脱节

文中运用的背景材料，务必要同新闻事实有本质、内在的联系，或互相映衬，或互相对照，或互相依存，或互相制约，而且在表达时要和新闻事实自然、严密、有机地结合，水乳交融，背景和事实完全化为一体，方能收到好的效果，切不可生搬硬拉，牵强附会。

4. 区别对待，不可无的放矢

不同的媒体拥有不同的受众群，他们对事物的接受能力、关心程度、了解程度也各不相同，新闻背景的交代也应有的放矢，区别对待。这就要求媒体研究受众，懂得受众心理，在运用背景材料时要有明确的目的，注重回答大多数受众所关心的问题。比如说，当地新闻如在本市或本地区报纸、电台上报道，因为受众一般都熟悉，就不一定写背景；但在省报、省电台上报道，有些需要写一点儿背景；倘若在面向全国的中央级报刊、电台上报道，那就应当交代必要的背景。同样，有些新闻在国内报道不必交代背景，对外报道时，就得有所交代；有些新闻在专业报刊上发表不必写背景，在综合性报刊上发表时，就要对背景有所交代。总而言之，要考虑到受众是否能看懂。对大多数受众不清楚、不理解的内容，我们要利用背景材料加以说明或解释，尽量让外行人看得懂，内行人不厌烦。

要把新闻背景写好，记者除了要掌握大量的现实材料外，还必须掌握相关的背景材料。现实材料是重要的，但是背景材料也是不可缺少的。当记者要揭示新闻意义的时候，记者是不能也不被允许发表议论的，但是可以用背景材料去解释和补充。如何得到这些背景材料呢？这就需要记者在日常生活中积累，这是做一名称职记者的基本功。有人说，一名好的记者也是一名称职的资料收集员。

除平时积累背景材料外，在每次采访前还要准备背景材料，尽可能多地掌握采访对象的情况，避免写出的文章空洞说教、堆砌辞藻，要用事实去吸引、说服读者。

第三节 消息写作的主体

一、消息主体的定义

主体又称新闻躯干，指导语后的新闻内容，承接导语。消息主体用实在的、典型的、具体的材料印证导语中的提示或回答导语中的问题，对导语的内容做进一步补充和解释。在“倒金字塔”结构的消息中，主体的梗概、关键内容和精华，几乎均被置于导语之中了，故其主体实际上是在导语之后，被具体化了的、进一步展开的事实发展过程及其原因、影响等。在无导语的短消息中，主体就是整个消息。

二、消息主体的功能

（一）补充新的事实

导语的特点是简洁概括，一目了然。正因为如此，它并不能把新闻事件的所有事实呈现出来，呈现出来的只是记者认为的最为重要的部分。而在新闻主体部分，作者可以将导语中未提及而又能表现新闻主题的事实和其他要素补充上。

2020 年 11 月 17 日，《人民日报》上刊登了一条题为《第十六届文博会线上开幕》的消息，在主体部分，记者将在导语中没有呈现的内容进行了交代，详细介绍了本届文博会的具体情况。

本报深圳 11 月 16 日电（记者吕绍刚） 16 日，第十六届中国（深圳）国际文化产业博览交易会（以下简称文博会）首次以“云上文博会”的形式在线上开幕。本届文博会为期 5 天。

受新冠疫情影响，本届文博会利用新一代信息技术、人工智能等高新技术手段，通过开展云开幕、云展厅、云招商、云签约、云大数据等“五个云”建设，为世界各地的参展单位搭建展示与交易平台。

本届文博会设有文化产业综合馆、文化和旅游融合发展馆等 12 个展馆。其中，电影工业科技馆和互联网馆为首次设立，将展示电影科技和互联网与文化产业融合发展的新业态。

据介绍，本次展会是连续11年实现31个省区市组团参展。同时，将有来自法国、日本、巴西、土耳其等30个国家和地区的文化企业和产品通过云上参展，并有近万名完成注册的境外采购商参与采购。

本届文博会将利用5G、VR、大数据、人工智能等技术应用，在展会期间进行24小时不间断集中展示和信息精准推送，帮助供需双方实现高频互动，为参展企业带来更多洽谈合作的商机。

（二）增加背景材料

在导语中，我们只需介绍新闻的要素，让读者了解新闻事件的时间，地点，人物，事件的起因、经过、结果即可，很多背景材料无法在导语中一一呈现。而在消息的主体部分，由于篇幅较长，可以呈现的东西较多，允许适当添加一些背景材料，对新闻事件进行补充说明，帮助读者进一步理解该新闻事件。

2020年11月19日，《人民日报》上刊发了一条消息《我国油茶种植面积达6 800万亩》，在导语部分，记者概括了稿件的主要内容，随后在主体部分增加了背景材料，以丰富稿件内容。

本报郑州11月18日电（记者朱佩娴），全国油茶产业发展现场会日前在河南省光山县召开。记者从会上了解到，目前，全国油茶种植面积达6 800万亩，高产油茶林1 400万亩，茶油产量62.7万吨，油茶产业总产值达1 160亿元。

据介绍，近年来我国油茶产业政策支持持续加大，油茶种植面积、产量逐步提高。今年，中央财政将油茶低产低效林改造纳入支持范围，国家林草局发布了《油茶产业发展指南》，15个油茶主产省份印发了省级油茶产业发展规划，加快推进油茶低产低效林改造和管护。2019年以来，共改造低产低效油茶林364万亩，许多地方茶油亩产量提高4至10倍。各地通过创新油茶产业经营模式，有效带动近200万贫困人口脱贫增收。

（三）展示情节与细节

在消息中，标题和导语都只是对新闻事件中最为重要的信息作简单明了的概括，只能满足一部分读者简单知晓这一新闻事件的要求，但是，对于很多想要对该新闻事件进行深层了解的读者来说，只看标题和导语无法满足他们，但消息主体可以满足读者进一步了解新闻事件的需求。在消息主体中，记者会在导语的基础上，对该新闻事件展开介绍，包括其具体情节和重要细节，帮助读者更加全面地了解该新闻事件。

2020年11月24日，新华网上发布一条消息，即《嫦娥五号探测器成功发射 开启我国首次地外天体采样返回之旅》，在稿件主体部分，记者向读者展现了更多有关嫦娥五号的信息。

新华社海南文昌11月24日电（记者胡喆、陈凯姿）11月24日4时30分，我国在中国文昌航天发射场，用长征五号遥五运载火箭成功发射探月工程嫦娥五号探测器，火箭飞行约2 200秒后，顺利将探测器送入预定轨道，开启我国首次地外天体采样返回之旅。

长征五号遥五运载火箭发射升空后，先后实施了助推器分离、整流罩分离、一二级分离以及器箭分离等动作。

国家航天局探月与航天工程中心副主任、嫦娥五号任务新闻发言人裴照宇介绍，嫦娥五号探测器由轨道器、返回器、着陆器、上升器四部分组成，在经历地月转移、近月制动、环月飞行后，着陆器和上升器组合体将与轨道器和返回器组合体分离，轨道器携带返回器留轨运行，着陆器承载上升器择机实施月球正面预选区域软着陆，按计划开展月面自动采样等后续工作。

据悉，嫦娥五号任务计划实现三大工程目标：一是突破窄窗口多轨道装订发射、月面自动采样与封装、月面起飞、月球轨道交会对接、月球样品储存等关键技术，提升我国航天技术水平；二是实现我国首次地外天体自动采样返回，推动科技进步；三是完善探月工程体系，为我国未来开展载人登月与深空探测积累重要人才、技术和物质基础。

嫦娥五号任务的科学目标主要是开展着陆点区域形貌探测和地质背景勘察，获取与月球样品相关的现场分析数据，建立现场探测数据与实验室分析数据之间的联系；对月球样品进行系统、长期的实验室研究，分析月壤结构、物理特性、物质组成，深化月球成因和演化历史的研究。

嫦娥五号任务由国家航天局组织实施，具体由工程总体和探测器、运载火箭、发射场、测控与回收、地面应用等五大系统组成。

探月工程自 2004 年 1 月立项并正式启动以来，已连续成功实施嫦娥一号、嫦娥二号、嫦娥三号、再入返回飞行试验和嫦娥四号等五次任务。此次发射任务是长征系列运载火箭的第 353 次飞行。

三、消息主体的选择和要求

用足够的、典型的、有说服力的具体事实，正确、深刻、充分而又生动地表现主题，是主体的任务。因此，在写作消息时，要把着力点放在写好主体上，主体的写法因消息结构的不同而异，如倒金字塔结构，由重要到次要，逐步展开即可。但有两点必须注意：一是主体必须紧承导语；二是通常按时间顺序、空间位移、逻辑联系组织材料，这几种方法有时结合运用在同一消息主体中。

消息主体的写作要求主要有以下几点。

（1）主题要单一。新闻主体部分涉及的内容比较多，要紧紧围绕导语中所确立的主题选择和运用材料，材料要精练，事实要典型。要层层分析，主题集中。

（2）叙事要具体。新闻主体要围绕报道主题，以全面具体的材料进一步阐释和深化导语中的内容，提供与之有关的新闻背景和其他新闻要素。

（3）叙事要生动。新闻主体要实现叙事生动，首先，在躯干部分可以用与主要新闻事实有关的细节增加报道的生动性；其次，可交替使用叙述、描写、引语等多种表现手法，给读者活泼生动的阅读印象。

（4）层次要分明。要清晰划分主体内容的多层意思，段与段之间要连贯畅达又不互相纠缠，方便读者阅读。

第四节　消息写作的结尾

一、消息结尾的定义

消息结尾，是指为了深化新闻主题、强化新闻价值或扩大消息的信息容量，记者根据新闻内容，精心设计的消息的收结部分。它通常是消息的最后一段或最后一句话。

并非所有消息都必须具备这样独立的组成部分。新闻实践表明，同消息的简洁明快、干脆利索、用事实说话等基本特征相适应，相当多的消息可以表述完新闻事实便就此收住，不必有结尾，但有些消息是可以有结尾，甚至是必须有结尾的。

只有当结尾能够加深读者对新闻的感受和理解，能够深化新闻的主题、增强新闻报道的社会效果，能够恰当地写“旁人他事”，增加消息的信息量，或者是能够为“后续报道”做伏笔等，才有必要写，并要尽力写好。

必要的消息结尾，如同消息的其他部分一样要发挥表述新闻事实、提供信息和表现新闻主题的功能。写作消息结尾应当做到：紧扣新闻事实，而不来一通“套话”“空话”；能增加新闻信息，而不同义反复；善于启发诱导，而不生硬说教、强加于人；力求新颖别致，而不平庸老套、千篇一律；精粹有力，而不拖泥带水、絮絮叨叨。总之，既然消息要有结尾，记者就要努力使之成为“豹尾”。

消息体式短小，大多没有专门的结尾。但没有结尾段，并不意味结尾的不重要和不存在。而消息结尾的内容大体上有这几种：评说事件和问题，发表见解；总结概括，明确意义和目的；展望未来，做出合理预测。

二、消息结尾应遵循的原则

结尾的形式可以多种多样，但并不是说可以随心所欲，想怎么写就怎么写，而应遵循一些基本的原则。

（一）紧扣主题，切忌漫无边际

不少新闻工作者感到，稿子写到最后该好好“发挥”一下了，这一发挥可不得了，天南地北，不着边际。有的记者认为稿子写完了，该加一个好的结尾，于是为结尾而结尾，表面上写得花里胡哨，实际上离题万里，让读者摸不着头脑。稿子的结构具有完整性、统一性，应把结尾作为结构的有机组成部分，使其在文章中发挥应有的作用，而不应让其游离于稿子之外，变成“独立王国”，否则必然形成“稿子是稿子，结尾是结尾”的难堪局面。有的记者在写稿前，已经准备了一些“得意之笔”，只是在正文里无处安放，食之无味，弃之可惜，那就放在结尾吧，给稿子添点彩。然而这些东西在正文里没有地方放，正说明它们与稿件的主题联系得不是很紧密，应该坚决舍弃，硬要在结尾处加上一段，只能是狗尾续貂、画蛇添足。在结尾的写作中，一定要把结尾纳入文章的整体结构通篇考虑，无论是内容还是形式，都应与稿子的整体一致起来，与稿子的其他部分一起，为表现主题思想添砖加瓦。

（二）增添信息，切忌重复

一些稿件之所以败在结尾上，是因为结尾重复絮叨，了无新意，要么对前文进行概括总结，要么对前文中的某一新闻事实进行再叙述。稿件中每一部分有每一部分的功能，每一部分有每一部分的作用。结尾也是一样，应结合它在稿件中的地位和作用，精心设置其内容和形式，确保结尾能提供更多新闻信息，帮助读者对稿件的新闻价值产生更深刻的认识，增强稿件的表达效果。

（三）顺势而行，切忌节外生枝

不管是根据时间的推移，还是按照空间的转换，每篇稿子都有其内在的叙述线索，都会通过起承转合、起伏呼应，展现新闻事实间的内在逻辑关系，有的先抑后扬，有的先扬后抑，有的平铺直叙，有的跌宕起伏。作为结尾，应沿着稿件的表达线索顺势而行，该抑则抑，该扬则扬，“击首则尾应，击尾则首应，击腹则首尾应”。要防止为结尾而结尾，即正文写正文，结尾写结尾，出现前后“两张皮”的局面。

（四）遒劲有力，切忌拖泥带水

简洁明快，是结尾写作的一个基本要求。有的记者稿子写到最后，突然“文思泉涌”，于是东拉西扯，势必冲淡主题；有的写到最后，感到主要任务已完成了，就草草收笔；还有的不注意选材，按照主题表达需要，故事本来已经讲完了，可记者又写起了续集，最终影响了稿件的表达效果。结尾应简要明了，遒劲有力，给人启迪，不应该虎头蛇尾或拖泥带水，没完没了。

三、消息结尾的方法

结尾，特指能深化报道主旨的最后一部分，但消息的最后一部分不一定都能称得上是结尾。

结尾被称为永恒的印象。结尾同报道的开头一样重要，遗憾的是，许多读者不会读到结尾，但是如果他们读了，记者就应该用一个值得怀念的结尾来回报他们。下面来介绍几种新闻的结尾方法。

（一）意尽则止式结尾

这种结尾从表面上看好像还没有写完，其实事情已有了结局，在恰到好处的地方收笔。

（二）循环式结尾

形象地说，循环式结尾是以一种“绕圈子”的方式返回导语，并从中获取一个想法用来结尾。华尔街日报体通常从一个具体的人或事情入手，结尾则回到开头的人或事情上，这就是循环式结尾。

（三）用引语结尾

特定报道和硬新闻最普遍的结尾样式是引语结尾，即用一条能够总结报道主题或主要观点的引语作为结尾。当用一句引语作为结尾时，可把消息源放在引语之前，如果用两句引语作为结尾，就把消息源放在第一句引语后面。

如，“我的大女儿今年20岁，对飞飞这个弟弟很照顾，这让我们很欣慰。”丈夫胡启亮说，“今后的路不管多难走，一定会不抛弃不放弃。” 2017年10月14日，在三秦网的《收养脑瘫儿14年 环卫工夫妇感动众人》这则消息中，记者用直接引语做结尾，叙述了这一家人对脑瘫儿飞飞的照顾，也表达了他们坚持照顾飞飞的决心，升华了主题，传播了正能量，令读者心生敬佩。

（四）用高潮结尾

这种类型的结尾多出现在用悬疑小说写作手法写出的报道中，让读者把悬念一直带到结尾。这种结尾更适合叙述式的特写报道或者那种在一开始就吸引住读者并驱使读者找出真相的短新闻，多用在金字塔结构的报道中。

（五）用未来行动结尾

新闻报道以一个事件的下一步发展情况作为结尾，这种结尾方法只有在报道本身具备未来发展动向时才能使用。如果下一步发展情况对于追踪报道至关重要，它在报道主体中的位置应该更靠前，但是如果它以自然结论的方式起作用的话，它就可以成为结尾。这种结尾可以采用陈述的形式也可以采用引语的形式。

如“此外，河北省各地还将加快建立劳动教育专家指导委员会，持续推动劳动教育实践基地、师资队伍建设”。在2020年11月26日《中国青年报》上刊发的一条题为《河北万余所中小学开设劳动教育课》的消息中，在结尾处，记者交代了未来河北省在劳动教育课方面采取的措施，这为以后进行追踪报道奠定了基础。

（六）用事实结尾

强有力的事实陈述有时可取代结尾。总结报道基调或总体特征的陈述，它们比引语结尾难写，但是如果处理得好，它们会给读者强有力的冲击。事实结尾力求浓缩一个非常短而精湛的句子，一定要选择一个意味深长的事实，这样的结尾会令人回味无穷。

如，2020年11月26日，《人民日报》上刊登了一条消息《江西上饶吸引多家互联网企业客服中心落地 共享数字新生活》，在该消息的结尾处，记者写道：“短短几年，全市数字经济主营业务收入就从2016年的7亿元跃升至2019年的210亿元，2020年将有望突破500亿元。”记者用数据进行结尾，给读者留下了数字经济发展态势发展良好的印象。

（七）感情激射式结尾

这种结尾的特点是饱含了情感，以情感激射读者。它以或含蓄、或深沉、或热情、或委婉的手法运笔，使读者受到感情的激射，并引发深思。

2020年11月26日，《南方日报》上刊发了一条题为《深圳盐田：创建“枫桥式”退役军人服务站》的消息，这篇稿件的结尾这样写道：“改革没有坦途，创新永无止境。在盐田区加快建成‘宜居宜业宜游的现代化国际化创新型滨海城区’的新征程中，‘枫桥式’退役军人服务站将建设成接地气、受欢迎、重实用、显成效的基层治理服务新平台，为促进全区治理能力现代化添砖加瓦。”记者用“接地气、受欢迎、重实用、显成效”等词语表达自己对“枫桥式”退役军人服务站未来的期盼，读者接收到了记者传达出来的情感和态度。

（八）用悬念结尾

悬念技巧更普遍地用于结尾写作，尤其经常用在系列追踪报道中，这一技巧也经常用在分节式报道中，每小节的结尾都设置一个悬念，这样就迫使读者继续阅读下去。它的吸引力就是：下一步将会发生什么?

（九）“燃气用完”式结尾

这个方法适合于硬新闻结尾，尤其适合使用概括式导语的报道和按重要程度降序排列支持要点的报道，结尾可以是一句引语、未来行动方案或报道中的其他事实。

如，2020年11月26日，《南方日报》刊发了一条题为《黄埔海关捣毁7个红油加工窝点》的消息。

近日，黄埔海关开展“HP2020-12”打击非设关地走私成品油专项行动，打掉一个非设关地走私成品油的犯罪团伙，现场查扣嫌疑走私成品油177.97吨、走私船舶4艘，捣毁7个红油脱色点。全案案值1.5亿元，冻结涉案账户25个。

经查，该走私团伙成员以“蚂蚁搬家”的方式从港澳流动渔船上过驳红油，并提供脱色、运输、销售一条龙服务。脱色后的“红油”多销往附近的工厂、建筑工地等，客户群相对固定，有时为降低路途被查风险，也运到省外销售。

目前，该案在进一步侦办中。

在这则消息中，记者用“该案在进一步侦办中”这一报道中的其他事实做了结尾。

（十）启发式结尾

这种结尾形式是在结尾表达记者的感受和态度，或者记者的希望，唤起读者的联想、思考。

如2020年11月26日《工人日报》刊登了一条题为《直播带货数据“注水” 3万个赞5元可买》的消息，在消息的结尾，记者写道：“对商家来说，做直播不是单靠主播个人就能够产生巨额成交量的，归根到底还是看品牌影响力和产品质量本身。优质的直播带货，应做到品牌美誉度和销量的共赢。”记者表达了自己的态度，希望直播带货行业能够看中品牌影响力和产品质量，这也引发了读者的思考。

此外，还有叙述式、点题式、反问式、广告式等多种结尾，但不论采用哪种形式结尾，都要力求新颖、生动、风趣、别致，或者耐人寻味，或者发人深省，或者激人奋进，或者戛然而止，或者动之以情，或者画龙点睛。

第五节 消息写作的结构类型

一、倒金字塔结构

倒金字塔结构是按照新闻价值的大小，即新闻事实的重要程度、新鲜程度，以及读者感兴趣的程度等，依次将新闻事实写出的一种结构形式。由于这种结构格局前边重、后边轻，上头大、下头小，所以称之为“倒金字塔”。

倒金字塔结构是一种传统的消息结构形式，产生于19世纪60年代美国南北战争时期。美国内华达大学新闻学专家威廉·梅次在谈到这种结构形式产生的背景时曾说：“以前，记者是按时间顺序写消息的，在报道事件时，把最新发展写在消息的最后。但是内战时期的记者把绝大部分稿件通过电报发回报社，当时电报是新发明，还不大可靠。它有时发生故障，或被敌人割断电线，或被军队优先占用。任何一种情况都可能把记者正在拍发的消息打断。结果是，写在结尾的最新新闻，来不及在当天的报纸上刊登出来。为了避免不可预测的事情发生，记者开始把最重要的新闻放在最前面，使报社尽可能收到最新消息。”

（一）倒金字塔结构的优点

1. 最能体现新闻性和概括性

这种结构的消息通常会在导语部分将整个消息中最新鲜、最重要、最吸引人的内容呈现出来，从一定程度上争取了新闻时效。在消息的主体部分记者通常按照重要性递减次序叙事，这比起从头到尾按照事件发生始末叙事更具有概括性。

2. 切合读者阅读心理

广大受众通常希望尽快知道消息报道了什么、提供了什么信息。消息的倒金字塔结构最能适应读者的阅读心理，能够让读者在第一时间就了解到与事件相关的最新信息。

3. 便于编辑处理稿件和制作标题

一个每天要看数十版数百篇文章的总编辑，很难忍受一篇要点迟迟不出的新闻，这就意味着，记者必须尽快展现出消息的亮点。采用倒金字塔结构写成的消息能够帮助编辑快速把握新闻的主要内容，方便其决定稿件的去留、编辑稿件的内容和标题，大大提高了工作效率。

（二）倒金字塔结构的缺点

1. 过于标准化、程式化，而缺乏多样性

在倒金字塔结构中，导语部分需要呈现哪些最主要的内容，主体部分怎么写，结尾怎么安排都有固定的标准，记者的写作思路容易受到这种模式的影响，大批量生产这类结构的稿件会导致稿件结构缺乏多样性。

2. 略输文采，有“虎头蛇尾”之嫌

在导语部分，记者已经展示了全篇稿件中最重要、最吸引人的信息，在消息的结尾部分记者常常会觉得没话说而草草收尾，给读者留下虎头蛇尾的印象。

3. 比较容易出现消息的标题、导语、主体“三重复”现象

倒金字塔结构是按照重要程度递减的顺序组织报道内容的，标题是对事件的精练概括，导语则是消息中的精华内容，主体部分起到一个补充作用，如果安排不妥当，容易出现一些内容在这三部分中反复出现的现象。

（三）倒金字塔结构的写作要点

1. 导语简洁

倒金字塔结构一般使用概括式导语，导语的字数要控制，一般使用一句话导语，其他详细内容放到主体中交代。

2. 尽快交代信息来源

倒金字塔结构的消息中要尽早使用引语，交代信息来源。使用引语的最佳时机是在向受众提供了最重要的新闻信息之后，也就是倒金字塔结构的第二段或者第三段。使用引语时不要将直接引语或者间接引语堆砌在一个段落中，可以在不同的引语中插入背景或者用间接引语将直接引语隔开，使文章更加流畅、易读。

3. 提供背景

新闻背景有助于读者充分理解新闻事实，在倒金字塔结构中，记者可以考虑在第三段或者最后一段提供新闻背景，但要根据具体情境确定背景的具体位置。背景可以是对消息来源补充解释的内容，也可以是之前发生的事情。

4. 按照重要程度递减的顺序组织报道

倒金字塔结构的新闻组织原则是重要性递减的顺序排列段落，因此，组织报道内容时，主要考虑重要程度，而不是时间顺序、逻辑关系等。

5. 使用事实过渡

在倒金字塔结构中，一般不需要精心构筑过渡段落和语句，一个背景、一句引语、一段解释就可以实现段落过渡。

6. 无须设置结尾

这种结构的消息可以一直提供新闻信息，直到新闻报道结束。记者也可以将引语或者背景放于结尾处。

（四）案例

以下这篇新闻报道使用的就是倒金字塔结构。其使用概括式导语，主体部分按照重要程度递减的顺序排列段落，犹如倒置的金字塔。

云南发布首个省级生物物种红色名录

新华社昆明5月22日电（记者赵珮然、岳冉冉）云南省环境保护厅22日联合中国科学院昆明植物研究所、中国科学院昆明动物研究所共同发布《云南省生物物种红色名录（2017版）》，使云南成为我国首个发布省级生物物种红色名录的省份。

云南省环境保护厅副厅长高正文介绍，云南将加强科学考察和基础研究，进一步摸清物种资源的数量、分布和受威胁状况，不断补充完善物种名录和红色名录；并根据物种等级划分，实行分类管理和分级保护。

5月22日是联合国确定的“国际生物多样性日”，今年的主题是“生物多样性与可持续旅游”。去年的5月22日，云南发布了《云南省生物物种名录（2016版）》，全面摸清了云南省生物物种家底。

该红色名录按照世界自然保护联盟（IUCN）的方法和标准，对云南省已知野生动植物物种进行了全面系统的评估，总计评估了11个类群的25 451个物种。

中国科学院昆明植物研究所所长孙航表示，红色目录评估可以预警物种的生存危机，红色目录的编制将推动云南省物种资源本底调查、生物多样性保护与资源合理利用的研究工作，为政府部门相关决策提供科学依据，并将对生物多样性保护和管理产生深远影响。

（来源：新华社，第二十八届中国新闻奖文字消息获奖作品。）

导语概括了新闻事实的要点，交代了最核心、最重要的新闻要素，即“谁”——云南省环境保护厅22日联合中国科学院昆明植物研究所、中国科学院昆明动物研究所；“做了什么”——共同发布《云南省生物物种红色名录（2017版）》；“有什么意义”——使云南成为我国首个发布省级生物物种红色名录的省份。读者不用阅读下文也能够掌握基本的新闻事实。

消息的主体部分从第二段开始，每个段落按照重要程度递减的顺序提供新闻事实或者对导语中的新闻事实进行详细说明。

第二段引入云南省环境保护厅副厅长的介绍，说明云南省生物物种工作的总体安排和规划；第三段承接总体规划，插入背景信息，点出了5月22日作为“国际生物多样性日”的特殊性。上一年度云南省发布“生物物种名录”和这一年度云南省发布“生物物种红色名录”，体现了我国持续、积极响应国际倡议的决心和行动，也体现出其在一年内的发展；第四段继续对第三段进行信息补充，用数据有力地说明了我国立足本土、对标国际、保护自然的实际举措；消息进入到结尾部分，引入了另外的信源，中国科学院昆明植物研究所所长向受众交代了名录发布的重要意义。

可以看到，段落的前后安排不是按照事件发展的顺序，也不是按照因果关系等内在的逻辑顺序，同样，该消息也没有精心设置的别致的结尾。

新闻中最重要的内容在导语中，次重要的内容在第二段中，第三重要的内容在第三段中……以此类推，每往后一段重要程度递减一级，每一段都在进一步解释或者补充前面一段的内容。换言之，在倒金字塔结构中，消息的每个段落都包含新闻信息，且都具有新闻价值，但后面段落的重要程度都要低于前面的段落。

二、正金字塔结构

这一结构又称逆转倒金字塔式结构、时间顺序式结构，即按时间顺序，依次叙述，把最重要、最精彩的内容放在后面。它既可以按照新闻事件发生始末安排材料，也可以按照记者采访调查的过程逐步展开。这种结构适用于那些故事性强、以情节取胜的新闻。

（一）以时间自身发展顺序组织结构

依照事件本身发生、发展的顺序来组织材料，是正金字塔结构常见的组织材料方式。

如获得第三十届中国新闻奖二等奖的文字消息《老外在机场教训激进示威者：香港属于中国，你该去找个工作》，这篇消息于2019年8月12日发布在环球网上，采用的是正金字塔结构。这篇消息以事件发展的时间顺序展开，通过记者的第一视角向我们还原了当时现场发生的情况。这篇报道通过外国人之口，向香港暴徒大声喊“不”，态度鲜明，具有说服力。

8月12日，香港反对派号称要在香港机场搞一个“百万人接机”活动。在此期间，激进示威者和疑似港媒记者屡次刁难、围堵一位来自澳大利亚的外国人，结果被“硬刚”：“香港属于中国，这是世界公认的！”“你应该去找个工作！”“去找个工作吧”。

20时23分，环球网—环球时报记者在香港机场发现，有激进示威者及部分疑似港媒记者在候机厅围堵一位外国人。这位外国人说，自己来自澳大利亚，从中国内地入境香港，已经在中国生活了6年。

在长达近20分钟的时间里，记者听到，激进示威者一直在重复表达同一种意思，即“你只是在考虑你自己的问题，因为航班被延误而不满，而我们在花费自己的时间‘保护香港’”，高高在上之姿态溢于言表。

而对于激进示威者的反复追问，这名澳大利亚人同样坚持自己的观点。

从一开始被问及“你认为香港和中国（内地）是否一样”时，澳大利亚人就一直不断强调“香港和台湾都是中国的一部分，这是全世界认可的事情”。同时，当对方表达出“我们花费着自己的时间保护香港”时，这名澳大利亚人直接打断了对方的话，连说三句“你应该去找个工作！”“去找个工作吧”之类的话以示不满。

在随后的几分钟时间里，激进示威者依然在反复不断地展示着“高高在上”的姿态，甚至表示“香港的体制遭到破坏”，这名澳大利亚人终于忍不住反问：“告诉我一件事，到底是谁，是谁破坏了香港的体制？谁？”对方尴尬地呵呵一笑，避而不谈，顾左右而言他。

这位澳大利亚人后来又追问激进示威者香港政府到底哪里有问题，对方只是反问他知不知道所谓“五大诉求”。“香港属于中国，这是全世界都公认的事实。”这名澳大利亚人再次表示。

（二）以采访调查过程安排结构

按照记者采访或调查的顺序安排结构，即将采访调查的过程按时间顺序表达出来。

采用正金字塔结构的新闻，按照时间顺序展开报道，符合读者阅读、收听、收视的习惯，适用于故事性强的新闻及现场目击记。但它的局限就是容易出现平铺直叙、记流水账现象。为避免平铺直叙，在以正金字塔结构写消息时要用一个场景或细节描写开头，引起读者的阅读兴趣，再按照时间顺序展开，把故事的高潮放在末尾。

三、华尔街日报体

（一）定义

“华尔街日报体（Wall Street Journal Formula）”是美国《华尔街日报》惯用的一种新闻写作方法，主要适用于非事件类题材的新闻。其基本特征是，首先以一个具体的事例（小故事、小人物、小场景、小细节）开头，然后再自然过渡，进入新闻主体部分，接下来将所要传递的新闻大主题、大背景和盘托出，集中力量深化主题，结尾再呼应开头，回归到开头的具体事例上，进行主题升华。这种写法从小处落笔，向大处扩展，感性、生动，符合读者从具体到抽象的认识事物过程，颇受读者青睐。

“华尔街日报体”在结构上一般由四部分组成：第一部分，人性化的开头，即首先引入与新闻主题有关的具体事例；第二部分，过渡，即从具体事例与新闻主题的交叉点切入，把报道的主要内容推到读者眼前；第三部分，展开，即集中而有层次地阐述新闻主题；第四部分，回到开头的事例，即重新将其引入新闻，交代该事例与新闻主题的深层关系。也可总结为 DEE：Description（描写）、Explanation（解释）、Evaluation（评价）。

（二）特点

1. 故事化

从传播心理学的角度看，受众阅读除为了满足求知层面的需求外，还为了消遣和娱乐。华尔街日报体借鉴了文学写作中的故事描绘手法，能把枯燥、干瘪、索然无味的硬新闻写得生动活泼、通俗有趣。故事性增强了新闻的趣味性、可读性。

华尔街日报体一般在文章的开头展示涉及的典型人物或故事，通过气氛的渲染，将读者带入新闻，使读者如临其境，如见其人，如闻其声，激起读者的阅读兴趣，这些关于人物或现场的描写就像电视新闻的新闻画面一样可视。

2. 人文关怀

华尔街日报体通常强调人物故事，个案命运的重要性。任何一则报道，总要涉及和影响或将影响一些人。人是构成新闻事件的主体，新闻报道说到底，是报道人在社会生活中的各种表现，人与自然、人与社会、人与人之间的各种关系的变化。人和人构成的生活对读者来说，具有最高的心理上的接近性。新闻报道里有了人，有了他们的动作、语言感情和生活状态的内容，很容易唤起读者的兴趣。

3. 贴近性

新闻价值学说中的“接近性原理”，是指要寻找所报道的事实与读者在时间、地点、心理或者利益上的接近点。接近的因素越多，读者阅读的愿望也就越大。从读者关切点上找角度，回答读者普遍关心的问题，解答读者想知而未知的问题，这就是最佳的新闻角度。贴近性越强，读者对这一消息的兴趣就越大。记者以普通人的视角来写作，透过普通人这个点来深化包含主题的面，一方面赋予了消息人情味，另一方面又突出了消息的贴近性，极易使读者产生共鸣。

4. 强大的信息释放功能

华尔街日报体个性化的开头可以为记者节省大量笔墨，同时受众可以在轻松的阅读状态中获得丰富的信息。

（三）局限

华尔街日报体也存在一定的局限，比如说故事的真实性问题、新闻的严肃性问题，但是总体来说，这种新闻写作文体，与我们所提倡的“三贴近”报道原则是一致的，对丰富和改进我们的新闻写作不无裨益。

（四）采写技巧

1. 善于现场观察采访

记者只有具备了“慧眼”，才能有“神来之笔”。一些报道枯燥干巴，原因就在于记者没有进行现场采访，或采访不深入，缺少细致的现场观察，没有找到典型场景和细节，只能告诉读者大致的轮廓和一般化的概念。

华尔街日报体一个突出的特点是强调视觉新闻。新闻要有细节，能形象化，立体化再现人物、现场和事件的精彩片段，激起读者共鸣。要采写这样的视觉新闻，记者要深入现场采访，细致观察。细节不能由记者口里“讲”出来而应让读者“看”到。如报道某公司董事长，不能简单地说他是个严厉、有挑战性的人物，而要提供具体的事例，如他是如何对待下属，又是怎样应对挑战的。要让读者“看”到他的行为，“听”到他的言语。

2. 寻找最佳切入点

华尔街日报体的写作总要从具体的人物或事件展开，由小见大，引出一串数字或某个问题，来报道一个人、一种社会现象或一项政策法规。开头的人或事只是一个引子，报道的中心内容由这个人或事引出来。

利用个体切入主题无疑是个好办法，但一种社会现象、一件国内外大事往往涉及众多人物，不能随手选择某个人或某件具体事情作为引子，只有那些具有一定普遍性和代表性，最好有一定戏剧性或悬念性的人或事，才既能自然引出新闻主题，又能引发读者兴趣。

读者的兴趣不仅取决于故事、悬念、细节，还取决于材料的精心安排。报道能否从一个思路流畅地过渡到另一个思路，是对记者写作技巧的严格考验。另外，在叙述新闻事实时，要层次清晰，新闻事件与背景材料的衔接组合要自然。

3. 多用人物直接引语

文章写得具体生动，不仅表现在用趣闻和丰富多彩的描绘来叙述有关事物，还表现在引用的事例具体确凿。直接引用具体人物的鲜活语言能使读者产生真实感，因为，直接引语能够打破时空界限，在引号的作用下，即时地呈现类似电视新闻的同期声的音响效果。在华尔街日报体中，随处可见人物真实感人的话语，记者通过新闻人物的口，表达对问题、现象的一种态度或意见。

（五）案例

获得第二十六届中国新闻奖三等奖的文字消息——《伊宁市推动建立各民族互相嵌入式居住结构》，就采用了华尔街日报体。

本报伊宁讯 “朋友们，来吃羊肉，现宰现吃。”伴随着爽朗的笑声，维吾尔族大叔阿布都热依木向邻居们发出邀请。10月7日，居住在伊宁市锦绣家园的阿布都热依木赶着羊来到小区宰牲亭，宰羊招待客人，为女儿出嫁做准备。“小区建了民族生活用房，办红白喜事方便又卫生。”他说。

前年，锦绣家园建成后，便把几间空房改建为民族生活用房，各族住户集资搭建了彩钢茶亭、宰牲亭，添置了锅碗瓢盆、圆桌等餐饮用具。业主可无偿使用宰牲亭，生活用房租赁使用。阿布都热依木说，以前小区没有宰牲亭，居民都在草坪上、树底下宰牛羊，现在定点屠宰好处多。

“维吾尔族邻居帮我做了一大锅羊肉抓饭，香喷喷的。”民生小区汉族居民杨再礼因亲属去世，他在年初建成的小区民族生活用房里招待了前来吊唁的亲朋好友。说起这事，杨再礼感激之情溢于言表，“多亏了大家帮忙，幸好小区有生活用房，要不然人多得乱套了，现在我们民族团结搞得很好，居民们大事小事都来往。”

第二次中央新疆工作座谈会提出，要从加强民族交流、促进民族团结的高度，推动建立各民族互相嵌入式的社会结构和社区环境。为落实党中央及自治区会议精神，伊宁市召开会议专题研究，市人大常委会还组织人力在今春对此进行专题调研。

今年以来，伊宁市改造老旧小区40个，支持小区成立红白喜事理事会，逐步完善小区民族生活配套设施，在有条件的小区新建、改建民族生活用房。目前，该市6个住宅小区建起了民族生活配套设施，华瑞小区民族生活用房早些年就建成，因婚丧嫁娶设施较为完善，吸引了各族居民居住。目前，小区有658户居民，汉族占40%、少数民族占60%，各民族居民居住比例均匀。西城区公租房小区佳合宜园，由政府投资建设的民族生活用房设三层楼，占地2 000平方米，目前正在装修及购置生活用品。

伊宁市人大代表阿布来·吾买尔说："嵌入式居住，就是让各民族群众生活在一起，彼此相互了解、交流交融，对促进民族团结大有益处。政府在完善小区婚丧嫁娶设施上推进引导，先走了一步。"

目前，伊宁市已从规划、教育、卫生、城建、文化等资源上作出安排，争取东城区民汉居住比例达到6 ∶ 4、西城区民汉居住比例达到4 ∶ 6，恢复以往各族群众交叉居住、多交往交流的和谐局面。

在导语部分，记者描述了维吾尔族大叔阿布都热依木在家为女儿出嫁操办的场景，随后，记者用了两个自然段来过渡，描述了居民生活的具体变化，关注点由人物逐渐转向新闻事件。文章的主体部分，记者具体介绍了伊宁市改造老旧小区的措施，也插入了政策实施的背景。文章结尾没有回到开头提到的人物，而选用了另一个人物的话。记者通过新闻人物的口，来表达对问题、现象的一种态度或意见，引人深思。

四、板块式结构

这是一种按照新闻主题的要素，将新闻内容分门别类划分为不同的板块，从而完成整体新闻报道的结构方式。面对包含着纷繁复杂的要素、遍布纵横作用关系的新闻报道，要想按照时间顺序或者按照重要程度排列一气呵成完成报道是一件非常困难的事情。在这种情况下，可以把复杂的新闻事实按照其内在逻辑关系分解成若干个部分，一个部分一个部分地说明与展示，最终完成对新闻事件的完整描述，完成对新闻主题的解释。运用板块式结构，要根据新闻特点对报道进行板块划分。

（一）按观点划分

如果这是一则包含着各方不同观点的新闻，可以考虑为每一种观点写一节，由不同观点组成的各节组合成一篇完整的报道。

（二）按时间顺序划分

如果是一篇事件进程特征明显的新闻，可以根据时间顺序划分不同的部分，如把事件按"过去、现状、未来"划分，展现出新闻发展的全过程。

获得第二十九届中国新闻奖三等奖的文字消息《我国市场主体总量突破亿户》，介绍了改革开放初期、改革开放40年以及未来我国市场经济的发展状况，展现了我国市场主体发展的全过程。

本报讯（记者 李晶 黄鹏）3月16日15时22分，在北京市政务服务中心工商登记平台“全国市场主体突破1亿”红色大屏前，工商总局局长张茅将崭新的营业执照颁给一家人工智能企业负责人，现场响起热烈掌声。

38年前的12月11日，支着板凳摆摊卖毛线针、松紧带的章华妹，从浙江温州工商干部手中接过编号为“10101”的营业执照，成为中国改革开放第一位个体工商户。如今，她有了以自己名字命名的服装辅料公司。

“当年我办照等了整整一年，现在当天就能办出来。”章华妹感叹，“想不到变化这么大。”

改革开放之初，我国市场主体总量约为49万户，每千人拥有企业数不到1户。经过40年改革发展，我国市场主体总量突破1亿户，增长了200倍；每千人拥有企业数提高到21.94户。

商事制度改革全面实施以来的近4年，是我国市场主体数量增长最快的时期。改革使市场准入门槛不断降低，226项工商登记前置审批事项中的87%被改为后置或取消，营商环境世界排名提高了18位，其中开办企业便利度上升65位。从2014年3月1日到去年年底，新设市场主体数量达到6 202.81万户，日均新设市场主体从改革前的3.1万户增加到5.27万户。

改革开放40年，我国经济稳健前行，市场主体不仅数量大幅增长，质量也明显提升。市场主体总量从1 000万户到5 000万户期间，高新技术产业、新兴服务业企业大量涌现；从5 000万户到1亿户，新业态蓬勃发展，第五代通信、高铁、航空等新技术推动“中国制造”向“中国质造”蝶变。在世界500强排行榜中，中国上榜公司数量连续14年增长，已达115家，紧随美国列第二位，远超第三位的日本。截至今年2月底，广泛分布于生物科技、云计算、人工智能等行业的中国独角兽企业连续8年增长，平均估值45亿美元，领跑全球。

张茅表示，改革激发了百姓投资创业的热情，为打造经济新引擎、催生发展新动力夯实了微观基础。新增市场主体活跃，有利于新旧动能转换，也对扩大就业发挥了重要支撑作用。

“市场主体过亿是我国宏观经济形势稳定良好的标志。”中国人民大学经济学教授吴汉洪说，“我国经济正处于从高速增长转向高质量增长的‘爬坡过坎’期，改革释放了巨大的活力和创造力，为转型发展奠定了坚实基础。”

（三）按关键环节划分

如果是一则情节复杂的新闻，可以把其中各个关键环节挑选出来，分解为不同部分，以揭示新闻的全部内容。

板块结构中各个组成部分的关系是并列的，从新闻价值上看，各个部分的重要程度是相同的。这种结构常常用于综合消息和经验消息的写作中。特别是在综合消息中，报道的具体事实不止一个，需要在新闻中并列地叙述若干个新闻事实，这样就形成了并列式结构。并列式结构的层次清楚，层次与层次之间的关系不是因果关系，也不是递进关系，而是彼此平行的，从意义上说并无主次之分，每个层次都是相对独立的，各层次之间相互补充，共同说明同一个新闻主题。

五、其他结构

（一）并列式结构

并列式结构即把众多主要事实并列叙述，适用于各部分所介绍的事实的重要性相等或相似的新闻，多见于公报式新闻。

如，2020 年 10 月 29 日，新华网刊发了十九届五中全会公报内容，公报中部分内容如下。

全会提出，加快发展现代产业体系，推动经济体系优化升级。坚持把发展经济着力点放在实体经济上，坚定不移建设制造强国、质量强国、网络强国、数字中国，推进产业基础高级化、产业链现代化，提高经济质量效益和核心竞争力。要提升产业链供应链现代化水平，发展战略性新兴产业，加快发展现代服务业，统筹推进基础设施建设，加快建设交通强国，推进能源革命，加快数字化发展。

全会提出，形成强大国内市场，构建新发展格局。坚持扩大内需这个战略基点，加快培育完整内需体系，把实施扩大内需战略同深化供给侧结构性改革有机结合起来，以创新驱动、高质量供给引领和创造新需求。要畅通国内大循环，促进国内国际双循环，全面促进消费，拓展投资空间。

全会提出，全面深化改革，构建高水平社会主义市场经济体制。坚持和完善社会主义基本经济制度，充分发挥市场在资源配置中的决定性作用，更好发挥政府作用，推动有效市场和有为政府更好结合。要激发各类市场主体活力，完善宏观经济治理，建立现代财税金融体制，建设高标准市场体系，加快转变政府职能。

（二）沙漏结构

它是倒金字塔结构和正金字塔结构的组合，把新闻中关键的事实按照重要性堆叠到开头或开头几段，接下来的内容则按照事件发生的时间顺序组合，这种结构往往在开头设置一个疑问或矛盾冲突，悬而不决，因此又称悬念式结构。

如下面这篇刊登在 2019 年 3 月 20 日《海南日报》上的获得第三十届中国新闻奖二等奖的文字消息。在第一段记者就设下悬念“为何有如此大的反差？”吸引了读者的注意力，而在后面的内容中记者一步步进行解释。

海文大桥没路灯照明？省交建局解释：避免灯光太亮导致候鸟撞灯杆

赞！这座桥为保护越冬候鸟装矮灯

本报海口 3 月 19 日讯（记者邵长春 通讯员张璐）海文大桥（铺前大桥）于 3 月 18 日正式建成通车，立即成为海南新的地标建筑物，很多群众甚至连夜赶赴海文大桥，想一览大桥灯光下的美丽夜景，但发现海文大桥并未设置高杆的路灯照明。

事实上，海文大桥只是在护栏处设置了低矮的照明设施，这与灯火辉煌的海口世纪大桥形成鲜明对比，为什么同为跨海大桥，照明设施居然有如此大的反差呢？

对此，省交通工程建设局相关负责人解释，海文大桥是公路桥而非市政桥，但是它建成后已成为海南岛最大的跨海大桥，其高达 180 米的主塔及桥梁整体面貌，使得大桥具有潜在的景观价值。但由于大桥位于冬候鸟重要的越冬地，大桥如果进行景观亮化，将对区内及周边鸟类带来严重影响，“此前有专家反映，灯光太强、太高，建好后候鸟可能会往灯杆上撞。同时也会扰乱候鸟的作息。”

事实上，省交通运输厅在大桥建设前就专门邀请相关院校专家对东寨港一带湿地红树林与鸟类影响专门做了评估，专家们认为，为保护周边鸟类，海文大桥作为位于冬候鸟越冬地的公路桥，不应设立路灯等照明系统，不应以任何理由对该大桥做景观亮化工程，而应以低矮的灯光或荧光导航条作为车辆行驶的导航标识，避免对鸟类的干扰。

据悉，海文大桥紧邻海南东寨港国家级自然保护区，最近距离仅为 80 米。

为了保护湿地，让这群特殊“居民”免受打扰，其实早在海文大桥施工期间就对灯光进行了严格管控，夜间施工在照明设计上没有采用高挑的照明设施，而是直接在栏杆柱安装低矮的灯光设施，此举就是为了避免灯光对东寨港的候鸟体内导航机能造成干扰。

（三）车辐式结构

它以一个中心事件或事物为纲，其他事实像车条一样辐射出去。这种结构适用于报道比较散的事件。这种结构多见于工作通讯。刊登在 2020 年 12 月 1 日《工人日报》上的消息《越寒越火，冰雪市场进入热季》，记者以冰雪市场为总纲，随后在消息中介绍了“冰雪运动”“冰雪产业”以及“专业人才”，这几个方面的内容都是以标题中的冰雪市场为中心而辐射出来的。在此不加赘叙。

思考与练习

1. 消息背景材料有哪些类别？有些什么作用？
2. 如何安排背景材料在消息中的位置？
3. 消息主体有些什么功能？
4. 消息结尾的方法有哪些？
5. 倒金字塔结构的优缺点有哪些？
6. 华尔街日报体有哪些特点？

Chapter 9
第九章　新闻跳笔

第一节　新闻跳笔及其特点

任何一种文体都有属于自己的基本笔法，新闻写作所使用的笔法是多种多样的。一般的写作，尤其是文学写作中的基本笔法，比如叙述、描写、抒情、议论等，在新闻报道中同样作为基本笔法被广泛使用。还有一些写作技巧，如排比、倒叙、插叙、伏笔、悬念、拟人、比喻、夹叙夹议等，在新闻写作中也都是不可少的。我们先看这篇获得第二十八届中国新闻奖的消息。

创造港珠澳大桥的“极致”

世界最长海底隧道“最终接头”二次“精调”实现毫米级偏差

港珠澳大桥海底隧道工程近日完成“最终接头”的安装，已经可以步行穿越了。昨天，记者来到这条世界最长的海底隧道采访，除了兴奋之外，还得到了一个令人震惊的消息：在“最终接头”成功安装后，还进行了一次耗时34小时“返工”式的精密调整，最终误差缩小到了“毫米”，建设者们说：“我们没留遗憾”。

港珠澳大桥海底隧道是世界最长的海底深埋隧道，沉管总长度5 664米，由33节混凝土预制管节和1节12米长的“最终接头”组成。其中，“最终接头”所采用的“小梁顶推”技术和装备为自主研制并属世界首创。

5月2日，“最终接头”在10多位外国专家和99名媒体记者的见证下，在28米深的海水中实现成功安装，南北向线形偏差控制在正负15厘米的标准范围内，实现了“日出起吊、日落止水、滴水不漏”的奇迹。

欢呼祝贺过后，最终接头的线形偏差引起了争论。“港珠澳大桥是120年设计使用寿命的超级工程，就像之前曲曲折折的33根沉管安装一样，这一次也绝不能留下任何遗憾。”3日早上，中国交通建设股份有限公司总工程师、港珠澳大桥岛隧项目总指挥林鸣提出了一个大胆的想法——重新安装调整。

“这么好的结果，我反对再调整！”决策会上，“最终接头”止水带供应商荷兰特瑞堡公司工程师乔尔表示，“虽然止水带仍然可以再压缩一次，但是为了精调一个方向，就可能将这些来之不易的完美重新置于不确定性之中，一旦发生碰撞，不仅损失超亿元，甚至会造成重大事故”。

上午10时许，多方讨论的结果是“偏执”占了上风。乔尔被这些为了精益求精而甘愿承担极大风险的中国工程师情怀而感动，他感叹“这是一个非常艰难的决定”。

4日晚8时43分，执着的大桥建设者们经过34小时的奋战，将“最终接头”的线形偏差成功缩小到东侧0.8毫米、西侧2.5毫米。

“这就是我想要的结果。”一天没上厕所、连续34个小时没合眼、指令发出上万次的林鸣终于笑了。“在我参与的15座沉管隧道建设中，这个是最棒的，没有之一，港珠澳大桥是世界造桥技术的最高体现。”乔尔感慨万千。

荷兰隧道工程咨询公司TEC是世界沉管隧道领域的佼佼者，曾笑称“中国企业不会走路就想跑”。5日，该公司发来贺电，向精准完成这一世界级难度安装的工程建设者们致敬。

贺电中说："中国建设者的最终接头施工方案，是对世界沉管隧道技术的重大贡献。"

（来源：《珠江晚报》，2017 年 5 月 11 日。）

在读完这篇消息之后，我们的脑海中浮现了许许多多的画面，这些画面跟随时间的变化而不停变换，读这篇消息就像是在看一部画面十分丰富的电影，而这种阅读感觉正是来源于新闻报道特有的文风，也就是说来源于新闻笔法，通常我们称这种笔法为"跳笔"。

在新闻写作中，跳笔是最典型也是最重要的一种行文方法。所谓新闻跳笔，就是指在新闻写作中，对新闻事件的叙述和描写，不是按照事件发生的先后顺序和逻辑顺序进行详尽、面面俱到的叙述和描写，而是把不太重要的情节、片段和段落省略掉，简练概括地勾勒出新闻事件，从而达到特定的艺术效果。

那么，新闻跳笔有何明显特征呢？我们不妨从下面这则新闻报道中去感受和分析。

革命圣地延安告别绝对贫困

陕西省政府 5 月 7 日宣布，延安市延川、宜川两县退出贫困县序列。这标志着革命圣地延安的贫困县全部"摘帽"，从此告别绝对贫困，226 万老区人民开启奔向全面小康的新生活。

"延安告别绝对贫困是值得载入史册的大事！"延安大学马克思主义学院执行院长谭虎娃说，一代代中国共产党人带领人民的接续奋斗，在延安开花结果。

延安地处黄土高原腹地，沟壑纵横、生态脆弱，历史上极端贫困。美国记者埃德加·斯诺在《西行漫记》中，曾将这里描述为"我在中国见到的最贫困的地区之一"。

84 年前，党中央到达陕北后，开始了一系列伟大探索，延安成为中国革命的圣地。巍巍宝塔山，滔滔延河水，见证了中国共产党为中国人民谋幸福、为中华民族谋复兴的奋斗历程。新中国的成立，改革开放的春风，给延安带来巨大的变化。党的十八大以来，以习近平同志为核心的党中央对延安脱贫致富、加快发展关怀备至。近 4 年来，中央和各级财政累计向延安投入扶贫资金达 62.5 亿元，有力推助了当地告别绝对贫困的步伐。

在党中央关心和全国人民支持下，延安干部群众众志成城、奋力拼搏，以"村村过硬、户户过硬"的要求，打响脱贫攻坚战。精准推进产业扶贫、就业扶贫、生态扶贫等"八个一批"工程，因地制宜、因村因户因人施策，选派 1 784 名第一书记、1 546 个驻村工作队、3.74 万名干部进村入户开展帮扶，加快培育各具特色的扶贫产业……一系列扎实有力的举措，让宝塔山下再换新颜。

如今的延安，贫困人口"两不愁三保障"基本实现，农村基础设施全面改善，脱贫基础日渐坚实。老区人民精神焕发，正为开创全面小康的美好生活而接力奋斗。

（来源：新华社，2019 年 5 月 7 日。）

这篇新闻报道对新闻跳笔笔法的运用相当明显，记者并非按事件发生的先后顺序和逻辑顺序对新闻事件进行详尽、面面俱到的叙述和描写的，而是省略了不太重要的情节、片段、段落，对重点信息加以重点阐述，其中重点阐述了扶贫成果、地区背景、历史探索、扶贫过程、美好期冀，体现了新闻跳笔运用中"事件逻辑的跳跃"，即不按事件发展的先后顺序、逻辑顺序写作，省略非重要情节，只概括事件轮廓；也体现了"文字、语句的跳跃"，即不过分注意文字、上下文间的衔接性。如文中第三段介绍了背景："延安地处黄土高原腹地，沟壑纵横、生态脆弱，历史上极端贫困。美国记者埃德加·斯诺在《西行漫记》中，曾将这里描述为‘我在中国见到的最贫困的地区之一’。”然后第匹段跳到党的探索：“84 年前，党中央到达陕北后，开始了一系列伟大探索，延安成为中国革命的圣地。巍巍宝塔山，滔滔延河水，见证了中国共产党为中国人民谋幸福、为中华民族谋复兴的奋斗历程。”句子间、段落间跨度大。文章每一段字数控制合理，不至于拖沓。读者在阅读时，每一段绝对可以一气读完，从而在短篇幅报道中获得大量新闻信息。从这篇经典的新闻作品中，我们可以看出，新闻跳笔具有两个明显特征。

第一，从文体结构上来看，它是短段落、多段体，类似于蒙太奇手法。蒙太奇手法是在电影制作中，拼贴、剪辑的方式。蒙太奇手法一般包括画面剪辑和画面合成两方面。同样，新闻跳笔要达到电影制作中的蒙太奇效果，就不能够长篇大论，必须要简短明快，每一个短段落表述一个主题，用多分段和短段落来划分内容。如上文中，文章用短段落和零散的材料服务于“延安告别绝对贫困”这一中心思想，达到“短篇幅大世界”“形散神不散”的效果。

第二，从文字顺序上来看，它主张断裂、跳跃。与一般文字作品所要求的注意上下文衔接、具有连贯性、讲究起承转合等不同，新闻跳笔主张“跳”，在语句间进行表意的转换、跳跃。句与句之间，段与段之间有跳跃，使得每段甚至每一句都可以含有信息点，从而多角度为读者反映新闻事实。文似看山不喜平，跳跃性大可以使文章波澜起伏，形成一种动感，使读者读起来心潮波动，容易产生认同感。

第二节 新闻跳笔的作用

一、增强新闻作品的吸引力

新闻跳笔，更符合当代读者的阅读习惯。跳跃式行文，能够使读者产生新奇感，且留下思考和想象的空间，能够帮助读者达到准确、快速获取新闻信息的目的。这种笔法，不仅经常出现在通讯写作中，而且如果在短消息中运用恰当，也能起到让人“耳目一新”的效果。跳笔要求段落短，而且每段讲清楚一件事。这种叙述方法便于读者集中注意力，即便读者阅读受到干扰，一时停顿，回头再看也不必花费很多精力去寻找“接读”的地方。同时，长篇大论很容易引起读者的阅读疲劳。“跳笔”使得每一个小段落形成一个阅读兴奋点，而多段则形成多个阅读兴奋点，段与段之间的停顿既给了读者休息时间，又以下一个兴奋点刺激读者，使他有兴趣，并保持足够的阅读耐力继续阅读直到将整篇报道读完。另外，运用跳笔写作的新闻报道，被排在报纸的版面上，黑白相间、疏密有致，容易让读者“一见钟情”。

二、使新闻节奏明快，更立体化呈现新闻事件

记者运用跳笔写作时，不必为文章的“起承转合”费心，他只需集中那些最有新闻价值的事实，一段一段来写，没有新闻价值的都可省略，无须过渡与衔接。跳跃性地报道一

件事，当然比按部就班地叙述快得多。“文如看山不喜平”，以这样的行文结构叙述事实，段与段之间实现了跳跃式的推进，文章自然波澜起伏，而且有一种动感，体现出新闻报道明快的文风。

记者通过运用写作技巧，以及“跳笔”的行文方式，就能写出一篇生动的消息，读者读起来很解渴，很过瘾。如果直接交代新闻事实，不通过跳笔来设置悬念，那这篇新闻只是一篇平平的工作报道。

三、增加新闻的信息含量

运用跳笔，每写一个段落，就提供了一个角度或者一个侧面的事实，这样多个角度变换和组合，就实现了消息内容丰富且有立体感。句与句之间，段落与段落之间的跳跃，留下了空间与停顿，有空间就有容量，容量大可提供的信息量就大，给予读者想象与思考的空间就大。在某种意义上说，思考的空间中包含着潜在的结论，即潜在的信息。而这个停顿也很重要，它给了读者思索、回味的时机，有利于读者对新闻信息的理解。

四、是新闻写作中的“舞蹈艺术”

从上面两篇新闻作品中我们可以看出，“新闻跳笔”在整个新闻写作过程中，的确有“四两拨千斤”的功效，运用得体，事半功倍，能够增强新闻的可读性、生动性和画面感，它确实是新闻写作中含金量较高的写作手法。堆砌材料讲述如流水账，是很难在读者群中留下深刻印象的，这正如看山，要有起伏，有绵延的状态，要有曲线的延伸，有不“平”之处，才有吸引力和张力。在一篇报道中，如果经常使用跳笔，文字就会始终处于“变化”之中，犬牙交错，动感强烈，句与句之间的跨度加大，报道变得魅力四射。

新闻名家艾丰曾经称新闻写作艺术在某种意义上说是“舞蹈的艺术”，它是讲求跳的，跳得好，就成了高超的写作技巧。如今，在自媒体时代，这种犬牙交错的讲述，更加符合阅读群体的心理期待，具有很强的现实意义和可操作性。

第三节　如何运用新闻跳笔

一、新闻跳笔的运用方法

（一）多段落，并且每一个段落尽可能地短小精悍

段落布置得当是任何优秀文字作品必须具备的特点。在新闻写作中，短段落、多分段是新闻跳笔的基本方法。美国《全能记者书》中要求，记者在进行新闻写作时每一段字数最好不要超过 75 字，并且不要超过 4 个句子。虽然这样的规定是否合理还有待商榷，但是这也反映出新闻写作中短段落、多分段的重要性。一篇新闻报道需要为受众提供新闻最

本真、最全面的面貌，需要让受众爱看乐看。长篇大论很难使读者保持持久的注意力，同时也弱化了新闻信息的传播效果。但需要注意的是，段落过多也会给人造成零碎之感，降低人们的注意力。所以，在新闻写作过程中，也要结合文本内容和结构的具体情况合理划分段落。

（二）运用“蒙太奇”手法

在上文中我们提到，新闻跳笔类似于电影制作过程中的“蒙太奇”处理手法，重点着墨镜头感很强或与主题有紧密联系的情节、场面、细节，突出最具新闻价值的信息，使稿件最大限度地与受众的心理相契合，实现与受众的顺畅沟通。在新闻报道中合理使用“蒙太奇”手法，把新闻事件中的多个场景进行分镜头组接，这样可以有力增强新闻报道的现场感、真实性和条理性。在新闻写作中如果能很好地运用跳笔手法，不但可以增强新闻文本的可视性，还可以形成一种快节奏的叙述和简洁明快、文简而义丰的文风，增强新闻文本的可读性。

（三）跳跃式的断裂行文特征

跳跃式断裂行文不追求行文的起承转合，而是允许句与句、段与段之间有较大跳跃，形成内容上的跳跃性。在具体写作过程中，可不必拘泥于时间或事件发展脉络等形式逻辑，可按照内容上的内在逻辑性，依据主题需要，以新闻价值为标准，对新闻材料重新排列组合，使新闻文本在内容上呈现一种“形散而神不散”的状态。这种跳跃式断裂行文方式不仅可以减少形式逻辑对作者的束缚，而且无须按照严格的过渡与衔接行文，不必再为文章的起承转合而煞费苦心，也会不断地给受众提供亮点，使其不断收获新鲜感，产生继续阅读的兴趣。

二、新闻跳笔的运用规则

首先，叙述事实。不同于诸如文学作品的叙述，新闻跳笔最大的特点是概括，即抓住整个事件过程的主线，用最经济的笔墨，把事件陈述清楚，而不必详细叙述事件的细枝末节。这样写出的稿件就会给人以干净、利落的感觉。所谓轻跳，就是要避开细枝末节，始终沿着新闻事件的主干“蹦跶”，径直达到事件的终端。轻跳，即表示不能跳得太远，否则会衔接不上。

其次，起承转合。写作中，如何把上下文和上下段连接起来，是颇费脑筋的事。许多人为此花费了不少心血，有的还未必能解决好。在新闻写作中，同样会经常遇到此类问题，解决不好，就会陷入起承转合的“旋涡”不能自拔，出现该转折时迟迟不转，该收笔时总也收不住的“垃圾文字”。运用跳笔，在起承转合时省去过渡语句甚至段落，快速跳到下面内容中，是解决这一问题的好办法。

最后，结果显现。新闻事件的结果是最重要的。读者关注新闻事件的时间、地点、人物等要素，但更关注结果。在新闻写作中，当主要事件的过程叙述清楚后，就要迅速把事件的结果告诉读者。如果结果迟迟出不来，就会使人产生厌倦心理，影响阅读情绪。从叙述主要事件的过程到迅速引出结果，需要大跳。

案例分析一：

沂蒙老区驶出首班“复兴号”

11：50，临沂北站，看着银白色G5587次列车缓缓驶离，74岁的庞建云有点怅然若失。

今天，庞老汉起了个大早，从临沂市兰山区枣园镇赶了10多公里路，盘算着趁早能买上票。没想到，更多人比他还心急。因为高铁开通，沂蒙老区的人们像是在过年。

鲁南高铁日照至曲阜段26日正式通车，G5587次“复兴号”成为驶出沂蒙老区的第一班高铁列车。这条线路横贯沂蒙腹地，将莒南、蒙阴、费县等多个“红色摇篮”串成一线，接入全国高铁网。至此，沂蒙老区迈入“高铁时代”，在全国著名的革命老区中走在前列。

2013年11月25日，习近平总书记在临沂考察时叮嘱当地干部，让老区人民过上好日子，是我们党的庄严承诺，各级党委和政府要继续加大对革命老区的支持，形成促进革命老区加快发展的强大合力。2014年4月获国家发改委批复、2016年12月开工的鲁南高铁，正是落实总书记殷殷嘱托的生动实践。

与未能买票上车的失落相比，G5587次列车开启的是欢乐之旅。车厢里，帅小伙宋统全捧出99朵火红的玫瑰，向女友孙佰艳求婚。作为中国铁路济南局集团有限公司的员工，他与女友爱情长跑8年，3次因鲁南高铁建设工期紧张推迟婚期。近3年的建设期，2万余名铁路建设者日夜奋战，终于圆了老区的高铁梦。

中铁十四局鲁南高铁项目部工委主任丁宇翔说，鲁南高铁也是沂蒙群众“用小车推出来的”，体现了“水乳交融、生死与共”的沂蒙精神：村民张加全腾出刚装修的工厂做项目指挥部，分文不取；不少村民主动砍掉自家果树，像当年支援前线一样支持建设一线。

设置在临沂的5个站点中，厉家寨站引人注目。几十年前，厉家寨人愚公移山、整山治水“是一个好例”。如今，近九成村民种植的樱桃是厉家寨脱贫攻坚的支柱产业，已有3万亩规模。过去交通不便，厉家寨樱桃很难闯出名堂。高铁的开通带来新希望，厉家寨已提前布局，吸引高端人才，蓄力打造樱桃采摘与红色旅游相结合的乡村游。

临沂市去年基本完成脱贫任务，又将今年确定为脱贫攻坚“巩固提升年”，高铁将成为1 000多万沂蒙老区人民的致富路、幸福路。

得益于公路运输专线多、线路长、辐射广，临沂素有“商贸物流之都”的美誉，但其独缺高铁这一环。“物流之都插上高铁双翼，将会迎来新的腾飞。”以物流为主业的山东顺和集团董事长赵玉玺说。

“人人那个都说哎，沂蒙山好……”车厢里，《沂蒙山小调》第三代传唱人宋守莲即兴献唱，引来大家同声相和，列车在歌声中驶向远方。

（来源：《大众日报》，2019年11月27日。）

这篇经典的新闻作品中，记者运用新闻跳笔，给我们展示了很多场景与人物。首先，文章句子结构十分灵活跳动，段落简短，段与段之间的跳跃性较大，由一个场景跳到另一个场景之中。如第一段描写了庞建云老汉，第三段介绍了鲁南高铁日照至曲阜段通车的背景材料，第四段讲2013年11月25日，习近平总书记在临沂考察时的叮嘱。记者对不同场景的描述将读者带进了不同的时间和空间之中，记者借不同人物的故事和话语从侧面突显主题意义，如庞老汉赶早买高铁票、铁路建设者宋统全向女友求婚、鲁南高铁项目部工委主任丁宇翔的评价，这些也给读者提供了更多新闻细节。记者采用简洁的叙述为读者勾勒出了一个个场景，自然流于记者笔端的这些文字，让读者读后犹如品到了味道醇厚的美酒，回味无穷，由此增加了读者对祖国交通运输发展的认同感和自豪感。

此外，“11：50，临沂北站，看着银白色 G5587 次列车缓缓驶离，74 岁的庞建云有点怅然若失。” “‘人人那个都说哎，沂蒙山好……’车厢里，《沂蒙山小调》第三代传唱人宋守莲即兴献唱，引来大家同声相和，列车在歌声中驶向远方。”这些描述，仿佛清风徐来，给人以流畅自然的感觉，好像读者亲临现场。一个个片段，一个个画面，记者对新闻跳笔的自如运用给读者留下了深刻印象。

另外，文章中跳笔手法的运用还体现在新闻背景的介绍上，文章中介绍了习近平总书记在临沂考察的相关背景，如“2013 年 11 月 25 日，习近平总书记在临沂考察时叮嘱当地干部，让老区人民过上好日子，是我们党的庄严承诺，各级党委和政府要继续加大对革命老区的支持，形成促进革命老区加快发展的强大合力。2014 年 4 月获国家发改委批复、2016年12月开工的鲁南高铁，正是落实总书记殷殷嘱托的生动实践。”穿插背景，断裂行文，记者力求突出读者最感兴趣的新闻事实。这种叙述策略，既言之有物，又将事件真相的探寻置于理性框架内，使整个新闻报道显得更有分量、深度和高度。同时，这种叙述策略一方面达到了叙述新闻事件的目的，另一方面也增强了新闻的生动性、现场感和代入感。这篇荣获中国新闻奖的新闻作品体现出新闻跳笔在消息写作中的重要功能和作用。

案例分析二：

这篇新闻报道篇幅较短，但信息量极大，段落与段落之间跳跃幅度较大，每段凸显不同的信息。简短段落之间跳笔的运用，不仅减小了读者的阅读负担，也让读者最大化地接收到了有效信息。

昔日摆床堆柴禾 今朝架设光伏板 吐鲁番房顶之变乐百姓

“因为天气太热，以前我们把床铺摆在房顶上睡觉；现在天气再热，我们也在家里睡觉。看看我们房顶上的变化，就知道我们的生活有多幸福了！”9月28日，指着房顶上的光伏板，吐鲁番示范区居民阿依仙木古丽·热合曼乐呵呵地说。（文中以吐鲁番示范区居民阿依仙木古丽·热合曼的直接引语为起点，借他人之口引出吐鲁番实现集中供热供冷的新闻主题。）

吐鲁番是著名的旅游胜地，旅游文化底蕴深厚，其中吐鲁番十八怪之一的“床铺摆在大门外”，讲的就是在这座中国最干、最热的城市里，居民为纳凉，夜晚纷纷选择睡在房顶上、院子里。（第二段则使用新闻跳笔手法，描写了吐鲁番的旅游地位，从人物直接引语到介绍背景，段落段意之间跳跃幅度较大，文章节奏更加明快，新闻主题更加立体。）

住上夏季集中供冷的房子，是很多吐鲁番居民的渴望。（从上一段的背景介绍直接跳到描写吐鲁番居民的需求）为满足人民群众追求更美好生活的需求，吐鲁番市加快绿色发展步伐，发挥吐鲁番丰富的光热、地热优势，率先在全国范围内打造绿色、低碳、宜居的新能源建设示范区，采用光伏发电、地源热泵等新技术，为居民家中提供清洁能源，集中供热、供冷。（这里记者集中交代了吐鲁番市为满足人民需求建设示范区所做的努力，新闻句式简短有力，但信息量极大，每一句都不可或缺。本段字数较多，说明是本文重点段落，记者对信息点的安排合理，对具有新闻价值的信息点进行了较多报道，而对没有新闻价值的烦琐细节则省去不写。）

如今，吐鲁番示范区已经实现集中供冷，在炎炎夏季里，近5 000户居民尽享凉爽、舒适。（短短 38 字写清楚了吐鲁番示范区建设成果，让读者收获更多信息。）

房顶的变化，给示范区居民何先生带来了满心欢喜：“即便室外是 45℃的高温，但我家室内始终保持着25℃的温度，舒适宜人！”（本段借居民之口，表示居民对建设成果的认可，从客观数据描写到使用人物直接引语，记者的叙述使得文章内容更具说服力和吸引力，也从侧面拉近了与读者的距离，使得文章更具人文关怀。）

吐鲁番示范区紧邻葡萄沟国家5A级景区。远远望去，数百栋楼房整齐排列，房顶上光伏板熠熠生辉，形成了吐鲁番一道新的旅游风景线，吸引了众多游客参观。（本段介绍了吐鲁番示范区建设对当地旅游业产生了促进作用，还对场景进行了详细描写，把读者带到了另一个空间。）

人气足、财气旺、居民乐、商家笑，（句式简短且格式整齐，记者用短短12字形象且准确地概括了吐鲁番示范区建设成果。）吐鲁番示范区居民享受到了绿色低碳发展的成果，收获了满满的幸福感！

（来源：《吐鲁番日报》，2019年9月30日。）

本文字数较少，但信息量极大。从居民评价到背景介绍再到建设成果介绍，全文采用断裂式行文手法，不同的段落凸显不同的新闻信息，内容主次分明、详略得当，主题高度集中和概括，使读者读完全文对整个新闻有了一个全貌性的了解。

思考与练习

1. 新闻跳笔有何作用？
2. 如何运用新闻跳笔？
3. 分析自己的消息习作，考察新闻跳笔的运用情况。

Chapter 10
第十章　事件性消息写作

▶ 第一节　事件性消息概说

▶ 第二节　事件性消息的写作

第一节 事件性消息概说

一、事件性消息的定义

事件性消息也称事件性新闻，它是以一个独立的新闻事件为核心而展开的新闻报道。它十分强调新闻的时效性，其新闻价值与生命力和及时性密切相关，要求迅速地反映新闻事件的发生、发展过程。事件性消息包括大量的动态消息和现场特写性新闻等。

事件性消息报道有两种常见的角度：一种是对事件的面貌或场景进行横断面式的报道，如一些小特写、现场短新闻等；另一种是对事件发生、发展过程的纵深式报道。

二、事件性消息的重要性

现实生活由许许多多的事件构成，而事件本身具有明显的易变性。所以，以事件为核心的新闻报道特别容易引起受众关注。事件性消息在新闻报道领域占据着重要位置，是新闻报道中不可缺少的一部分。在新闻报道中，大部分消息属于事件性消息，像我们常见的动态消息、特写消息等都可归为事件性消息。

2018 年 10 月 28 日 10 时 08 分，重庆市万州区一辆 22 路公交车在万州长江二桥桥面与一辆红色小轿车发生碰撞后，坠入江中。之后的所有新闻报道都是根据此事件展开的，无论是之后事件原因的分析，还是救援活动的报道，“公交坠江”就是一切新闻报道的源头，是其他一切新闻报道的根。可以说，如果没有此事件，这些新闻报道都是无法开展的。

（一）报道事件是新闻的基本使命

事件性消息在新闻报道领域具有重要作用，这是由事件本身的特性决定的。事件本身容易变化，而变动的东西对人的吸引力更强；同时，事件都有其原始的戏剧性，更能引起受众的关注。

事件本身具有明显的“变”的特点，容易引起受众关注；事件本身程度不同地具有典型性的特点，具有典型示范、典型示警的作用。

新闻事业本身就具有传播信息、报道新闻的基本功能。人们需要通过大众媒介来了解身边发生的事情，来调整自己的行为去适应这个社会的变化，而大众媒介通过传播信息、报道新闻来满足受众的这个心理。

大众媒介更多的是通过报道一些事件来满足受众的监测心理，所以事件性新闻在新闻报道中的作用也就不言而喻。事件性新闻可以使读者及时了解身边事情的动向，或者知晓远处事件的信息。

（二）事件性消息使报纸更具动感和活力

动感隐藏在事件的发生及发展过程之中，没有事件支撑，描述如死水一潭。有时，一则消息，编辑挖空心思都制作不出一个标题，这类新闻的死结在于根本就没有什么事件，更谈不上制作标题了。

某些社会事件甚至比虚构的小说和戏剧更奇特，这大大增强了报纸的动感和活力，也使报道更能吸引受众的注意力。比如在 2017 年，澎湃新闻报道了“快递员为了求得客户原谅下跪道歉”这样一则事件性消息，受众看了这则消息都非常同情该快递员，认为是客户太苛刻。但是随后几天，澎湃新闻又报道了“客户因快递员下跪遭到网友的人肉谩骂”的消息，受众又反过来同情客户了……将这样戏剧性的社会事件做成消息能让报纸更具动感和活力，所以说，新闻事件中蕴含着丰富的戏剧性矿藏。正是基于此，各类新闻媒体都把“事件”作为自己重要的报道内容。如果新闻媒体能制作好事件性消息，那么媒体的报道每天都是鲜活的，每天都是动感十足的，每天都是充满新闻的不确定性，让人不断感到阅读的愉悦感。

（三）事件性消息使报纸更具新鲜感

新闻的“新”，不仅指时间新近，还指内容上的新鲜。对于事件性消息来说，内容上的新鲜则主要指事件的新鲜。事件性消息的第一要义是要有事件，而社会生活中，每天都有最新的事件发生，事件性消息写作就是要抓住这些最新的事件进行写作，并最终采用独特的报道方针和报道立场，把最终的产品呈现给受众。

对于受众而言，他们也需要持续不断地了解现实生存环境的变化，而这种变化就反映在现实生活中发生的种种“事件”上，事件性消息中的“事”就是环境变化的一部分。事件性消息一直以来都是新闻媒体关注的焦点，尤其在新媒体时代，受众的生活节奏和阅读节奏加快，如果媒体发布的内容受众感受不到新鲜感，那么，受众的目光就会转向其他媒体。

（四）事件使新闻含金“量”更高，避免空洞

如果说写作格式是新闻的骨架，那么内容就是新闻的血肉，而事件是构成“血肉”的重要成分，能使一则新闻更加丰富多彩，含金“量”更高。当然，所谓“量”并不是说报纸版面上的事件性新闻越多越好，而是说要以事件性新闻为基础，用多种新闻形式来使报纸版面更加丰满。

事件作为新闻报道的来源和基础，是受众最喜欢接收的信息。受众需要借助新闻媒体的报道来了解外部世界的新变化新特点，以此来改变自己的行为以适应这个世界。

事件具有客观性，是实实在在的东西，是不以人的意志为转移的。所以，新闻媒体报道事件性新闻不会让受众感觉空洞，相反，能让受众获得真实感。当然，这个真实并不是说新闻报道一定是真实的，由于种种原因，会有一些虚假新闻出现。这不仅仅是记者本人的问题，还是社会的问题。这个真实感的意思是让受众感觉很实在，不至于太空洞，不是空谈大道理。受众对空洞的报道是很厌烦的，如果一家报纸经常发布一些大而空的新闻，久而久之，受众就会离它而去。

三、事件性消息的分类

消息是报道事件的首选体裁，因为它具有广泛的适用性，可在真实准确的原则下用概括性手法描述各类新闻事件。通常，事件性消息可分为动态消息、简讯、现场特写等。因具体情况不同，还可进一步分为突发性事件和可预见性事件。

（一）动态消息

动态消息是报道“事件”的主要方式，是消息体裁的“正宗”。它是“迅速及时地反映世界最新变动的新闻报道的统称”，以事物的最新动态为报道对象，具有事物发生和发展进程的新鲜感和动态感。动态消息所涉范围极广，包括自然社会的各个领域、各个角落、各个方面，而我们常常谈论的消息，主要指的就是动态消息。所以，动态消息一直以来是消息诸体裁中被使用次数最多、最具时效性的一种体裁，也是最受读者欢迎的新闻体裁之一。

我们研究动态消息，需要注意它有以下几个特点。

1. 一篇消息只写一件事

上文说过，动态消息要迅速及时地报道国内外正在发生或新近发生的新闻事实，这就要求它必须着眼于“现在”，着眼于刚刚发生或正在发生的事件。动态信息的报道重点限定在事发当时的这个时间段，所以内容也比较单一。当然，动态消息中也需交代必要的背景，不过这些背景大多还是为“事件”服务的。

动态消息以一个独立事件为主体，即一事一报，既可以突出信息的简要，又可使篇幅短小精悍，从而保证时效性。

2. 强调“客观笔法”

动态消息的功能主要在于传递信息，告之以事，它相当于西方新闻界所说的“纯新闻”——“一种不加评论等主观色彩、原原本本报告事实的新闻。”与新闻评论以及其他分析性新闻不同，动态消息只需要用事实说话，而读者对它的期待也仅限于此。所以，为了让大部分读者都能够接受这个“事实”，写作动态消息必须尽可能运用客观笔法，来提高新闻的可信度。

3. 更注重时效性

动态消息的任务是将新近发生的事实传达出去，让其他类型的报道能基于动态消息而展开。客观而言，这样的分工让动态消息必须把时效性放在首位。传统的新闻价值表明，发生时间距读者获知时间越近的事件，或者，越是处于变动中的事物，读者对它的兴趣就越大。而动态消息就是以反映“变动”为己任，为此，动态消息必然以时效为第一生命。

请看下面这条消息。

今天，京张高铁延庆支线通车！
北京市区半小时就到八达岭长城

根据铁路运输调整通知，今天，京张高铁延庆支线及延庆站新建站房开通运营，同期，北京市郊铁路 S2 线也将利用新建站房恢复延庆站运营。

今天清晨 6 点整，G8881 次复兴号列车从北京市清河站出发，历经 26 分钟后抵达京张高铁延庆站，这标志着京张高铁延庆支线正式通车。自此，到延庆的时间从近 2 个小时的车程压缩为最快 26 分钟。延庆支线将与已通车的京张高铁构成北京市区往返 2022 年北京冬奥会延庆赛区的高效便捷通道，人们与冬奥赛区的距离进一步拉近。

清晨 6 点，G8881 次复兴号列车从清河站缓缓开动，虽然乘客并不是很多，但大家都透着兴奋劲儿，拿起手机、相机拍照记录开通时刻。来自北京语言大学的大一学生陈艺天是一位铁路爱好者，昨天第一时间得知消息，他就在官网上购买了首班列车的票。

"最大的感觉就是快，6 点 26 分从清河抵达延庆站，7 点 26 分再乘坐第一班回京列车，7 点 58 分便又返回清河了。与以前去延庆动辄近 2 个小时的车程体验全然不同！"陈艺天兴奋地说，整个行车过程没有急转弯，也没有速度不稳，体验很好。

目前，京张高铁延庆支线共开通五对复兴号列车，其中两对列车在北京北站与延庆站之间往返，途经清河站，三对列车为清河站与延庆站两地间往返列车。北京北站至延庆站最快仅需 40 分钟，最低票价为 35 元，清河站至延庆站最快仅需 26 分钟，最低票价为 26 元。

随着本次京张高铁延庆支线的通车，延庆正式纳入北京市"半小时经济圈"，有效加强北京市区与延庆之间经济联系，改善沿线地区交通运输条件。

2019 年 12 月 30 日，北京至张家口高速铁路开通运营，京张高铁的两条支线：崇礼铁路和延庆支线，均为北京 2022 年冬奥会重要交通配套设施。

其中，开往太子城的崇礼铁路已与京张高铁同步开通。延庆支线自京张高铁八达岭西线路引出，终点至延庆站。延庆支线线路全长 9.33 公里，其中桥梁长度 2.6 公里，设计时速 160 公里，设延庆站 1 座车站。从北京开往张家口方向的列车，经过八达岭长城站后将沿延庆支线向北，到达延庆站。

延庆站换乘中心于 2018 年 12 月正式开工，位于原延庆站北侧，集高铁、市郊铁路、公交、出租车、自行车等多种交通工具于一体，已于今年 7 月建设完毕。延庆支线开通后，将有效加强北京市区与延庆间经济联系，改善沿线地区交通运输条件，与已建成的京张高铁构成北京市区至冬奥会延庆赛区的高效便捷通道。

（来源：《北京日报》，2020 年 12 月 1 日。）

2020 年 12 月 1 日，京张高铁延庆支线通车。面对这一重大事件，《北京日报》的记者一早奔赴北京市清河站，坐上京张高铁一路前往延庆，见证京张高铁延庆支线首次通车的历史性时刻。

这篇动态消息很生动直观地给我们展示了动态消息所具备的三个特点。首先，这篇新闻稿以"京张高铁延庆支线通车"这个独立事件为主题，一事一报，没有评论性等旁枝内容，突出了新闻信息的精要。其次，客观笔法的运用。该文通过使用时间对比方法和引用乘客的话，来反映京张高铁的高效便捷，京张高铁的开通不仅对当地的市民来说意义重大，更是为北京 2022 年冬奥会提供了便利。最后，对于该新闻的时效性，我们从新闻发布的时间可以看出，12 月 1 日正式通车，在通车的第一时间，北京日报社记者分别通过《北京日报》App、微信公众号等即时推送现场报道内容，网络点击率持续走高，并被众多网友纷纷转发，产生了巨大的社会效应。京张铁路延庆线的通车不仅助力了延庆融入北京半小时生活圈，有效加强了北京市区与延庆间经济联系，同时，该线与京张高铁构成了北京市区至冬奥会延庆赛区的重要轨道交通通道，是冬奥工程的重要配套交通设施。

（二）简讯

无论是印刷媒体还是电子媒体，都少不了简讯。简讯是信息传播的重要手段之一。简讯是压缩的产物，它的原型大多是一般的消息，由于当天报纸版面的限制，或者由于版面填空的需要，消息被压掉了一些内容，成了简讯。

由于这样的形成过程，简讯一个最大特点就是“简”。随着信息时代的到来，网络媒体不断发展，人们使用简讯的频率还在增加，简讯将更加受到重视。从字数上看，简讯比“一句话新闻”要长，但又比一般的消息短。简讯大多几十个字，长则一二百字。三言两语，是简讯的基本表现方式。

简讯“简”的这个特点不仅表现在内容简单，还表现在结构单一。简讯大多有标题，但正文一般不换行，就只用一个自然段解决问题。正是由于内容和形式的简单，有的学者形象地称它为“单细胞新闻”。例如下文。

嫦娥五号探测器成功发射

11 月 24 日 4 时 30 分，我国在中国文昌航天发射场，用长征五号遥五运载火箭成功发射探月工程嫦娥五号探测器，火箭飞行约 2 200 秒后，顺利将探测器送入预定轨道，开启我国首次地外天体采样返回之旅。这是长征五号遥五运载火箭发射。

（来源：新华网，2020 年 11 月 24 日。）

（三）现场特写

现场特写也称新闻素描或者特写性消息，它用“再现”的手法来进行写作，以反映现场情景为主。现场特写大多文字简练、篇幅短小，属于简笔勾勒。通常来说，现场特写有以下几个特点。

1. 文章结构灵活多变

一般的动态消息结构比较规范，“倒金字塔”成了通用的铺排方式。不少现场特写也是有概括性导语的，为了照顾读者急于获得新闻信息的心理，这些导语都难摆脱倒金字塔结构。但是，在主体部分，大多数现场特写不会受倒金字塔结构的束缚，记者一般按照时间顺序来组织内容，描写也都是依照事情进展、现场变化的先后顺序进行的。所以说，相对于一般的动态消息，现场特写的结构更加灵活多变。

2. 描写好典型细节

细节传神，即指通过最具代表性的细节，传达现场特有的气氛，传达新闻事实中只可意会的内涵，这是现场特写写作的最高境界。现场特写中的典型细节，既包括事件现场的景物，也包括人物的神情状态，后者尤为重要。

3. 用自然、准确的文字再现事物本色

描写性消息，尤其是现场特写，其特点都是诉诸视觉，记者总是希望借助绘声绘色的文字，感染并打动读者。有些记者往往使用色彩过浓的形容词进行夸张、渲染。这种做法适得其反，它会使新闻失真，损害描写性新闻的客观性。所以，现场特写需要采用白描手法，去粉饰、勿卖弄、少做作，要精选恰当的词语，描绘出真实的新闻场景，用自然、准确的文字再现事物本色。

请看下面这篇现场特写。

习近平首次沙场阅兵 号令解放军向世界一流军队进发

7月30日上午，在庆祝中国人民解放军建军90周年阅兵中，中共中央总书记、国家主席、中央军委主席习近平发出新形势下的强军号令——把英雄的人民军队建设成为世界一流军队。

这次以庆祝建军90周年为主题的阅兵，是习近平首次在野战化条件下沙场阅兵，也是解放军整体性、革命性改革重塑后的全新亮相。在朱日和训练基地参加实战化训练的1.2万名官兵，走下训练场、即上阅兵场，以战斗姿态接受检阅。

9时整，检阅式开始。雄壮的阅兵曲中，习近平乘坐野战检阅车，依次检阅地面方队和人员方阵。

“同志们好——”“主席好！”“同志们辛苦了——”“为人民服务！”习近平的亲切问候振奋军心，受阅官兵的响亮回答声震长空。

这次阅兵打破以往礼仪式阅兵惯例，不安排徒步方队和正步行进，不安排军乐团、合唱队，没有群众性观摩，所有装备不作装饰，体现出浓浓的“野味”“战味”。

沙场阅兵是解放军贯彻实战要求、聚焦备战打仗的体现。2013年，习近平鲜明提出：“建设一支听党指挥、能打胜仗、作风优良的人民军队，是党在新形势下的强军目标。”习近平对军队反复强调要能打仗、打胜仗。

9时30分，200余名官兵护卫着党旗、国旗、军旗通过检阅台，拉开分列式序幕。17架直升机组成“八一”标识，24架直升机汇成“90”字样飞过天空。陆上作战、信息作战、特种作战、防空反导、海上作战、空中作战、综合保障、反恐维稳、战略打击9个作战群，按作战编组、以空地一体的形式依次通过检阅台，接受检阅。

这次阅兵，600余台（套）受阅装备近一半为首次公开展示，多种新型作战力量登场亮相。今天，解放军已从过去的单一军种发展成为诸军兵种联合、具有一定现代化水平并加快向信息化迈进的强大军队。

10时许，习近平发表重要讲话。他指出，我们比历史上任何时期都更接近中华民族伟大复兴的目标，比历史上任何时期都更需要建设一支强大的人民军队。

习近平号召全军官兵，深入贯彻党的强军思想，坚定不移走中国特色强军之路，努力实现党在新形势下的强军目标，把我们这支英雄的人民军队建设成为世界一流军队。

讲话结束时，全场响起热烈掌声，经久不息。灼灼烈日下，装甲铁阵昂首挺立，蓄势待发。

历经90载风雨征程的解放军，开启了迈向世界一流军队的新征程。

（来源：新华社，2017年7月30日，获第二十八届新闻奖一等奖。）

“200余名官兵护卫着党旗、国旗、军旗通过检阅台”“习近平的亲切问候振奋军心，受阅官兵的响亮回答声震长空”……这些现场细节描写让读到这篇文章的人如临其境、如见其人、如闻其声。同时，在文章结构上，这篇文章在主体部分，即后面对阅兵的描写（除去开头的导语）是按照时间顺序进行的，这点我们从文章提到的时间节点上可以看出来。这恰恰证明了我们上文提到的：现场特写的文章结构可以不受倒金字塔结构的约束，比较灵活多变。这样按照时间顺序来写，受众的心情会随着阅兵仪式的推进越来越激动，爱国热情也越来越高涨。这就是按照时间顺序再现场景的好处之一。

第二节 事件性消息的写作

一、事件性消息的写作方法

消息这种体裁是由报道事件起家的。所以说，事件性消息是消息的“正宗”。无论时代如何演变，写好事件性消息，始终是新闻记者的基本功。

（一）关注事件，用事实说话

就新闻的功能而言，传播信息、报道事实是新闻最重要的功能。无论是新媒体，还是传统媒体，其报道新闻都是为了向受众提供他们“应知”“欲知”的新闻事实。新闻只有用事实说话，才能实现这些功能。而对事件性消息来说，“用事实说话”最重要的就是要抓住“事件”本身，全面客观进行报道。

把重心放在“事件”上，把新闻事件如实地告知受众，真实地展现新闻事件的本来面貌，这是事件性消息写作的要领。因此，事件性消息的写作应从实际出发，全面客观地描述事实的状态、特征、变化、内在的因果关系及事物之间的联系，从而使写出的事实符合实际；而不应该从主观意愿出发，任意摆弄客观存在的事实，或以主观意见代替客观事实。在事件性消息的写作过程中，要注意的是：新闻写作者应忠实记录并如实描述、如实呈现事实的原貌，不能以一己之利或一己之见决定取舍，对有争议的事实和观点，都要予以呈现。

当然，事件性消息写作中要体现“用事实说话”，也是有技巧可言的，我国新闻界学者根据中外新闻界的写作经验，概括出以下几点。

1. 一般采用第三人称写作，少用第一、第二人称

因为用第三人称报道新闻，更能给人以客观、公正的印象。而采用第一、第二人称，用“我”“我们”或“你”“你们”的口气写作，很容易给受众留下自吹自擂的印象，似乎记者在报道本单位的事情，或在向对方说教，容易引起受众反感。当然，写新闻报道不能绝对排除第一、第二人称，也不完全反对“我”“你”等字眼出现在报道中。我们应根据具体情况，采用恰当的人称来写作。

2. 记者不宜直接发表议论

在写事件性消息时，记者少直接发表意见和议论，忠实地叙述新闻事实，让事实本身出来说话。西方新闻理论主张，“新闻是单纯的记事，意见必须与新闻明确地分开”，“新闻不能包含没有出处的评论”。

3. 要冷静地叙述，不要过分形容

记者在报道新闻事实时，要以平静的语气叙述新闻事实，控制使用感情色彩鲜明的词。如报道中提到某人干了一件不光彩的事情时，应直接叙述他的行为，而不要使用诸如“跳出来”“抛出一个”“疯狂地”“肆无忌惮地”等带贬义的词。在报道某一先进典型时，应尽量用感人的事实说话，而不要过多地使用带赞颂语气的形容词，应叙述事实，而不是去美化事实。

4. 应忠实地叙述事实的过程和结果，不要轻易做结论、下断语

如报道某指挥员有指挥能力，应写“他有几十年指挥作战的经验”，而不宜写成“他是一个十分称职的指挥员”。如报道某学生学习刻苦，可写成“他每天学习到深夜，很少利用休息时间看电视”，而不宜写成“他学习一直十分刻苦努力”。

5. 要注明消息来源

所谓消息来源，是指为记者提供消息的人、单位或地方。消息来源是新闻事实的一部分。如：“据《人民日报》报道”“国家统计局昨天提供的统计资料表明”“据张厂长介绍”，等等。交代消息来源，可使受众了解新闻事实的来路，表明记者所报道的新闻事实是某权威部门、权威人士或知情人士提供的，有据可查，从而增加新闻报道的客观性和可信度。

（二）从全局角度审视事件性质

任何事物都不是孤立存在的，而是相互联系的；任何事物都是矛盾的统一体，可以一分为二的。因此，在事件性消息写作过程中，应从事实的全部总和中去把握事件，从事实的相互联系中准确地描述事件，要从事实全局审视事件的性质。

为此，新闻写作者应做到：对事件发生、发展及变化的来龙去脉，对其中重要细节的描述要力求完整详尽，防止仅从局部或根据片段来说明事件；对事件不能孤立地只看到其中的一个侧面，应以多维的视角观察事件的各个层面和侧面，并做出客观分析；要从事件的总和以及事件的相互联系和发展中把握事件，准确了解所写的事件在相关事件中所处的地位，不能简单地任意选取事件，以偏概全。

社会生活中事件与事件之间都有着普遍联系。如果我们不顾及这些联系，不从事实的总体上去把握事件，只是孤立地看问题，那就必然会产生片面性，不能准确客观地反映社会实际，这也是我们在写事件性消息应该避免的。

（三）多源求证，深入调查，确保信息真实

真实准确是写事件性消息最基本的要求。新闻是为了满足社会的信息需求而存在的，社会需要的是真实的新闻，虚假新闻会误导受众，严重的还会危及媒体机构的公信力和政府的信誉。所以，在进行事件性消息写作时，要按照事件的本来面目实实在在地记录，不允许虚构想象、粉饰夸张。

事件性消息是要告诉受众发生了什么事，怎么发生的，有什么影响等，所以，一旦报道失实，事件性消息就失去了价值，生命也就终止了。对于事件性消息写作，要确保消息的真实准确就要做到以下几点：第一，所写的事件必须是客观存在的。事件所发生的时间、地点，事件的情节、过程和结果，事件所涉及的人物以及他们的语言、容貌等，都必须是可以查证的；第二，对事件的写作必须真实准确。事件是什么性质就是什么性质，不夸大、不缩小、不粉饰、不歪曲；第三，不仅要求写作具体事件要坚持真实准确原则，而且要求在整体上和相互联系上，也要客观全面，符合实际。

二、事件性消息写作应注意的问题

（一）事件要交代清楚

尽管不同体裁的新闻报道，写作的重点是不一样的。但是对于事件性消息，清楚明了地报道事件内容，是其写作的第一要求。一般而言，事件交代不清楚主要有以下几种情况：第一，缺少新闻要素，事件的轮廓不清楚；第二，忽略了某些必须交代的细节，令事件模糊不清；第三，事实的具体内容、事件的来龙去脉交代得不够具体。

事件交代清楚，可以说是事件性消息写作最基本的要求。如果事件交代不清楚，就会让受众感到迷惑不解。一个新闻事件如果缺少了某些新闻要素，比如，缺少发生的时间或者缺少发生的原因，受众在看新闻的时候就容易“出戏”。观众“出戏”是演员最不希望看到的情况，因为这就意味着该演员的演技有待提高。同理，如果受众在看一篇新闻报道的时候发生了“出戏”的情况，只能说这篇报道缺少了吸引受众的要素，这同样意味着写作该报道的记者的水平有待提高。

如果一篇报道缺少事件发生的原因，受众容易自己脑补发生的原因，这种情况导致的结果是十分危险的。尤其在互联网时代，人人都有麦克风，如果新闻报道缺少了原因要素，受众就会自己脑补事件发生的原因，并且很快将脑补的东西传播出去。而主观想象出的原因多数是错误的，所以这就可能造成谣言的产生。

因此，在报道事件性消息的时候，一定要写清楚事件的基本要素，把事件交代清楚。这既是对受众的尊重，也是防止谣言产生的有效措施。

（二）文章要具有深度，勿做表面工作

事件性消息的采访和写作一般很讲求时效性，记者为了抢时间很可能把消息做得很浅显。记者应该是观察家与思想家，能够透过事件的表面现象看到事件本质，能预见它的影响，然后记者用准确的语言将事件的意义、自己的发现告诉读者，这样，消息才会有思想性、有深度。

事件性消息报道的事件往往是突发性的，非常讲求时效性。但是，在追求时效性的同时，不能就事论事，而是要站在全局的高度去做文章，让读者深刻认识到事件的重要性。

在互联网时代，网上充斥着太多没有价值或者浅显的报道。这种报道虽然符合大多数网民的口味或者接受水平，但是，并不利于媒体的发展，尤其是不利于传统媒体的发展。当下，受众更倾向于使用电子媒介接收或者观看信息，而这些信息往往是碎片化的、浅显的，那么，能够写出具有深度的事件性消息的媒体，就拥有了一个可以存活下去的特别优势。

媒体应该充分利用自己的这一优势。事件性消息写得有深度，不仅可以使受众清楚地知晓事件发生的时间、地点，事件中的人物，事件发生的过程，而且，还可以使受众了解事件发生的原因，以及产生的影响。有些高质量的深度报道，记者会将此事件与其他事件相联系，发现其中的共同点或者不同点，使新闻更有深度。

（三）以人为中心，见事见人

《新京报》“我们视频”的副总经理彭远文曾在受访时指出，“我们视频”的价值观

是人性——关注新闻中的人并把人作为最高价值。

对于新闻而言，“人”的重要性不言而喻。读者关注事件，实际上也是关注人。采写事件性新闻，不应该忽视人的要素。就事论事不好，见事不见人也应避免。

事件性消息要以人的命运为焦点报道事件，观察事件结果对人可能产生的影响，反映人在事件中的活动、心态，以此丰富事件性消息的内涵。事件性消息虽然以事件为基础，但是，报道的中心或者关注的核心依然是人，人才是一则新闻报道的核心。

以人为本，在新闻报道中依然成立。无论是事件性消息还是非事件性消息，新闻媒体所做的报道都是为受众服务的，都是为影响受众，或者为受众提供最新的信息，或者为受众提供社会的最新变化，或者为受众提供广告内容。而在互联网时代，以受众为核心的特征表现得更加明显。新闻媒体从最初的追求最大数量的受众群体，到目前的精准传播，亦称小众传播，种种变化，都是为了提高受众体验。

（四）要慎重报道突发事件

在事件性消息报道中，有一类比较特殊——突发事件。在事件性消息里，突发事件的报道占很大比重。而这类事件性消息由于很受受众的关注，很容易成为媒体的“卖点”。记者在写作时，稍不注意，很容易受到情感的支配，出现报道偏差。此外，突发事件具有突发性、不确定性、多样性、非常规性等特点，这些特点都决定了突发性消息的写作或者报道要有一套独特的手法和机制。

所以，在进行突发性事件写作或报道时，记者要十分谨慎。第一，不要煽情。19 世纪末西方的“黄色新闻”就惯用煽情的方式来报道新闻。但是，作为一个有责任的媒体人，应该理性地反映突发事件，尽可能摒弃煽情的做法。第二，不要无意中传播作案手段、泄露破案方法。有些新闻，对罪犯的作案手段或警方的破案方法介绍得过细，结果，客观上给坏人起到了“传授”和“提醒”的作用。因此，在犯罪新闻的写作上，最好不要详细叙述过程，在敏感问题上要有防范意识。第三，注意保护当事人的名誉权、隐私权。报道恶性事件时，尤其是犯罪新闻，写作中容易涉及当事人，特别是受害者，不小心可能就侵犯了受害者的名誉权、隐私权。所以，记者要有很强的人权意识，要保护受害者的名誉权和隐私权。除了保护受害者，对小偷小摸之类的初犯、有犯罪嫌疑但是未定案的人，记者都要谨慎叙述，防止对他们造成二次伤害。第四，关注事件成因。报道突发性事件，不仅是为了传播警惕性信息，还是为了总结、吸取经验教训。从后者的角度来讲，不满足于事件报道的“一次性”，追究、揭示事件的成因，提出普遍性的问题，是记者义不容辞的责任。

三、事件性消息案例分析

丰满水电站原大坝开始爆破拆除

“5、4、3、2、1，起爆！”随着爆破指令发出，一团烟尘伴随着“轰”的一声从丰满水电站原大坝上升起，爆炸引起的微澜在尚未封冻的松花湖面上漫散开来。

昨日 10 时 58 分，我国运行时间最长的拦江水坝拆除施工正式启动，其遗址将与新建大坝一起构成松花湖上“一址双坝”的世界奇观。

国网新源公司副总经理、丰满大坝重建工程建设局局长路振刚说：“对百亿库容、百万装机大型水库的百米高坝实施爆破拆除，这在国际水电史上还是第一次。”

爆破声宣告了丰满水电站原大坝完成了历史使命。从此，吉林市“头顶一盆水”的安全隐患被彻底消除，有“中国水电之母”之称的丰满水电站也将因新坝建成而迈入绿色发展的新阶段。

丰满水电站是中国第一座大型水电站，始建于 1937 年。从 1943 年首台机组发电运行至今 75 年来，这座传奇的大坝为中国水电事业发展做出巨大贡献。1953 年发行的第二套人民币 5 角纸币的正面图案就是当时亚洲第一高坝——丰满大坝。

这座高 91.7 米的大坝，因设计缺陷等多种原因，一直存在安全隐患。大坝虽经过加固，但安全隐患始终没能彻底消除，2007 年，被国家电监会评定为“病坝”。

2012 年 10 月 29 日，经国家有关部门核准，丰满水电站全面治理（重建）工程奠基，这项中国水电史上第一个大型水电站重建工程正式开工建设。

承担重建工程的中国水利水电十六局组织精干团队，经过近 6 年建设，一座全长 1 068 米、最大坝高达 94.5 米的碾压混凝土重力坝，横亘于原大坝下游 120 米处。同时，原坝体拆除工作也进入施工倒计时。

丰满大坝经历沧桑，饱经岁月，素有“中国水电博物馆”之誉，保留价值极大。经专家论证，原大坝右侧 306 米、左侧 90 米作为工业遗产保留，中间部分将拆掉 27.5 米高的坝体。

大坝拆除采取分台阶、分层次、松动爆破方案进行。爆破采用先进的数控精细化爆破技术。此项技术的应用有效降低了飞石、震动、冲击波等有害爆破效应。

昨日进行的首次爆破，成功地松动了长 18 米、宽 13 米、高 4.2 米的坝体。爆破产生的碎石按预定方向倾泻到新老两座大坝之间。

据现场负责人介绍，他们将实施 100 多次爆破，全部拆除工作计划于明年 4 月完成。

（来源：《江城日报》，2018 年 12 月 13 日，获第二十九届新闻奖三等奖。）

丰满水电站原大坝爆破拆除，是一个极具新闻性的事件。在众多媒体的报道中，这篇消息没有把视角局限在事件本身，而是从历史的纵深与未来的展望中回应社会关注。

丰满水电站素有“中国水电之母”之称，其重建工程是振兴东北重要工程，对东北电网安全稳定运行、松花湖景区旅游业发展都具有巨大而深远的影响。原大坝爆破拆除是国际上首次对“百亿库容、百万装机大型水库的百米高坝”实施爆破拆除工作，受到国内外人士广泛关注。

从新闻价值五要素来评判，该消息具有很高的新闻价值。这条“昨日”新闻层次清晰、语言生动、表述准确全面，在突出“时新性、重要性、显著性”的同时，通过写入“头顶一盆水”隐患解除、第二套人民币图案、一址双坝等背景增添了新闻的贴近性和可读性。总体而言，该事件性消息不仅信息丰富，背景穿插得体，而且事实叙述简洁，是一篇非常不错的消息。

思考与练习

1. 如何写作事件性消息？
2. 写作事件性消息应注意哪些问题？

Chapter 11
第十一章　非事件性消息写作

▶ 第一节　非事件性消息概说

▶ 第二节　非事件性消息的写作

随着经济社会的飞速发展，人们的思想逐渐进步，对新闻的关注度也逐渐提高。除了上一章讲解的事件性消息，是人们在日常生活中常关注的对当下发生的事件的报道，新闻报道的另一种基本类型——非事件性消息也越来越受到广泛关注。

非事件性消息，是相对于事件性消息而言的。它报道的并非是突发的、时效性强的事件，而是侧重对多个事实的归纳，时间跨度大，没有完整情节。非事件性消息与事件性消息二者存在许多共同特点，如都讲究适时性，注重客观真实，以人为本等，但非事件性消息也有其自身的独特性，需要深入研究和剖析。

第一节　非事件性消息概说

一、非事件性消息的含义

非事件性消息，指的是对社会现象、社会问题、社会发展成就、可供参考的方法和信息等事实进行报道的消息类型。非事件性消息注重揭示事物变化过程中某些带有规律性的内容，综合归纳多个事件或者事实，具有新闻性，以写实为主，表现方法上描述、概括兼而有之，是一种透视性的新闻报道。

记者写作非事件性消息的目的是通过对一段时间内或若干空间里发生的诸多事实的综合反映，来揭示带有分析性、启发性的总体情况、倾向或经验等。请先阅读一篇获得中国新闻奖的非事件性消息，并结合此案例来分析非事件性消息的特点。

17 名教师同出一家　40 年培养万名山娃

本报讯（记者 范文龙 李彦水）5 月 3 日，记者赶到位于太行山深处的平山县卷掌村李书亭家时，这个“教师之家”正在编修特殊家谱——《李家教师谱》。改革开放 40 年来，老李家共出了 17 位教师，全部扎根深山，先后培育上万山里娃。

17 位教师中，65 岁的李书亭资格最老。“我从北冶中学毕业后有仨选择：到乡放映队当放映员，到县交通局当办事员，到乡中当老师。”在李书亭的记忆中，那时乡亲们日子都过得很苦，这让他深深感到“只有学到文化才能挖掉穷根”。于是，他毅然选择了当老师，一干就是 40 年。

卷掌村村民把孩子的教育看得很重，常说“嘴拱手扒也得供娃上学”。可是在中华人民共和国成立前，经济落后，民不聊生，孩子们根本念不起书。中华人民共和国成立后特别是改革开放后，乡亲们逐渐过上了好日子，娃们也高兴地背起书包走进学堂。村里尊师重教的氛围日益浓厚。该村 150 户先后走出 35 位教师，被誉为“教师村”。这 35 位教师中，李书亭这家子占了近一半。

记者走进李书亭家堂屋，当地党委、政府颁发的“教师之家”牌匾挂在最显眼处，一尘不染。李书亭说，他的爷爷、父亲、大伯都没文化，很羡慕有知识的人，发誓一定要让下一辈识文断字。孩子们也争气，长大都成了知识分子。他父亲这支，儿子辈出了 2 位教师，孙子辈出了 10 位教师。李书亭亲大伯家，儿子辈出了 2 位教师，孙子辈出了 3 位教师。17 位教师中，有 5 对夫妻，6 位共产党员，5 位校长。乡亲们都夸老李家“一代更比一代强”。

言传身教，耳濡目染。李书亭的儿子和女儿都当了老师，儿子李彦子现在是下口镇中心学校校长。“家有半斗粮，不当孩子王。”李彦子说，但那是老话了，“十年树木，百年树人”才是硬道理。他们粗略算了算，几十年来，全家17位教师共培育了上万名山里娃。

“我希望今年考上一个师范类大学。”李书亭五弟李春海的儿子李泱泱正在县里上高三，这个一脸稚气的高中生深受家人影响，希望做李家第18位教师，续写《李家教师谱》。

老李家几十年教书育人，成果不小。李玉法是李书亭教过的学生，当过记者，开过公司。两年前，他毅然回到卷掌村当了第一书记，带领乡亲们搞旅游开发、协调道路修建，昔日的贫困村发生了很大变化。像李玉法一样，受李家教师培养成才后又反哺家乡的不在少数。

今年，中共中央、国务院印发了《关于全面深化新时代教师队伍建设改革的意见》，提出“兴国必先强师”。在李书亭看来，这是教育领域改革的大事件。中央对教育越来越重视，教师地位不断提高，大家坚守三尺讲台、甘为人梯的心劲儿更足了。

（来源:《石家庄日报》,2018年5月6日,获第二十九届中国新闻奖文字消息类三等奖。）

1. 行为主体宽泛

这篇消息没有明确的行为主体，它呈现的是河北省石家庄市平山县卷掌村李书亭家族，改革开放40年来，共培养出17位教师，这些李氏教师全部扎根深山，为山区儿童普及知识教育的事迹。这篇报道的行为主体并不是具体的哪一个人，反映的是整个平山县卷掌村李氏家族乃至整个被称为“教师村”的卷掌村，这其中既包含今年65岁从教40年的李书亭，也包含希望做李家第18位教师的高三学生李泱泱，行为主体非常宽泛，无法具体指明究竟谁是行为主体。

2. 事实发生的时间、空间概念模糊

这篇消息的时间跨度是40年，跨越了改革开放以来的40年，直到现在仍然在继续发展。空间跨度可以说涵盖整个卷掌村甚至更广，小到李书亭家悬挂当地党委和政府颁发的“教师之家”牌匾的堂屋，大到整个卷掌村甚至是其中所涉及的每个个体所处的整个空间，空间跨度非常大。综合来看，报道中没有明确具体的时间和空间范围，时空概念相对比较模糊。

3. 报道内容较广泛

非事件性报道往往报道的是一条战线、一个系统、一个地区或几个地区的工作经验、教训、问题等，反映一种社会现象、一种规律，因而缺乏具体的发生、发展过程。首先，这篇消息呈现的是河北省石家庄市平山县卷掌村这一地区，一户李姓家族走出17位人民教师的事迹，反映的是社会中尊师重教、奉献教育事业的良好社会风尚。因为涉及的时空范围比较大，记者也就省略了具体的发生发展过程，只是呈现一个大的概貌。其次，报道是以国家教育领域的大政方针为出发点进行的书写，因而不只是表现新闻本身的内涵，更多是传达一些更深层次的东西。

二、非事件性消息与事件性消息的对比

在国外，有人习惯于把事件性消息称为“有截稿时间限制的报道”，把非事件性消息称为“无截稿时间限制的报道”。事件性消息和非事件性消息，二者作为新闻报道的基本

类型，都注重以人为本，本质上都是为受众提供新闻信息，但二者的侧重点各有不同，下面以两篇典型消息作品为例，来对比分析事件性消息和非事件性消息的区别。

【事件性消息】

福建漳州一餐饮店坍塌数人送医

16日晚6点多，位于福建漳州市芗城区家芗0596小区广场的“喜盈门”餐饮店出现店内局部框架坍塌，有食客和服务员被砸伤，数人送医治疗。事发后，公安、120、辖区街道办事处等部门人员赶赴现场处置。

据事发现场视频显示，突然塌落的是内部装修的屋檐造型木作半吊顶，事发时，恰逢用餐高峰期，事故导致造型上的瓦片掉落，造成两桌用餐客人受惊吓和轻微伤，已全部送往医院检查处理。目前伤者确认分别为一家四口和一中年男子。其中，一家四口人已回到家中（两个小孩有一人受惊吓但没有受伤，一人皮外伤已包扎，其母亲头部受伤经CT检查后没发现问题，父亲皮外伤已包扎)。另一名中年男子的腿部被割伤正在处理，没有大碍。

据该餐饮店业者肖先生介绍，该店尚处试营业阶段，当晚6点左右，店内前台一名工作人员由于发现网络异常，下意识拔了拔网线想要调试，却没想到网线是固定在店内天花板上的，结果将安装在天花板上的琉璃瓦装饰扯了下来，砸在了店内。

目前，事故发生的具体原因，有关部门尚在调查中。

（来源：央视新闻客户端，2020年11月17日。）

【非事件性消息】

兰考“焦桐”意外长成“摇钱树”

本报讯 记者李忠峰报道 50多年前，县委书记的榜样焦裕禄带领兰考人民大量种植泡桐；半个世纪后，兰考泡桐成了当地百姓发家致富的“摇钱树”。据估算，今年仅制作民族乐器的产值就将超过20亿元。

河南兰考横卧黄河故道旁，上百年来风沙、内涝、盐碱，曾是当地百姓难以忘却的伤痛。20世纪60年代，为防风治沙，焦裕禄在这里带领群众种下大量泡桐，人们亲切地称之为“焦桐”。泡桐生长迅速，有“一年一根杆，两年粗如碗，三年能锯板”之说。

20世纪80年代，一位上海乐器师傅偶然发现，泡桐板材适合做乐器的音板。而长在兰考沙土中的泡桐，纹路清晰，音质奇佳，被誉为“会呼吸的木材”，在全国独一无二。这一发现，让不值钱的泡桐一下子身价倍增。

这位乐器师傅在堌阳镇徐场村找到了木匠代士永，此后，代士永成为乐器厂家的原材料供应商。深入接触后，代士永发现乐器成品售价不菲，决心独立办厂。1988年，他从上海、扬州高薪聘请了几位师傅，在兰考开办了第一家民族乐器厂，公司从小作坊起步，逐渐发展壮大。

许多在乐器厂打工的村民学会手艺后，也开始自己办厂。十多年间，制作各类民族乐器的大小工厂在徐场村遍地开花。目前，全村105户共有乐器厂82家、从业人员1 200多人，年产古筝、古琴等民族乐器12万多台/把，年产值达到1.2亿元。全国古琴市场每年生产15万台/把，其中徐场村生产9万台/把，占市场份额的60%。而整个堌阳镇共有民族乐器及配件企业187家，规模以上企业16家。

目前，用兰考泡桐作原料的民族乐器产业已成为该县的特色产业。对这个意外形成的特色产业，兰考县政府从多方面进行了积极扶持，让特色更特。2017年以来，重点从信贷、工业用地、品牌扶持、科技创新等多方面进行了支持和激励。

兰考县民族乐器行业协会会长汤二法告诉记者，全国 95% 的高档民族乐器的板材都采用兰考泡桐。目前，兰考县约有 600 多万棵泡桐树。为了源源不断地提供桐木资源，近年来兰考已流转 1 万亩土地种植优质泡桐，未来 3 年，还计划流转土地 2 万亩。

世世代代的庄稼户，放下镰刀，拨起琴弦；一棵树，成就一方产业，成为农民的“绿色银行”。棵棵泡桐正谱写着兰考新时期发展的美妙乐章。

（来源:《中国财经报》,2019 年 8 月 29 日，获第三十届中国新闻奖文字消息类三等奖。）

通过阅读两篇消息作品，我们可以发现，《福建漳州一餐饮店坍塌数人送医》所报道的事件为突发性事件，注重新闻报道的时效性，就事论事，新闻的要素齐全，只对突发事件作简要概述，并且事件还仍在进展当中，更为细节性的信息需要在后面的报道陆续呈现。《兰考“焦桐”意外长成“摇钱树”》报道了河南省兰考县民族乐器产业成为当地农民脱贫致富的产业，这些乐器由于采用“焦桐”作乐器板，音质奇佳，受到市场的欢迎。50 多年前，“县委书记的榜样”焦裕禄带领兰考人民大量种植泡桐，人们亲切地称之为“焦桐”；50 多年后，兰考泡桐成了当地百姓的“摇钱树”。文中涉及大量的新闻事实，没有非常明显具体的时效特征，报道详细介绍了兰考泡桐制作民族乐器的由来、乐器产业发展历程、取得的巨大成就以及当地政府的扶持措施、发展规划等。事实和数据说明，兰考泡桐当之无愧地成了当地群众的“绿色银行”。

通过上述两篇消息，我们能够明显察觉到事件性消息和非事件性消息在时效性、系统性、目的性等方面存在明显差异。为清晰直观，笔者特以表格的形式简要分析二者的差异。

表 11-1　事件性消息与非事件性消息对比

对比维度	事件性消息	非事件性消息
时效性	争分夺秒将消息发出，讲求迅速及时	讲究适时，而不是快速，一般在时效性上没有太多要求
系统性	偏重于偶然性、突发性，消息内容是独立的事件，只对事件本身进行报道	侧重于经验总结，内容系统全面、可以是多个事件的融合，不一定是新近发生的事件（最好以最新事件为由头）
目的性	就事论事，使读者了解最新发生的事件及其进展	记者带有主观目的去搜集材料，融合材料形成某种知识经验以服务大众
主题选择	采访前无明确主题，事件本身就是主题	主题明确，注重选择社会关心的与人紧密相关的主题，根据主题选择资料及采访对象
内容呈现	客观反映新近发生的事件，关于该事件对社会的意义由受众自己思考	将总结好的内容直接传达给受众，达到服务目的
背景材料	事件性消息往往成为之后的非事件性消息的背景资料	一般情况下，非事件性消息更注重对背景材料的运用

总体来看，二者的目的都是反映客观事实，服务大众。事件性消息侧重于反映现在，而非事件性消息既可以总结过去，又能够预测未来，服务范围更广，影响更持久。

三、非事件性消息的价值

在今天媒体的版面或网页上，非事件性消息所占的篇幅逐渐增多。从客观层面来看，这与媒介技术的进步、媒体自身的倾向性以及媒体间竞争加剧等因素有关；从主观层面来说，非事件性消息所具有的独特魅力和传播价值也在发挥着重要作用。

（一）满足读者信息获取需求，拓宽新闻报道范围

随着社会的进步和传播技术的发展，媒介化社会逐步推进，人们渴望通过媒介了解外部世界，获得更多新闻信息。事件性消息虽然仍占据当前媒体版面的半壁江山，然而单纯报道新闻事件已经远远不能满足读者的获得更多信息的需求，人们希望了解更多的新闻信息，非事件性消息正是此趋势下的产物。

消息体裁的灵活自如，使非事件性消息的报道内容丰富多样。从时间跨度来看，非事件性消息既可以是对过去已经发生的新闻事件的总结，如《十八大以来全国法院再审改判刑案1.1万件》（《新华每日电讯》，2020–10–23）、《农民卞康全一家三代守护五条岭烈士墓70余载 收集836名烈士资料 替98名烈士找到亲人》（《盐阜大众报》，2018–6–29）等；也可以是对未来事件走向的预测，如《疫情加剧南部非洲粮食危机 4 500万人面临饥荒威胁》（《北京日报》，2020–07–29）、《中国新发射卫星有望揭开暗物质之谜》（新华社，2015–12–17）等。就其所呈现的内容而言，既可以是社会大众所普遍能够觉察到的内容，如《既拥有市民身份又保留农村“三权”，武城农民率先持证带“权”进城》（《大众日报》，2016–11–04）、《安吉九成村庄用上城市物业》（《湖州日报》，2017–12–22），也可以是潜在的、容易被人们所忽略的内容，如《我省工业探寻发展新动力　青海产光纤一年可绕地球325圈》（《西海都市报》，2017–12–02）、《药品集采为患者节支超31亿元》（《江西日报》，2020–11–30）等。可以说，非事件性消息作为新闻报道的“轻骑兵”，在广泛、深入地反映客观现实方面发挥着重要作用。

（二）激发记者能动性，发挥媒体“主体意识”

所谓新闻媒体的主体意识，指的是记者不仅要客观报道新闻事实，对新闻事件进行分析，而且要改变等、靠、要等被动采访的做法，主动搜寻报道题材，根据自身所具备的新闻敏感和职业素养决定“以什么为新闻”，注重在现实社会中发现新闻线索，采写尚未引起相关管理部门重视的社会问题。以此方式，记者才能够在更广阔的领域发现和提取有价值的新闻线索，创新报道形式，发挥新闻报道的舆论监督引导作用。我们以《北京日报》一篇959字的消息为例，来分析非事件性消息中媒体的“主体意识”。

怀柔区汤河口镇后安岭村
污水处理站建成三年未见一滴水

本报讯 农村建污水处理站，本是环保的好事。可怀柔区汤河口镇后安岭村村民反映，他们村的污水处理站建成三年多，村民家的污水也排了三年多，污水站里却始终不见处理过的清水排出来。污水到底去了哪儿?

后安岭村是一个建在白河岸边的新村，灰色的二层小楼整齐划一，村子背山面水，景色秀美。污水处理站就在村委会楼前坡下，面积约20平方米，现场只能看到水泥地面和

几处井盖、两排排气管。井盖上着锁，锈迹斑斑。

污水站下隔着马路就是白河。路面上有一道新修过的痕迹，村民说，这是修污水站时挖开的，下面埋着排水管，出水口就在河边。

记者找到出水口的位置，发现已经被水泥状的垃圾包住，周围杂草丛生，五六步外的河道里还有一处简易鸡舍。这里显然长时间没有排过水。

后安岭村搬迁上楼后发展民俗接待，全村70多户有近一半办了农家乐。记者走进一家看到，厨房、卫生间都有下水管道。户主说，打入住那天起，污水就直排下水管道了。“肯定都进了污水处理站，不处理那还行！这白河可是饮用水水源地。”

村民说污水进了处理站，可处理站里却看不到处理过的清水排出来，那全村的污水都去了哪儿？

z污水没进处理站去了哪儿？“听说是管线出了问题，应该是漏到地下了吧！建设单位也在查，但管道都封在水泥地下，不好查。”一位村干部说。

一个污水处理站建成三年没处理过污水，村民家的污水是否直排到了地下？水务部门对此是否知情？

“这个项目不是我们做的，但这事儿听说了。”怀柔区水务局相关负责人告诉记者，这个项目是工程质量出了问题，但在京郊农村，建成后长期闲置的污水处理站不在少数。

原来，农村污水处理设施都由上级部门出资建设，建成后交给村里运营维护。“村里没有专业人员，哪儿坏了修不了；二是运行维护需要钱，一些村财力有限，就不愿意用。”这位负责人说。

为解决农村大量污水处理设施闲置问题，去年市里出台政策，鼓励区县政府以政府购买服务的形式，把这些设施交给市排水集团统一管理。今年，怀柔区拨付资金1 000万元用于此项工作。

“我们正协调专业机构检修，修好后就移交市排水集团，确保后期能正常运转。”这位负责人说。

希望“专业机构”尽快修好后安岭村污水处理站，不要让白河水源地再喝三年污水。

（来源：《北京日报》，2015年6月29日，获第二十六届中国新闻奖文字消息类三等奖。）

记者在北京市怀柔区采访“民俗村村村都建污水处理站”（正面采访）的过程中，偶然了解到，由于建管分离，一些村虽然政府投资建了污水处理站，但村里缺乏技术和资金，污水处理站并没有正常投入使用，而是白白闲置，既浪费了资源，又影响水质保护。记者认为这是新闻监督的一条好线索，于是顺着深挖，了解到后安岭村的情况最为严重：村民家的污水在正常排放，但污水处理站本身却建成三年并未投入使用。记者通过小村污水处理站“建而不用”，揭示了政府工程的质量问题，农村公共设施建管分离导致的资源浪费、环境污染问题，反映了当前农村基础设施建设过程中普遍存在的现象。这篇非事件性消息既体现了记者具有高度的新闻敏感，也体现了媒体的社会责任感和对政府工作的监督，体现出党报的舆论监督作用。

（三）媒体竞争的重要战场，有助于生产独家新闻

在媒体竞争日趋激烈的今天，突发性事件的发生往往会使大量媒体蜂拥而至，新闻内

容同质化现象日趋严重。虽然独家新闻一直是媒体争夺的焦点，但在新的传播环境下，要抢先发表一家独占的新闻并非易事。在采写绝对的独家新闻越来越困难的情况下，对已知事件深度挖掘便成了采写独家新闻的第三条途径。在尊重事实和调查研究的基础上进行策划和采写的大量非事件性消息，最终成为媒体超越对手的有效武器。

非事件性消息往往会涉及大量的背景材料，背景材料通常涉及某一领域一系列的事件，记者将其按照自己的构思巧妙串联起来，可以使新闻内容更加充实，往往这其中也包含着其他新闻报道所较少涉及的内容，记者可以对这些事实进行深入分析，对众多事实进行概括，不仅仅局限于说明“是什么”，更要对其中的“为什么”和“怎么样”加以阐释，把握本质提炼价值，以给人启示。非事件性消息通过对全局性内容的呈现，来以质取胜，从而占领新闻高地。

（四）导向作用明显，蕴含“读物”抚慰价值

“读物”指的是在报纸或者杂志上刊登的富有趣味性的报道和文章。趣味性是衡量新闻价值的重要指标，也是部分出版物的办刊特色。随着报纸、广播、电视和互联网的不断发展，各类媒体都希望以感性的能真正打动受众的媒介产品来赢得受众。此外，当今社会竞争日趋激烈，人们的生活节奏不断加快，人与人之间的交流逐渐减少，扑面而来的孤独感和焦虑感使得人们渴望读到富有人情味、知识性和趣味性的非事件性消息，以此滋润心灵，获得精神的愉悦。请阅读以下这则消息。

奶奶在家设点支桌 教师上门义务辅导

平罗县灵沙乡“奶奶小课桌”陪护留守儿童

本报讯（记者 连小芳 王玉平 朱立杨）与城里火爆的“小饭桌”相比，散落在平罗县灵沙乡村民家中的“奶奶小课桌”，不但听起来新鲜，下午放学后教师们在这里对留守儿童等学困生一个半小时的义务陪护，更是让一颗颗孤独的心灵得到爱的补给滋养，让缺失亲情的孩子们在人生重要时期健康成长。“奶奶小课桌”在当地传为佳话。

11 月 23 日下午，65 岁的灵沙乡西灵村村民丁桂兰收拾好屋子，把自家的土暖气烧得旺旺的。15 时许，她的两个孙子和平罗县灵沙中心学校其他 9 名小学生相继来到这里。学生到齐后，教师杨小琴开始辅导孩子们做家庭作业。不时有学生举手提问，杨小琴耐心解答，有相同疑问的学生也围上来听讲，小课桌暖意融融。“除了辅导作业，也要及时交流、疏导心理问题，其实更是一种陪伴。”杨小琴说。

去年 9 月，为了扎实开展“不忘初心、牢记使命”主题教育，平罗县灵沙中心学校准备在辖区西灵、统一、先锋三个村设点，对留守儿童、插花移民子女等学困生进行课外陪护和辅导。丁桂兰知情后，主动申请将西灵村辅导点长期设在她家。“校长让俺到学校借桌凳。俺说，老师给娃娃补课一分钱都不要，连俺的一口水都不喝。俺支个摊子有啥难？俺啥都不要。”为了让师生们在冬天暖和一些，丁桂兰还特意在家里安装了土暖气，她的女儿每年还资助 2 000 元取暖费。“俺不识字，但喜欢娃娃们念书，长大后靠文化吃饭。”丁桂兰说。

去年至今，平罗县灵沙中心学校有 22 名学生家长轮流在自家设立辅导点，其中有 13 名像丁桂兰这样的奶奶设点支桌，和值班老师一起，陪护孩子们度过一个半小时的时光，令近百名单亲家庭孩子、留守儿童等学困生受益。

据平罗县灵沙中心学校校长俞炳山介绍，该学校有小学生180名，其中六成为留守儿童。学校29名教师开学期间周一至周四轮流在8个辅导点值守。参加“奶奶小课桌”辅导后，不少学生克服了孤僻、自卑、消极等成长问题，变得开朗、自信、友爱、向上。学生丁某由于父母离异而自暴自弃，自卑、不合群，三天两头请病假。在“奶奶小课桌”，他得到了老师更多的关心、开导，爱和温暖让他变了一个人。如今，他学习认真，抢着参加大扫除、提水等班级劳动。学生马某的父亲常年在外打工，敏感、自卑的她一度不敢大声说话。“奶奶小课桌”让她慢慢自信起来，活泼开朗，积极发言，如今常能看到她落落大方地走上讲台朗读自己的作文。

（来源：《宁夏日报》，2020年11月24日。）

这篇非事件性消息讲述的是宁夏回族自治区石嘴山市平罗县灵沙乡村民在自己家中设立“奶奶小课桌”的故事。为了更好地给留守儿童孤独的心灵提供爱的补给，让缺失亲情的孩子们在人生重要时期健康成长，65岁的丁桂兰将自己家设成留守儿童课后辅导的课堂。并且这不是个例，平罗县灵沙中心学校有22名学生家长轮流在自家设立辅导点，其中有13名像丁桂兰这样的奶奶设点支桌，老师们主动上门承担起义务辅导的责任，这是社会关爱留守儿童的最好体现，同时也为其他地区有效解决留守儿童课后陪护问题提供了经验参考。这篇消息里的故事可以说是社会真善美的真实写照，该消息为受众提供了丰富的精神食粮。虽然该消息篇幅很短，却使人回味无穷，仿佛如一股暖流涌入心田，给人心灵以抚慰。

第二节　非事件性消息的写作

如果说事件性消息是每个记者偶尔能享用到的“美味佳肴”，那么非事件性消息则是记者须臾都离不开的“家常饭”。要想养好身体，还得靠踏实吃好“家常饭”。为此，我们对非事件性消息的写作方法进行详细介绍。

一、概括准确，分析深透

在非事件性消息中，新闻报道涉及的新闻事实一般比较多，写作时记者应该纵观全局，全面掌握报道对象情况，弄清楚事情来龙去脉。非事件性消息比事件性消息难写，难就难在时间跨度大，素材来源众多，事件情节复杂，记者稍有不慎就容易走入片面化和极端化的误区。通常情况下，素材的丰富程度和分析综合的精准程度成正比。记者只有掌握了更为全面的新闻素材，才能高瞻远瞩，看清主流和支流、成绩和缺点、现象和本质，抓住事物的内部规律，准确概括事件。

当然，概括综合也不是对手头掌握的材料进行简单堆砌和现象罗列。有时候虽然掌握的新闻材料很多，但如果不善于深入分析，就无法拎出一条清晰的主线，写成的新闻作品会让读者觉得不得要领。在写作非事件性消息之前，记者要对复杂的生活现象仔细观察，对浩瀚的材料去伪存真，去粗取精，将自身对事物的认识由感性上升到理性，如此，大量表面化的新闻事实才会随着记者认识的不断深入而被赋予思想深度，记者对材料的安排才会有条理和层次，读者才更加容易理解和接受。请阅读一则获得中国新闻奖的消息作品。

城市规划“不折腾” 开发建设“不滥权”

玉山一张规划图“接力”35年

本报玉山讯（记者黄颖、郑荣林）12月21日，玉山县规划展示馆迎来了今年第47批次的省外考察团——河南省新乡市人大考察团。一个县级规划展示馆为何有如此吸引力？站在一幅黑白规划图前，玉山县城乡规划局总工程师柴圣亮介绍，这张1983年编制的玉山县城总体规划图，一直“管”到了现在。35年来，玉山县“守身如玉”，始终按照第一轮城市总体规划确定的蓝图，深挖本土历史文化和自然生态资源优势，如今，一个“滨水聚核，山水抱城”的精品城市呈现在世人面前。

特色，是城市永恒的生命力。1983年，玉山县围绕“生态修复、城市修补”理念，适度超前编制了第一轮城市总体规划，结合玉山的深厚历史文化底蕴和“一面环山、三面环水”独特山水格局，提出了“保护好古迹，提高绿化覆盖率，发展旅游事业”的城市定位。30多年来，玉山始终坚守打造山、水、城、文化共生共融的“山水文化旅游休闲名城”这一目标，城区范围内错落有致建成了9个主题公园，形成“半江青山半江城”的意境。目前，玉山城市建成区绿地率、人均公园绿地面积分别达42.21%、17.2平方米，远高于全国平均水平，成为全省城景合一的全域旅游典范。

对规划的坚守并非是一成不变。35年来，玉山县城市常住人口增长7倍，城市框架扩大近10倍，城市总体规划虽经三次修编，但城市定位、城市空间布局以及注重城市可持续发展的理念始终不变，做好生态修复的同时，不断完善城市功能，打通“断头路”，改扩建学校、医院，擦亮历史文化名片。依托唐代阎立本墓、宋代端明书院、明代古城墙、清代考棚等历史古迹，玉山县修复建设了11公里“一河两岸”城市景观带，串成了一幅“唐宋元明清，从古看到今”的历史风貌图。

“所有项目都必须在规划指导下进行建设”，这条1983年版玉山县城总体规划中定下的“铁律”，玉山一直坚守至今。玉山县城乡规划局局长韩彬斌说，玉山县历届党政领导都有高度的“规划自觉”，项目能不能落地、落在哪里，都要问是否符合“总规”要求，切实杜绝了开发建设的滥权、随意与盲目。

上海同济城市规划设计研究院方豪杰博士认为，“大拆大建”“一任领导一任规划”是导致城市管理混乱、“城市病”加剧的原因之一。玉山县规划“不折腾”、一张蓝图绘到底，保证了玉山城市建设的科学性和可持续性，提升了居民获得感、幸福感，值得许多城市学习借鉴。

（来源:《江西日报》,2018年12月23日,获第二十九届中国新闻奖文字消息类三等奖。）

改革开放以来，我国城镇化进程加速推进，城市建设中的“摊大饼”、大拆大建、“千城一面”等问题日益凸现。“城市病”产生的原因在于规划缺少前瞻性、严肃性和连续性。玉山县是江西省有名的“公园城市”、城景合一的全域旅游典范，城市建成区绿地率、人均公园绿地面积远高于全国平均水平。

记者在采访时敏锐地发现，玉山之所以能成为一个“山水抱城”的精品城市，得益于对城市规划的敬畏，35年来，玉山县历届党政领导始终坚守第一轮规划确立的山水城市定位，“一张蓝图绘到底，一任接着一任干”，才得以让城市特色彰显、文脉延续。记者在采写过程中，查阅了大量历史资料，并通过座谈、现场采访、专家走访等形式，获得了大量翔实的新闻素材，最终以“玉山一张规划图‘接力’35年”这一主题将所获得的材料有机串联起来，写成了这篇说服力和示范价值兼具的消息作品。

二、以点带面，点面结合

点面结合，作为非事件性消息的基本写法，是指先从一个点即一个生动的事实写起，然后由点到面，逐步引向主题的行文思路。非事件性消息的特征和长处在于反映全局和概貌，既有深度又有广度，准确反映整体性和全局性。能熟练运用点面结合的方法，是写好非事件性消息的关键。

记者在新闻写作过程中，经常使用的材料有概括性材料、统计性材料和典型性材料。概括性材料和统计性材料一般是整体性材料，旨在反映事物的全局和概貌，注重全面完整地呈现事物的本质。而典型性材料是能呈现事实深度的材料，无论是一个现场、一个特写镜头，或者是一个具体事例，基本要求是能够紧扣主题，与整个面上的材料相吻合，同时还要注意点和面的材料要分布合理，过渡自然。我们以《河北日报》一则970字的消息为例，来探究点面结合这一写作手法的运用。

群众呼声放心上“关键小事”抓到底 全省百万家庭“三点半难题”得解

父母接还是老人接？回家还是小饭桌？自打双胞胎女儿两年前上了秦皇岛市抚宁区骊城学区第一小学，每周5个工作日的下午3点半，都是妈妈赵岩的“焦虑时刻”。

令赵岩没想到的是，今年9月新学期开始，“班主任通知，学校开始实行免费校内课后服务，孩子可以在教室写作业或上兴趣班。”

9月17日晚6点，赵岩下班后赶到学校，女儿们正和老师道别。

孩子放学早、家长接不了。据有关部门统计，多年来，全省城镇六成以上小学生家庭都面临过同样的问题。

家长请假轮流接、求助家中老人接、花钱让“小饭桌”接……五花八门接孩子的背后，是双职工家长们的无奈：谁来为我们解“三点半难题”？

听取群众呼声，着力解决他们的操心事、烦心事、揪心事。去年以来，省委书记、省人大常委会主任王东峰多次在调研、座谈中强调。

今年3月，省教育厅、省发改委、省财政厅、省人社厅联合印发《关于做好小学生校内课后服务工作的指导意见》并进行部署。

“晚上6点以后才能送走学生，教师批改作业备课怎么安排？”“课后校内安全责任重大，谁来承担？”“教师多出的课时薪酬不是小数，钱从哪里来？”在全省教育部门进行的调研、座谈中，“解难题”同样面临问题。

要把群众呼声放心上，“关键小事”必须想实招、聚合力、抓到底。在今年6月开始的“不忘初心、牢记使命”主题教育中，省教育厅把解“三点半难题”当作重点整改、推进的“民生大事”，厅长杨勇表示：“决不能遇到困难矛盾躲着走。”

涉及学校多，全省教育行政部门对各地进行一对一政策专题辅导；需要资金多，全省各级财政部门筹措落实补助经费；课时薪酬要发放，发改、人社等部门提供政策支持；场地要安全，消防部门提供解决方案，“让小学生玩得开心、学有收获”承诺逐一落实。

据省教育厅介绍，截至目前，全省所有设区市城区小学和城镇小学共4 929所提供了免费校内课后服务，137 万小学生报名参加。

邯郸推行弹性离校，让学生放学时间与家长下班时间基本同步；唐山安排专项资金 2 800 余万元，确保校内课后服务足额兑现；衡水按每生每天 2 元钱标准，对加班老师和工作人员进行补贴；承德让学生自主“点餐”，按照学生需求设置服务内容和项目；石家庄发动学生家长、社区志愿者、退休教师等进校参与托管，让课后两小时精彩纷呈。

多年难题得解，群众感到满意。唐山市光明实验小学报名参加课后服务的学生比例达到 99.5%，衡水市桃城区学生、家长、学校三方满意度均在 95% 以上。

（来源：《河北日报》，2019 年 9 月 18 日，获第三十届中国新闻奖文字消息类三等奖。）

该消息作品报道了长期困扰双职工家长的“孩子放学早、家长接不了”难题在河北省内得到整体制度性解决，4 929 所设区市城区及城镇小学全部开展课后免费托管服务这件事。在获取线索伊始，记者敏锐感到“三点半难题”在全国范围内都属于“群众关心、政府难办”的典型，能否解决直接反映主题教育开展的效果。随后其展开了两个多月的跟踪采访，记录了河北省多部门通力协作，克服重重困难，最终推出制度性普及免费校内课后服务的全过程。

在采写过程中，记者从妈妈赵岩的“焦虑时刻”这个点开始写起，引出文章的核心话题“三点半难题”。记者尤其注意抓取细节，如抓取在推行过程中出现的“晚上 6 点以后才能送走学生，教师批改作业备课怎么安排？”“课后校内安全责任重大，谁来承担？”“教师多出的课时薪酬不是小数，钱从哪里来？”等人们的疑问；同时又注意把握反映全局的新闻事实，如报道了“据有关部门统计，多年来，全省城镇六成以上小学生家庭都面临过同样的问题”，“截至目前，全省所有设区市城区小学和城镇小学共 4 929 所提供了免费校内课后服务，137 万小学生报名参加”等内容。点面有机结合，自然衔接。本篇消息用实打实的“硬核措施”与具体成果充分展示了主题教育在河北的实践情况，生动展现出主题教育中强调的宗旨意识和为民情怀，以及群众难题获解的幸福感。

由此可以看出，记者在非事件性消息的写作过程中，最佳的选择是从一个可视点开始，然后将此放大，辐射到整个面。根据相关科学研究，人们认识事物的思维活动通常是一个由具体到抽象、由个别到一般、由感性到理性循序渐进的过程。记者由小的事物切入，把事物的具体形象和现场情景呈现给受众，以吸引受众，然后记者再告诉受众这一事实的产生背景、发展情况，并逐步引导读者认识更大范围的事情和更深层次的意义。这样由点到面、由典型向综合，符合人们认识事物的规律。

三、数据量化，令人信服

数据的使用，是增加新闻真实准确性的重要方法。在写作非事件性消息过程中要将分散的事物加以概括和集中，而归纳集中的一个有效手段就是量化——借用抽象的反映全局的数字，赋予数字以社会意义，进而反映某些社会问题、社会现象的总体态势。

数据量化是世界各国媒体常用的写作手法。西方新闻界大量的非事件性新闻都是采用量化的方式写作的。所谓的“精确新闻”，究其本质，就是媒体利用自己获取的或者官方机构公布的统计数字构成的新闻。在采写非事件性消息时，记者要学会用活数字，将掌握的数据统计资料与报道主题紧密结合起来，简洁而直观地显示事物变化的程度和范围。

从受触动到行动 知识改变命运
629户人的藏乡走出359名大学生

本报讯 “这两年，别人想在我们村寨娶走个媳妇都难。”3月25日，记者在阿坝州若尔盖县求吉乡采访时，嘎哇村村委会主任仁卓的一句感慨引起了记者的注意。为何难？原来，村里年轻人不少都出门上大学去了。全乡共629户人，近7年间已有235人从大学毕业，还有124名大学生在读。

求吉乡地处若尔盖县和甘肃省迭部县交界处，只有7个村、21个自然寨，却是全县走出大学生最多的乡镇。乡党委书记张建荣说，乡里不少学生考进了中央民族大学、四川大学等知名大学，还出了全县第一个留学生。

一个偏远的藏区乡，为啥能培养出这么多大学生？

张建荣介绍，20世纪末，求吉乡村民组建了潘州物流车队，走南闯北跑运输。眼界打开后，不少村民才发现，由于自己文化程度低，做事受限，于是空前地重视起子女教育问题来。

下黄寨村村民尼美多吉开货车已有20年，“我小学二年级都没读完，好多路牌认不到，找路很不方便”。同村的巴千学不认识几个字，跑运输时要记录饭店电话，就在电话本上画个碗和筷子，再记上数字。尼美多吉一家省吃俭用，支持独生女儿罗措考入了阿坝师范学院。巴千学的儿子多吉扎西已大学毕业，正在自己创业搞现代农业。

近年来，对国家和省里的“两免一补”、“9+3”免费职业教育等政策，求吉乡党委、政府大力宣传，让家家知晓。每年6月1日，乡上召开群众大会，以藏族的最高礼仪，给尊师重教的好家长和爱岗敬业的好老师献上哈达，给品学兼优的好学生发放学习用品。连续多年，求吉乡的入学率、巩固率、升学率均保持在100%。

求吉乡并不富裕，村民们千方百计筹措教育费用，有的不惜卖掉家中全部牦牛。

去年夏天，上黄寨村召开了一次村民会议，议题是：把重视教育列入村规民约。原来，比起邻近的苟哇村、下黄寨村，上黄寨村的大学生较少。村民们商定，凡是有人考上大学，村上给予1 000元奖励，每户村民还要各凑一两百元给他们当学费。

社会各界也伸出援手。由退休干部牵头成立的求吉乡教育助学协会，募集爱心资金70余万元，已对全乡所有在校大学生进行了资助。

据初步统计，求吉乡的大学生毕业后，少数去了成都等大城市，约90%的人回到了阿坝州工作，成为教师、医生、公务员、技术员，其中科级干部已近百人，求吉乡成为阿坝州双语干部的一个摇篮。

29岁的更巴措是苟哇村人，她从绵阳师范学院毕业后主动回乡当了一名小学语文老师，“希望帮助更多孩子走出藏寨”。

（来源:《四川日报》,2015年3月26日，获第二十六届中国新闻奖文字消息类一等奖。）

该消息作品通过讲故事的方式，报道了在我国教育欠发达地区的四川省阿坝州若尔盖县求吉乡，全乡共有629户人，却培养出359名大学生的事迹。记者巧妙使用数据说明问题，“全乡共629户人，近7年间已有235人从大学毕业，还有124名大学生在读”，“求吉乡的大学生毕业后，少数去了成都等大城市，约90%的人回到了阿坝州工作”，这些典型的数字穿插进论述当中，反映出发展教育、培育人才，是落实中央关于“富民兴藏、长期建藏、凝聚人心”等治藏方略的重要基石。作品真诚质朴，把“教育促进发展、知识改变命运”的观点融入流畅的叙事中。稿件刊发后，不少地方还组队到求吉乡取经，该乡的经验得以被系统总结并在四川藏区推广。

四、借用对比，直观显现

非事件性消息要突出新闻价值，重要的方法之一就是对比。孤立的新闻事件反映的问题往往很有限，而非事件性消息中集合的大量新闻素材，如果能按照一定的逻辑进行横向或纵向比较，能凸显新闻价值。对比有纵向和横向两种对比方式。横向对比是用位于同一平面上的此事实与彼事实对比，以显示此事实的新闻价值。纵向对比则更多的是一种历史比较法，通过将现在的事实与过去的事实对比，显示当前事实的新闻价值。在写作非事件性消息时，使用对比方法更能清楚地说明记者想要表现的主题，更能突出要向受众呈现的新闻价值和深层内涵。下面一则消息就很好地说明了使用对比的好处。

大方县油杉河旅游扶贫见新景——

昔日守穷窝 本地姑娘往外跑

今朝垒金巢 外地媳妇几大桌

本报讯（记者 刘莹 蒲学光 实习生 徐兴）“办了一个农家乐，用收入建了两幢旅馆，还娶进两个外地儿媳妇。”12 月 5 日，在大方县油杉河风景区雨冲乡油杉村曾家寨小街，退休村支书罗太华高兴地说，政府搞旅游，百姓喜事多。

罗太华的两个儿媳妇，一个来自哈尔滨市，一个来自黔东南州。“2013 年我来油杉河旅游，认识了罗义，感觉这里人好风景好，就嫁到这里。”大儿媳肖丹说。同一年，三儿媳李泽艳也来到油杉河：“我从贵州财经大学毕业后，应聘到这里当导游，认识了罗波，看他能干，就和他成了一家人。”如今，李泽艳辞去了导游工作，与肖丹合伙在大方县城、曾家寨开手机店和淘宝店。

因旅游开发“引进”外地媳妇，在油杉河风景区并不少见。“张家学和孙乐举两家都有两个外地儿媳妇，付祝军家 5 个儿媳妇有 4 个是外省的……这些新媳妇来自陕西、四川、湖南、重庆等多个省市，她们多是在外打工被当地小伙子们带回来，有的在油杉河旅游公司上班，有的经商和搞种植养殖业，有的在家带孩子。”当地驻村干部赵方村幽默地说，“油杉村现有外地媳妇 30 多个，有人开玩笑，这里人说话‘南腔北调’。”

大方县油杉河风景区面积涵盖雨冲乡和星宿乡，风景秀美却山高谷深，过去由于交通闭塞，与外界隔绝，在大方县民间成了“贫困代号”。谈到往事，罗太华感叹：“过去我们出门办事，不敢说是油杉河的，否则别人会瞧不起。由于生存条件差，本地姑娘拼命往外跑，很多小伙子熬成了老光棍。”从当地干部口中得知，目前雨冲乡 40 岁以上的单身男人有 120 名，油杉村就有 30 多名。在星宿乡，仅漆树村就有大龄单身男人近百名。

油杉河蝶变，从旅游扶贫破题。2012 年，油杉河风景区修通了旅游公路，随即旅游业“井喷”，农家餐馆、农家旅店应时而生，仅在曾家寨，成规模的农家餐馆已达 7 家，农家旅店 10 多家，累计床位 200 多个，有 3 家年收入上 6 位数。“现在油杉河发展更火了。恒大集团投入资金上亿元精准帮扶，好日子锦上添花。”雨冲乡乡长喻春阳说。

行走在曾家寨，过去门庭冷落的小寨子，如今成了有大型停车场、乡间别墅、餐馆旅店的风情小街。罗太华用两段顺口溜描述山村今昔变化——

“过去油杉河，泥巴敷脑壳。吃的苞谷饭，睡觉滚草窝。本地姑娘往外跑，光棍收来几大桌。

“现在油杉河，油路到山脚。轿车停满寨，游客满山坡。外地媳妇嫁过来，几年来了几大桌。”

（来源：《贵州日报》，2016 年 12 月 7 日。）

这篇消息是非常典型的运用对比手法写作的案例，从题目就可以很明显地看出来前后对比，“昔日守穷窝，本地姑娘往外跑；今朝垒金巢，外地媳妇几大桌”，题目开门见山，形象地说明了这个边远山村，变化极大。记者选取罗太华一家为案例，他家两个儿媳妇都是来自外地，“一个来自哈尔滨市，一个来自黔东南州”，这与以前大龄青年娶不上媳妇形成明显反差，并且现在罗家也不是特例，村里越来越多人家的媳妇来自外省，这也从侧面说明油杉村经济状况取得了明显改善，成为吸引人和留住人之地。

另外，记者最后引用的罗太华的顺口溜也是全文的点睛之笔，其对比前后两个时期交通出行、日常饮食、人居环境、人口构成等基本情况来说明大方县油杉河旅游扶贫取得了显著成效。同时，记者对蹲点所获取的大量新闻素材围绕主题精准取舍，用白描手法见人见事见物，语言充满个性化，是一篇“接地气”的新闻佳作。

五、问题导向，以事明理

问题意识是记者职业敏感的重要组成部分。报道非事件性消息大多带有记者主动出击的意味，也就是说，记者是为了反映某个情况或问题而写的非事件性消息。有些报道即使利用的是现有的调查统计资料，但是就其根据需要查找数据的行动而言，也带有鲜明的问题意识。

非事件性消息的写作重点在于正面反映新的情况或者问题，在摆出问题的同时，也应该适当地对问题做出说明。同时，大量的事实呈现，能使受众对事件发生的前因后果有明确认知，满足了受众获取新闻信息的需求。这样的写作手法，也使得新闻更有深度，立意更加高远。非事件性消息在说明问题的过程中，有时候会很自然地提示出解决问题的方向，对社会类似问题的解决具有启发意义，体现出了新闻的社会服务功能。

举例来说，近几年，恋爱婚姻问题逐渐成为人们热议的话题，新华社记者采写的消息对偏远地区群众办理结婚证困难的问题进行报道。报道原文如下。

农民办理结婚证 何必奔波到县城

新华社长沙 5 月 20 日电（记者段羡菊 柳王敏）谐音“我爱你”的 5 月 20 日来临之际，不少青年喜欢选择此时结婚登记。记者近期在湖南乡村走访，了解到一些农民的呼声：结婚登记，能够在乡镇办理就好了。

湖南省永州市江华瑶族自治县码市镇，地处湘、粤、桂交界处，目前往县城车程 200 公里，乘客车需 3 小时，单程票价 55 元。当地青年女子盘成凤还记得，去县民政局办结婚证，两人住宿一晚，耗时两天，来回坐车，费用不轻。

记者来到县城江华县民政局二楼婚姻登记处。一位工作人员坦言，全县结婚登记只能在此办理，码市镇的人往往第一天来，第二天办，要是第二天下午没客车回，那就只能等第三天回。

不只永州，记者在湖南多地均了解到，农村居民办结婚证只能进县城。湖南省民政厅社会事务处证实，除极个别历史上曾为县城的乡镇之外，全省婚姻登记集中设点在县一级或以上民政部门。

2003年10月1日起施行、由国务院公布的《婚姻登记条例》规定："内地居民办理婚姻登记的机关是县级人民政府民政部门或者乡（镇）人民政府，省、自治区、直辖市人民政府可以按照便民原则确定农村居民办理婚姻登记的具体机关。"

湖南省民政厅社会事务处调研员熊定华介绍，历史上乡镇政府可办理结婚登记，后来湖南省将其上收到县一级。他认为，乡镇政府办理婚姻登记，会面临人员配备、档案管理等困难。

湖南浏阳市2017年启动"最多跑一次"改革。公安、国土、工商等多个部门以前必须在城区办理的行政事项，如今下放乡镇，深受农民欢迎。

"个人事项办理不出乡镇，是我们推动便民服务的基本原则。"浏阳市行政审批制度改革领导小组办公室主任张之俭告诉记者，他多次呼吁简政放权，落实乡镇政府办理婚姻登记的行政能力。

20世纪90年代在乡镇政府拿到结婚证的张之俭认为，如今覆盖乡村的信息网络，为乡镇规范办理婚姻登记提供了条件。"每年结婚登记的农民数量不小，如果多了在乡镇办理的选择，节约的成本不是小数目。"

中国社科院农村发展研究所研究员党国英接受采访时认为，在经济发达、交通方便的地方，只在县、区设婚姻登记场所，有合理性。但"对于那种县域比较大、乡镇比较偏远的地方"，可以考虑、支持农民在乡镇办理婚姻登记。

（来源：新华社，2018年5月20日。）

我国目前有5亿多农村居民，结婚登记涉及千家万户。稿件反映的问题，在全国有一定的普遍性。偏远地区农民只能到县城办理结婚证的问题，许多地方长期存在，虽然不少农民感觉负担重，但政府职能部门却习以为常、不为所动。这篇"较真"的消息独家披露了这一"司空见惯"的民生热点，响应了中央旨在让信息多跑路、让群众少跑腿的"放管服"改革，产生了强烈社会反响。

这篇短消息，有四个有名有姓的采访对象，消息来源具体涉及两个县、两个机构，事实的客观准确性均可检验。正因为这篇舆论监督报道点名道姓，稿件通篇用事实说话，有理有据，才"刺痛"了相关政府部门，对实际工作产生了很大影响。消息简短有力，表达严谨无懈可击，记者这样总结自己写出的报道："880个字，无一字不是自己一手采集而来，无一字不符合采访对象的介绍，无一字没有录音或文本证据，无一字引发争议。"足见记者扎实的采写功底。

"纸上得来终觉浅，绝知此事要躬行。"在综合掌握非事件性消息写作范式和技巧的同时，我们还需勤加练习，不断在采写实践中提高写作能力，深刻领会采写要领，如此才能打磨出既符合规范又具有创新意味的新闻作品。

思考与练习

1. 什么是非事件性消息？它和事件性消息有何区别？
2. 非事件性消息在新闻传播中有何价值？
3. 如何写作非事件性消息？
4. 分析中国新闻奖文字消息获奖作品，揣摩其选题和写作上的优点。

Chapter 12

第十二章　新媒体新闻与写作

- 第一节　新媒体新闻
- 第二节　新媒体新闻的分类及其特点
- 第三节　新媒体新闻的写作
- 第四节　新媒体新闻标题制作
- 第五节　各类新媒体新闻写作技巧

第一节 新媒体新闻

一、新媒体新闻的定义及其特点

新媒体新闻的定义有狭义和广义之分。从狭义上来说，新媒体新闻指专业的新闻媒体通过新闻网站等新媒体媒介发布的新闻，例如传统媒体的新闻网站、综合门户网站等媒介在网络和手机上发布的新闻；广义上的新媒体新闻泛指所有通过新媒体介质传播的新闻，传播者不仅包括专业新闻机构，还包括非媒介组织或个人，传播载体也不仅仅局限于比较成熟的新闻网站或手机报，任何新兴的媒介形态都可以用来传播新闻。

根据新媒体新闻的定义，新媒体新闻与传统媒体新闻的区别就在于传播方式不同，新媒体新闻的传播方式更为多样化，且在互联网技术支持下，实现了文字、图像、声音、视频的集合传播。相比传统媒体新闻，新媒体新闻具有以下几个特点。

（一）内容更丰富

新媒体新闻的内容丰富体现在两个方面。

一方面，新媒体新闻的信息量较传统媒体要多很多。传统媒体新闻包括报纸新闻、广播新闻和电视新闻，报纸新闻的信息量受制于报纸版面，广播新闻的信息量受限于播出时段的时间长度，而电视新闻不仅受到播出时段的时间长短的限制，还受到采编人员等传播资源的限制。反观新媒体新闻，所有新闻都通过链接形式发送给受众，一个链接可以容纳的新闻数量极大，不受限于版面，而且受众可以随时随地打开手机查看新闻，不用担心错过任何一条新闻，因此也不会受到播出时段的限制。此外，在传统媒体新闻时代，传播者作为信息的“把关人”，掌握着传播的内容和权力，他们先对获取的所有信息进行过滤、筛选，才会将信息传播给受众，在这一过程中，信息会被削减掉很大一部分。而在新媒体新闻时代，通过微博、博客等社交媒体，所有受众都可以成为传播者，可以随时随地发布新闻。这种受众自我传播的新闻，被称为“公共新闻”，每个受众都可以成为新闻事件的第一传播者，这种新闻不仅为传统媒体提供了新闻来源，也丰富了新闻资源，增加了新媒体新闻的信息量。

另一方面，新媒体新闻的传播形式多样，比传统媒体新闻丰富。传统媒体新闻使用文字、声音和视频三种形式进行传播，且不能同时用三种形式传播，形式较单一。而新媒体新闻可以用文字、图像、声音、视频、VR 等的任意组合形式进行传播，例如，新媒体新闻的一个链接内，或一个网页内，就可能存在用这五种形式对新闻事件进行描述和呈现的情况，受众可以不受时间限制，在任意闲暇时间打开电脑或手机了解新闻内容，选择任意一种或几种新闻呈现形式来了解同一个新闻事件。超链接改变了读者的阅读方式，新媒体技术也打破了不同媒介形式的界限，整合了多种传播形式，提高了受众的阅读体验。

（二）传播范围更广

回顾媒体发展的历史，我们不难发现，每当一种“新媒体”替代“旧媒体”时，传播范围都得到了进一步扩展。文字时代的报纸新闻，其发行量和覆盖面受限于其发行区域，因此传播范围有限。随之出现的广播新闻，利用声波传输新闻，传播范围扩大。而之后出现的电视新闻，随着卫星的上天，传播范围进一步扩大至国内。而如今，互联网和移动通信网络完全打破了传统地理区域对于信息传输的限制，只要连接上互联网，可以收到全世界的信息，偌大的地球变成了“地球村”。尼葛洛庞帝在其《数字化生存》一书中写道，“互联网改写距离的意义”，在“数字化的世界里，距离的意义越来越小”。传统媒体新闻传播范围或许止步于区域内或国内，而新媒体新闻的传播范围更广，且不受区域、版面、时间、空间的限制，可以随时随地接收到全球任意位置发来的信息。

（三）个性化内容

在传统媒体时代，大众媒介的传播是点对面的，更是出现了“魔弹论”这一理论，认为大众媒体传播的信息，就像子弹一样，能直接作用于受众且改变受众的态度，取得传播者想要的结果。而随着传播理论的逐渐成熟，研究者意识到了受众本身所具有的灵动性，但受限于传统媒体新闻传播方式，传统媒体虽然试图推出带有娱乐性质的版面，希望借此满足大众需求，但多遵循“大多数原则”，推出的内容可能是多数受众喜欢的，但不是任何一位受众都喜爱的，受众是一个个独立的个体，兴趣各有不同，也有着不同的信息需求。在新媒体时代，新媒体技术完美地解决了这一问题，新媒体可以向受众推送定制的个性化信息。在大数据分析技术支持下，新媒体通过分析受众浏览的网页，及时为受众推送其感兴趣的个性化信息，使点对点的传播成为可能。“在后信息时代，大众传播的受众往往只是单独一个人，信息变得极端个人化，个人化是窄播的延伸，其受众从大众到较小和更小的群体，最后终于只针对个人。”

（四）强交互性

在传统媒体时代，大众传播所传递的信息往往是单向的，就算有一些类似于读者来信或听众来电的反馈，其互动性也不强。读者来信要受到邮局的寄件速度影响，时效性就没那么强了，听众来电反馈的方式成本较高，听众要支付一定电话费用。而互联网技术，为新媒体和受众提供了一个双向沟通的渠道，这主要体现在两个方面。

一是互动性。互动性指的是，在看新闻直播的时候，受众使用弹幕、评论等反馈方式，不仅可以随时给媒体提建议，还可以和其他观看新闻的人实现在线、即时的交流和互动，相互传递自己的观点。新媒体技术不仅实现了媒体到受众的点对点的传播，还实现了受众到受众的节点对节点的传播。

二是参与性。在新媒体时代，受众不再是信息的被动接收者，通过新媒体技术，受众不仅可以参与讨论，给媒体提供意见和建议，还可以作为新闻事件的传播者，参与到新闻事件的传播过程中，甚至可以向媒体提供新闻素材，从源头参与新闻的传播制作。

二、新媒体新闻传播模式的特点

（一）互动及时化

互动是新媒体新闻传播的重要特点，更难得的是新媒体新闻传播的互动具有及时性。受众可以借助各种类型的新媒体渠道进行实时的自我观点和意见的自由表达，例如，像搜狐、新浪等大型的新闻网站都设有投票环节，受众可以自由投票，也可以发帖详细表述自己的观点，而新媒体工作人员可以及时收到受众的反馈意见，进行后续报道的适当调整，体现了新媒体传播的互动及时性特征。

（二）介质全媒体化

传统媒体新闻传播的介质是报纸、杂志、广播、电视等，主要依赖的传播方式是文字、图片和声音。而新媒体新闻的传播方式里包括了文字、图片、动画、声音和影像等多方面介质，传播介质逐渐全方位化、多元化，并且移动终端得到了极大丰富，人们日常使用的手机、笔记本、平板和移动阅读设备都是新媒体新闻传播的介质。

（三）主体多样化

在新媒体时代，新闻传播的主体不仅仅是媒体，受众也有机会成为新闻传播主体，成为新闻传播者。个人通过微博或其他新媒体发出声音、传播新闻，成为传统媒体和新闻网站素材的来源。例如，西安奔驰女车主维权事件就是最早在微博引发了舆论关注，随后传统媒体才跟进，《人民日报》《新京报》《北京青年报》等主流媒体相继发声。

（四）信息定制化

尼古拉斯·尼葛洛庞帝说的一句话非常恰当地表达了信息定制化对受众的意义：“在数字化生存的情况下，我就是‘我’，不再是人口统计学上的一个子集。”新媒体时代，利用大数据技术，新媒体可以为每位用户定制可能感兴趣的信息，受众也可以对信息进行筛选，选择和接受自己感兴趣的信息。

三、新媒体新闻的用户特点

（一）碎片化阅读

传统媒体时代，接收报纸新闻、广播新闻和电视新闻都有相应限制，广播和电视新闻都受到了时间限制，必须在特定时间才能听到或看到，而报纸新闻虽然不受时间限制，但阅读起来会花费较长时间。然而，新媒体新闻超越了时间和空间概念，受众可以随时随地在手机上了解新闻。由于社会发展速度提升，人们越来越忙碌，多数人将看新闻的时间进行压缩，只有在稍微空闲的时间里，才会进行新闻阅读，这些时间通常不再是整片的、大段的时间，而是一些碎片化的时间。因而，人们通常进行的是碎片化阅读，媒体也要根据这个特点进行新闻制作方面的调整。

（二）“标题党”

前面我们也提到过，新媒体新闻的内容非常丰富，信息量也极其巨大，想一一看完所有的新闻内容是不太现实的。面对纷繁复杂的信息，受众一般会先看标题，初步了解新闻的大致内容后，如果感兴趣就点进去看，不感兴趣就看一眼标题略过，即“标题党”。但值得注意的是，为了追求点击量和转发量，部分媒体利用受众这一阅读新闻的特点，制作过分夸张的标题，或用低俗的语句吸引受众打开链接。

（三）浏览式阅读

受众阅读新闻利用的是碎片化的时间，而在时间有限的情况下，面对如此巨大的信息量，受众必然只能进行浏览式阅读。浏览式阅读就是以尽可能快的速度来搜寻信息的一种阅读，这种情况下读者对文章的理解准确度往往低于一般速度的阅读。读者进行浏览式阅读，注定只能了解新闻事件的中心思想和基础信息，与深度阅读无缘，这也成为新媒体新闻深度不够的一个直接原因。

（四）兴趣导向阅读

受众面对网络上如此多的信息，必定不会条条新闻都读完，因此必然会对阅读的信息有所取舍。自主阅读新闻的人要么具有强烈的获取信息的愿望，要么是因工作或学习需要而阅读，而其他受众阅读新闻是为了缓解工作或学习的压力，根据“使用与满足”理论，人们这时候阅读新闻必然是以兴趣为导向的。要注意的是，新闻媒体不能根据受众这一阅读特点，盲目迎合受众。

（五）接触的广泛性

新媒体技术的发展，使媒介不断更新，新媒体新闻传播不受时间、空间、频道、版面的影响，世界各地的受众可以随时随地接收远距离、超时空的信息，信息传播的范围得到了空前扩展，地球成为“地球村”。受众通过互联网获取信息的范围也随之扩大，打开手机，就可以接收到世界各地的新闻信息，受众的眼界便也不再局限于工作、学习和街坊邻里，视野更加宽广。

第二节　新媒体新闻的分类及其特点

一、网页新闻及其特点

网页新闻，顾名思义，即以网页形式呈现的新闻，多由新闻网站经营。它是早期出现的一种新媒体新闻形式，具体来说有以下特征。

（一）信息资源的综合性

网页新闻多存在于新闻门户网站内，例如人民网、新华网、网易新闻等都是大型的新闻门户网站。新闻门户网站的特点之一就是其新闻资源的综合性，例如新华网首页就有时政、国际、财经、教育、科技等新闻板块的分类，并且还有最近较热门的 VR/AR、无人机等专题板块。在一个新闻网站中，可以获得任何类别的信息，信息的种类、总量极其丰富，综合了各类新闻资源。

（二）新闻报道的及时性

网页新闻的更新频率高、更新及时，因此新闻报道的及时性较好。正常情况下，在下午七点时，受众就能看到下午七点以前上传的所有新闻报道，并且如果有突发新闻事件，也会在网页上部的滚动栏上显示。

（三）报道有深度

相对于其他形式更加新颖的新媒体新闻，网页新闻报道的内容更有深度。社交媒体新闻、H5 新闻和短视频新闻由于其文章或视频的长度有限，并不能做出深度新闻报道，并且由于其多媒体形式的丰富性和趣味性，社交性较强，受众的注意力也不会稳定集中在了解报道的深刻含义上。而在新闻门户网站，其专题报道中，除了有解释事件的前因后果的新闻内容，也必然会有评论、深度报道。

（四）新闻信息来源权威

由于网页新闻往往来自新闻门户网站，因此与社交媒体上传播的消息不一样，网页新闻有清晰的消息来源，即新闻网站。中央新闻单位、中央国家机关各部门新闻单位以及省、自治区、直辖市和省、自治区人民政府所在地的市直属新闻单位依法建立的互联网站，经批准可以从事登载新闻业务。因此大部分新闻门户网站代表的是政府的形象，其所发布的消息必定是经过再三确认的，不会出现社交媒体那样的以讹传讹的情况。

二、社交媒体新闻及其特点

（一）社交性

社交媒体发出的新闻必然具有社交媒体最基础最重要的性质，即社交性。社交性具体体现在，受众可以在报道文章下方留言与作者交流讨论，受众也可以随时随地分享新闻链接，与朋友等其他用户讨论。

（二）篇幅较小

社交媒体中的新闻一般来说篇幅较小，如微博对发帖的字数有一定限制，必须在140字内说明事件的基本信息。此外，由于受众多利用零碎时间翻看微信公众号上的新闻，因此微信公众号上的新闻要精简，例如新华社的微信公众号，会在每天早上推出一句话新闻。

（三）与其他多媒体形式新闻并存

由于社交新闻媒体极强的社交性，因此受众往往会在其社交圈中分享多种形式的新闻信息，这导致社交新闻媒体中含有的新闻种类较繁杂，往往是多种形式的新闻并存。社交新闻媒体上，既有网页新闻，也有短视频、H5 新闻的传播和分享，甚至于一般来说，观看 H5 新闻必须借助微信的扫一扫功能来实现。此外，所有的新闻报道生成后，必定要通过广泛传播，才会实现其价值，而社交场是一个极容易传播新闻的场域，因此社交媒体的新闻种类繁杂，也就理所当然了。

三、新闻客户端及其特点

新闻客户端新闻信息的主要来源是专业新闻机构，也有部分来自新闻门户网站，因而新闻客户端内容同样具有新闻资源的综合性、新闻报道有深度以及新闻信息来源权威等特点。除此之外，新闻客户端还具有以下几个特征。

（一）个性化定制

新闻客户端具有利用大数据技术，向受众提供个性化定制服务的特点。

例如，今日头条的产品定位是“你关心的才是头条”，它以用户喜好和阅读习惯为依据，推荐价值较高的个性化信息。首先，今日头条不生产或极少生产原创内容，其内容主要来源于网络用户的自主生产和专业新闻机构的提供，信息量巨大，内容丰富，涉及文化、娱乐、体育、游戏和经济等多个领域。同时，今日头条的内容包含了文本、图片、视频、音频等多媒体传播形式，满足了用户的多元化需求。其次，今日头条通过推荐引擎进行用户研究、文本挖掘、分布计算、聚合整理、精准推送，贴近用户学习、工作和生活环境，能满足用户的个性化需求。最后，今日头条倡导“越用越懂你”，坚持“千人千面”，通过分析用户的关注点和兴趣点，进行个性化定制，通过解析用户的使用行为，实时更新用户兴趣图谱，完成内容的筛选和分发，使每个人拥有不同的首页内容，注重用户阅读时的体验。

（二）社交化体验

除获取新闻资讯外，社交互动是用户使用移动新闻客户端的重要目的。

例如，今日头条搭建了一个信息分享和交流的新型平台，更加注重平台与用户的互动和用户与用户的互动。首先，从界面设置上看，今日头条左上方有服务交互页面，绑定社交媒体账号即可登录，还提供了一些交互设置，如收藏内容阅读、活动参与等。右上方设有“搜索”按钮，如果推荐信息不能满足用户需求，用户可自主搜索感兴趣的信息并进行订阅。其次，今日头条通过点赞、收藏、评论、游戏等方式与受众互动；通过转发、分享、跟帖与社交平台互动；通过信息流和开屏广告与广告商形成互动；通过鼓励发文等方式与自媒体和新闻机构形成互动。再次，今日头条鼓励用户参与内容生产，让其在原创专栏、小视频、直播间等发布原创内容，激发用户的使用热情，建立用户自我价值实现渠道。社交化体验满足了用户实时沟通和社会交流的需求，也使用户产生了归属感。

（三）人性化设计

新闻客户端为了满足用户的多方面需求，还进行了一些人性化的设计，如视觉体验、标签运用等。

例如，今日头条在产品设计中为了满足用户多方面多角度的需求，分层次进行了人性化设计。首先，在新闻的页面结构上，包含了时间、作者、来源以及评论数量等内容，每篇文章、专栏或小视频页面底部都设有评论、点赞、收藏及转发的便捷按钮。此外，文章、专栏右上角除分享及收藏功能外，还设有举报、页面字体及模式变化、听书以及便捷搜索等功能，用户可以用最简捷的方式对专栏及文章进行操作。小视频也类似，在视频右下角，用户可以对视频的播放方式、速率等基本内容进行简单便捷的操作。其次，在使用流畅度上，今日头条注重用户使用的便捷性，内容匹配相对精准，功能分类比较明显，用户操作起来得心应手。再次，在视觉要素上，界面采取扁平化的设计，采用纯色块搭配，较大字号和简单图标，简洁大方，一目了然。色彩选择以白色为基底，以红黑文字为主体，方便用户阅读。用户可上下拉动界面对内容进行刷新，左右滑动界面来选择频道，节省时间，实用性较强。今日头条的产品设计更加人性化，产品简单易操作、高效便捷，给用户带来了更好体验。

四、H5 新闻及其特点

H5新闻作品就是利用H5技术特性生产并呈现的新闻。H5技术指的是第五代HTML（超文本标记语言），它融合了文字、图片、动画、音乐、视频等各种要素，具有成本低廉、适配性高、应用面广、传播力强以及丰富的互动体验感等特点。现如今， H5 已经活跃在新闻媒体、商业营销、产品宣传、游戏等多个领域，相关制作的 App 和网站也应运而生，而诸如易企秀、MAKA 等 H5 制作网站则具有上手简单、操作方便和易于传播等特点，显得十分“亲民”。

H5 这样全新的传播模式给新闻媒体打开了新的思路，它集视觉化、移动化、社交化于一身，提高了新闻报道的可读性，能够给受众带来轻松愉悦的阅读体验，实现高效传播。目前， H5 正被越来越多的媒体所重视和利用，其影响力不容小觑，H5 新闻的出现是媒体融合背景下新闻报道的重要创新，提高了新闻报道的可读性，尤其是时政新闻报道的可读性。时政报道追求准确性与严肃性，但对用户来说，高度严肃的新闻内容相对枯燥，而实际上，时政议题与民众利益有着密切联系，这就需要媒体在保证新闻内容准确性的同时，力求将乏味的内容变得有趣，H5 作品正好能达到这样的效果。

例如，在庆祝改革开放 40 周年大会举行前，多家中央主流媒体纷纷推出 H5 作品，其中包括《人民日报》推出的《幸福长街 40 号》《老物件画报》，新华社推出的《改革开放 40 年穿阅之旅》，中国共产党新闻网推出的《习近平论改革开放　全景带你了解这些关键词》，央视新闻网推出的《闻声识改革》，央广网推出的《车轮滚滚不停歇》等，这些作品以回顾我国人民衣、食、住、行的变化为主，令人眼前一亮。H5 已经算不上新面孔了，但庆祝改革开放 40 年的相关报道，不管是从内容上还是形式上都有了一定程度的创新，展示出了时政新闻报道的新特征。

（一）新闻内容的可视化和时效性

H5 新闻完全转变了传统的阅读方式，开创了图文新闻、直播新闻等形式，真正实现了新闻内容的可视化。“文字 + 视频”“文字 + 图片”“文字 + 直播”“图片 +VR+ 文字”，多种多样的组合方式使新闻形式变得酷炫，减少了新闻报道剪辑和编辑的时间，进一步增强了新闻的可视化和时效性。

（二）新闻信息表现的动态化

H5 技术实现了信息表现的动态化，用动态化模式还原新闻实况。传统媒体通过 H5 技术手段将动态化新闻实况与其他媒体元素结合，增强了新闻信息的科学性、多样性，突破了传统媒体单一方式传播“文字 + 图片”的弊端，防止受众阅读文字内容觉得枯燥，也使得信息的接收和传播更加真实有效，满足了现代大众快速的生活节奏下的碎片化阅读需求。

（三）新闻传达的交互性

H5 新闻摒弃传统媒体中新闻创作者和用户之间的距离感，具有新闻传达的交互性特点，尤其是在融媒体逐渐发展的今天，H5 新闻的交互性正在被越来越多的媒体所看重。换句话说，H5 新闻的交互性使受众有机会变成下一个新闻的创作者或传播者，打破了新闻传播的身份对立和界限。

在凤凰新闻生产的 H5 新闻产品《听城市，猜声音》中，凤凰新闻用声音作为每个城市的标签，采用三选一的单选题形式与受众互动，更容易引起某一群体的共鸣。（扫描下方二维码观看）

图 12-1　H5 新闻产品《听城市，猜声音》

（四）新闻报道的整合性和层次性

在新闻报道过程中，专题报道是很重要的一项，制作新闻专题，需要事件有清晰的脉络，记者要对事件进行实时追踪和回顾，H5 新闻报道相比于传统新闻报道，无论是资讯送达速度、独家深度报道，还是新闻产品形态、多媒体表现形态都能做得更加亮眼，有极高的整合性。

例如，2017 年 4 月 23 日，澎湃新闻刊发了 H5 产品《长幅互动连环画丨天渠：遵义老村支书黄大发 36 年引水修渠记》，17 页的 H5 描绘了老支书黄大发从 20 多岁的毛头小伙到 60 岁的花甲老人，青春耗尽，“拿命去换”，终于带领村民修通了万米水渠、脱贫致富的故事。这一作品，最终摘得 2018 年度中国新闻奖一等奖。（扫下方二维码观看）

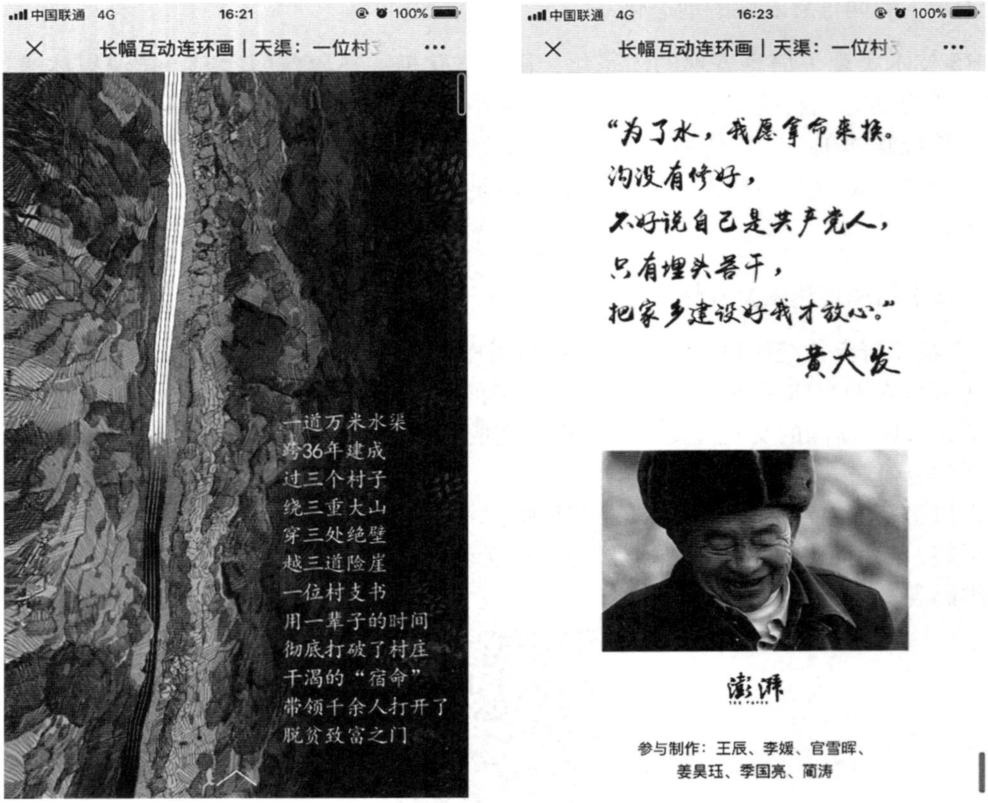

图 12-2 《长幅互动连环画｜天渠：遵义老村支书黄大发 36 年引水修渠记》H5 产品

五、短视频新闻及其特点

短视频即短片视频，是一种互联网内容传播方式，一般是在互联网新媒体上传播的时长在 5 分钟以内的视频。短视频新闻即用短视频方式传播的新闻。

中国新闻奖自 2018 年起，为顺应传统媒体和新媒体融合发展的趋势，提高新闻舆论传播力、引导力、影响力、公信力，设置了“媒体融合奖”，评选项目包含“在移动端发布的短视频类新闻作品（含纪录片）”。由此可见，融媒体新闻短视频作为舆论传播的重要组成部分，正发挥着越来越重要的作用。仔细梳理可知，短视频新闻有以下几个特征。

（一）形式新颖

与短视频新闻相比，网页新闻、客户端新闻等所呈现的新闻形式过于单一，单纯以“图

片 + 文字”的方式呈现，易使受众产生审美疲劳，枯燥的文字也极容易使受众丧失看下去的耐心。而短视频可以通过声音、图像、文字和视频的集合形式出现，较为新颖，受众容易被吸引，并且时长也不会很长，不会让受众失去耐心。

（二）时长较短

短视频的时长通常在 5 分钟以内，不需要人们保持长时间的、持续的注意力，这非常适合当前受众碎片化的阅读场景，人们在通勤的路上、工作学习的间隙或者休息的时候，都可以看。

（三）开门见山

短视频因为时长比较短，往往在视频开头便直接切入主题，开门见山，叙事结构紧凑，传递的信息量较大，在短短的几十秒或者数分钟内，就能够把一件事情的前因后果交代清楚，这十分符合当前受众高效获取信息的要求。如报道库布其微创气流法植树，十秒就能栽完一株苗的短视频新闻，在视频中，工作人员熟练地操作着机器，十秒栽种一株新树苗，动作干脆利落，文字报道里难以表现的事情，在视频中被真实生动地呈现出来。受众足不出户就可以直接看到工人们如何种树，也不再需要阅读几千字的文章。

（四）信息量更大

短视频新闻承载的信息量更大，能够实现更全面、生动的个性化表达，并具备一定的互动性。并且短视频不受传统视频叙述逻辑、形式框架束缚，可以展示场景、传递情绪。同样的场景用文字描述起来就没有那么直观、生动，还可能因描述详细而造成文字新闻的冗长，使受众在看新闻时失去耐心。

（五）风格多变

短视频由于形式新颖，风格多变，加上其独有的多媒体属性，会使受众眼前一亮，观看时相比文字图片新闻不那么枯燥。例如，针对同一个主题，有的短视频会用实拍的视频表现，有的短视频会用漫画加同期声的形式表现，也有短视频会用文字图片新闻配上同期声的形式表现，风格多变，形式多样。

（六）内容生活化

内容生活化主要体现在三个方面，即内容平民化、内容人性化以及内容社交化。

首先，内容平民化。短视频由于时长较短，以及其内嵌于日常生活的传播场景中，更适合呈现微观的日常生活，而非宏观的政治、经济等议题。

其次，内容人性化。短视频要在内容选择、表现形式等多个维度，直击人心，用人情味打动用户，引爆点击量。而要讲好中国故事，就要讲打动人心的故事。

最后，内容社交化。在社交媒体时代，分享已经成为媒介使用的重要特质。是否能够在朋友圈分享，能否在其中找到评论话题，已经成为人们关注新闻与否的重要依据。

第三节 新媒体新闻的写作

一、新媒体新闻稿件来源

新媒体是一个信息集成与用户聚集的平台，具有极强的开放性和交互性，新媒体新闻稿件的来源也呈现出多样化的特征，具体新闻稿件来源有以下五种。

（一）自行采写

目前，新媒体新闻稿件主要是自行采写的。包括人民网、新华网在内的200多家“一类资质新闻网站”已获得记者证，具有采访权。新浪网、搜狐网等“二类资质新闻网站”无采访权，但可以通过邀请专家学者进行访谈，或在非时政新闻领域，如科技、娱乐、体育等领域下功夫，生成和输出自己的原创性稿件。

（二）转载传统媒体

部分新媒体的新闻稿件也来源于传统媒体，如报刊中的图文、从电视新闻中剪辑的视频以及广播节目等。不同类型的新媒体会根据自身的定位和需求，与传统媒体合作，通过购买或资源交换的方式获得转载传统媒体新闻稿件的权利。

（三）用户提供

用户原创的内容也日益成为新媒体新闻稿件的重要来源。新媒体技术的迅猛发展，使得网络上发布内容的门槛降低，所有网民都可以通过贴吧、微博、公众号等渠道发表自己的见闻、对某新闻事件的观点和看法，同时新媒体技术的发展也促使了“公共新闻”的诞生。公共新闻是指公民，即非专业新闻传播者，通过大众媒体、个人通信工具，向社会发布自己在特定时空中得到或掌握的新近发生的、特殊的、重要的信息。部分用户原创的内容，经过编辑整合加工后，也可以反向输出，成为新媒体新闻的来源之一。

（四）政府或企业公开发布的信息

自2012年《“十二五”国家政务信息化工程建设规划》发布后，各级政府、国家部委和地方厅局都加快了电子政务建设的进程。各级政府、国家部委与地方厅局通过各种官方网站，公开发布相关资讯。这类信息准确度高，专业性和权威性强，正在逐步成为新媒体的政治、经济、民生等新闻稿件的重要来源。同样，企业也通过自身的官方网站、微博账号或微信平台，向外发布信息。新媒体可以从这些渠道获取企业的最新资讯。

（五）其他新媒体信息

除了传统媒体的新闻稿件外，其他新媒体发布的新闻，也是新媒体新闻稿件的来源之一。除了新华网、人民网等有自主采访权的新媒体网站外，其他新媒体新闻网站，如新浪网、搜狐网可以通过合作或购买等方式，对新华网、人民网的新闻信息进行整合。

二、新媒体新闻写作标准

每个新媒体新闻网站存在自身的一套新闻写作标准，不同的新媒体新闻网站间的写作标准可能或多或少存在差异，但总体来说，新媒体新闻写作必须遵循的标准有以下四个。

（一）法律法规标准

《互联网新闻信息服务管理规定》第十九条规定：互联网新闻信息服务单位登载、发送的新闻信息或者提供的时政类电子公告服务，不得含有下列内容：

违反宪法确定的基本原则的；危害国家安全，泄露国家秘密，颠覆国家政权，破坏国家统一的；损害国家荣誉和利益的；煽动民族仇恨、民族歧视，破坏民族团结的；破坏国家宗教政策，宣扬邪教和封建迷信的；散布谣言，扰乱社会秩序，破坏社会稳定的；散布淫秽、色情、赌博、暴力、恐怖或者教唆犯罪的；侮辱或者诽谤他人，侵害他人合法权益的；煽动非法集会、结社、游行、示威、聚众扰乱社会秩序的；以非法民间组织名义活动的；含有法律、行政法规禁止的其他内容的。

符合法律法规是新媒体新闻稿件的首要标准，是不可触碰的“底线”。凡是涉及危害党、国家与人民的利益，煽动民族仇恨，宣传封建迷信，散布谣言与淫秽色情内容，煽动非法集会等内容的稿件都不符合新媒体新闻的写作标准，新媒体编辑也必须坚持一律不予采用的原则。

（二）新闻价值标准

互联网技术的加持，使公民也成为传播者，同时，也使得网络上的信息量急剧增加，各种各样的信息充斥于网络，新媒体网站编辑不可能将所有消息都写成新闻稿件进行传播，因此消息是否具有新闻价值、是否符合新闻价值标准也是新媒体新闻写作中选材的基本标准。陈力丹在其著作《新闻理论十讲》中提出新闻价值的十个要素：发生概率、不确定性、利益相关性、影响程度、心理贴近性、名人效应、冲突性、人情味、心理替代性、趣味性。

一是发生概率。事件发生的概率越小，就越具有价值。正如 19 世纪 70 年代美国《纽约太阳报》的主编约翰·博加特所说：“狗咬人不是新闻，人咬狗才是新闻。”发生概率小，意外、异常的事件，才能吸引读者，激发其猎奇心理，才具有新闻价值。

二是不确定性。当事件处在极度不确定的状态中时，能够减轻这种不确定性的信息才具有新闻价值。

三是利益相关性。即新闻事件与受众利益越相关，撰写的新媒体新闻就越具有新闻价值，读者也就越会关注。

四是影响程度。新闻事件的影响力越大、影响面越广，采写的新媒体新闻就越具有新闻价值。

五是心理贴近性。新闻事件与受众的心理距离越近，就越有新闻价值。心理距离包括，生活地域、性别年龄、兴趣爱好、工作职业、宗教信仰等。心理距离的远近意味着新闻事件所涉及的人是否和受众有关，是否会影响到受众的生活。不同的新媒体要把握好自己的受众群的特征，选择贴近受众心理的新闻报道。

六是名人效应。这里的“名人”既可以指著名人物，也可以指著名景点。新闻事件中所涉及的人物、地点的知名度越高，越容易引起受众的关注，其新闻价值也就越大。

七是冲突性。含有冲突性的新闻具有一定的新闻价值，冲突、矛盾越大，就越容易引起受众关注。冲突包括人为冲突，思想与价值观的冲突，人与自然的冲突以及商业、外交冲突等。

八是人情味。越能表现出人的悲欢离合的新闻，越会吸引受众注意力，新闻也就越具有价值。

九是心理替代性。心理替代性即“故事的真实性”，受众比较愿意看到一些草根逆袭、英雄故事等主题的新闻，达到一种“心理替代”，那么，越具有心理替代性的故事性事实，越具有新闻价值。

十是趣味性。在社会加速转型的今日，多数受众都忙于工作、学业等，积攒了很多压力，在接触到新媒体新闻时，必定是趣味性越高的新闻，越吸引受众，因此，增加趣味性有利于新闻的传播，而这些传播较广的新闻也就更有新闻价值。但值得注意的是，新媒体编辑要注意趣味性和“三俗”的界限。

（三）新媒体定位标准

每个新媒体都有其自身特有的性质与风格，其新媒体稿件也应突出其自身的独特性。每个新媒体都应对自身有明确的定位，具体体现在内容选择、经营理念、版面设计等方面，与其他新媒体存在差异。这样做新媒体能更好地确定自身的受众群。例如，人民网、新华网等官方新闻网站会更加注重传播时事政治新闻，而新浪新闻、网易新闻等商业门户会侧重于社会新闻的传播。

（四）信息增量标准

信息增量是指媒体提供给受众“欲知、应知、未知”的新闻，即不重复提供其他新媒体已经提过的内容，这也是新媒体新闻能提高竞争力的因素，主要体现在五个维度：速度、角度、深度、广度、高度。

速度，是指在互联网高速发展的今天，新媒体已经近乎达成了对新闻事件的即时播报，新媒体新闻发出的速度越快，就越能抢占先机，获得独家新闻报道，这也对新媒体新闻写作造成很大压力，在采访过后，记者需要争分夺秒地写出独家新闻。

角度是指新闻写作时所选取的切入点。新闻事件是客观存在的，事件的描述都相差不大，但记者可以选取与众不同的角度切入报道，以体现其独特性，想必受众也会更青睐与众不同的报道。

深度是传统媒体的优势所在，互联网的传播特征决定了新媒体新闻的深度不如传统媒体，但新媒体却不能放弃新闻的深度。虽然新媒体不过多地强调深度，但若在新媒体新闻写作中，稍微加入一些略有深度的话语或内容，则其会更加出众，但切忌长篇大论。

广度是新媒体相较于传统媒体所具有的独特优势。在新媒体新闻写作中，应充分利用互联网的便捷性，增加新闻内容的来源，以使新闻内容的呈现方式更加多样。

高度是指新媒体新闻写作中，记者的视野不能仅仅局限在新闻事实上，还应上升到现象层面，提炼出抽象概念进行规律、趋势的分析，进而生成更加有思想性的报道，以对社会起到警醒作用。

三、新媒体新闻内容删改

由于网络传播的特性，人们已经习惯于“短平快”的阅读方式，因此新媒体新闻写作与传统媒体新闻写作存在不少差异，以下我们主要从删除的部分和改变的内容两方面进行阐述。

（一）删除

新媒体新闻相较于传统媒体新闻，删去了传统媒体新闻中的编者按部分。在信息过剩时代，受众每天面对海量信息，是拒绝花费大量时间去看长篇大论的，因此新媒体需要对长篇文字进行二次加工，去除冗杂部分，只保留精华。编者按是传统媒体编辑对于稿件的解读，与新闻事件本身无关，因此可以删除。

（二）改变

一是新媒体改变了传统媒体使用的新闻标题。在新媒体时代，信息过剩，受众面对巨量的信息必然不会一一细看，因此标题就成为新媒体新闻吸引受众的关键因素。新媒体新闻的标题必须足够吸引受众，能让受众产生看内容的兴趣。此外，在互联网时代，产生了“网络用语”，在必要的时候，新媒体需要运用这些网络用语来贴近受众，吸引受众，因此传统媒体所使用的新闻标题不再适用于新媒体新闻，需要新媒体重新制作标题。

二是新媒体新闻的形式与传统媒体新闻相比，有了极大改变。新媒体新闻不受版面等因素限制，因此在编排、呈现方式上都与传统媒体存在着差异，新媒体新闻编辑应充分利用技术优势，把文本新闻变成“多媒体新闻”，使内容多元、呈现方式多样，如此更能吸引受众。

第四节　新媒体新闻标题制作

新闻标题是用来揭示、评论新闻内容的最简短的文字。无论是传统媒体时代，还是新媒体时代，标题都是新闻的眼睛，是新闻的灵魂所在。在新媒体时代，往往一个新闻标题就决定了新闻的点击量和阅读量，同时间接决定了新闻价值，更由于“网络体”的出现、受众品位的改变等因素，新媒体新闻的标题与传统媒体新闻的标题存在较大差异。

一、新媒体新闻标题的功能

（一）揭示新闻事实

这是包含在新闻标题定义内的功能，也是新闻标题必须具备的功能。揭示新闻事实，就是对新闻报道中最重要的新闻事实进行说明，让读者在短时间内了解本篇新闻的事实真相。在新媒体中，新闻标题与新闻内容是分开呈现的，因此，读者对新闻标题的关注较多。

在信息过剩时代，新媒体新闻必须足够吸引受众，才会获得关注，才会有更多点击量、阅读量和传播量。

（二）评论新闻内容

这也是隐含在新闻标题定义中的功能，新闻标题不仅能够揭示新闻事实，还能够对新闻事实进行评论，表达了记者或记者所属组织或团体的态度和立场，引导读者阅读和理解，在一定程度上发挥着舆论导向作用。用新闻标题评论新闻内容主要有三种形式：

一是新闻标题对新闻内容选择性呈现，如此形成新闻报道舆论引导的差异。

例如，对于“青岛大排档店主宰客”这一新闻事实，4个新闻门户网站报道角度不一样，使得其价值引导也存在差异。

新浪：青岛大排档菜单大虾38元1份 结账时38元1只

搜狐：大排档宰客 大虾1 500元一盘 店家：很便宜

网易：大排档宰客 大虾38元一只 游客感叹防不胜防

腾讯：天价虾店主称38元一只很便宜 被指持棒威胁顾客

新浪的标题单纯地陈述新闻事实，但标题中点名了“青岛”这一地点，由此读者对海滨旅游城市宰客事件频发产生联想与思考；搜狐的标题使用了“宰客”一词，并且呈现了店家的观点；网易的标题前半句与搜狐所使用的价格表达方式不同，后半句，网易选择表达游客的感叹；腾讯的标题则是直接把“38元一只”的事实和店主认为“很便宜”结合在一起，并且点名这是“天价虾”，还增加了店主“持棒威胁顾客”的信息点。

二是在新闻标题中直接对事实发表议论、表明态度，让读者直接感受到媒体的观点与立场。如，“日本第四次质疑潘基文访华 中方斥其无理取闹”这一标题明确表明了媒体对此事的立场。

三是通过语言文字的运用，间接评论新闻内容，即在词语、语气和符号的运用上间接表达媒体的观点，评论新闻内容。例如，“‘苹果偷听’之一：Hi Siri，我还敢信你吗？”这一新闻标题，用“苹果偷听”和“我还敢信你吗”的疑问句，表达对苹果手机侵犯个人隐私的批判。

（三）吸引读者阅读

在新媒体时代，要想制作的新闻在网络上海量信息中脱颖而出，标题就显得极为重要，标题有趣往往能够吸引受众，进而产生点击量和阅读量。新媒体在制作新闻标题时，可以多运用反问、设问以及比喻等手法，生动形象地诠释新闻事实，以吸引受众关注。例如，“尼斯湖水怪之谜揭晓？科学家：可能是巨鳗”这一标题，使用了设问，并且用“尼斯湖水怪之谜揭晓”这一神秘事件的解决来吸引受众。

（四）说明新闻形态

以上三点都是传统媒体新闻和新媒体新闻所共有的功能，新闻形态则是新媒体新闻所特有的功能。新媒体新闻呈现形态十分丰富，除了图文稿件外，还有视频等。此外，新媒体新闻隶属于不同的板块、栏目，如财经、国际、社会、科技等。在标题中添加这些信息可以使新媒体新闻的层级结构更为清晰，相当于给读者提供了一个导航。如：

[live] 国庆出游大直播：青岛天价大虾餐馆被查处（点明类别）

财经 | 商务部：TPP 是亚太地区重要自贸协定之一（点明栏目）

日媒：日间谍被捕因在钓鱼岛附近岛屿拍军事设施（点明出处）

国平：习近平访美打造中美国际合作新亮点（点明作者）

评论 | 惠民举措不应成为办事障碍（点明体裁）

二、新媒体新闻标题的制作原则

新媒体新闻标题的制作既要遵循传统媒体标题制作的基本原则，也要结合新媒体的特点。

（一）真实性

真实是新闻的生命，而新闻标题是对新闻内容的简要概述，因此新闻标题也必须遵循新闻的真实性原则，并且这里说的真实性是全面、准确的真实，而不是片面的、局部的真实。今天学界所批判的“标题党”就是指标题以偏概全、断章取义，甚至文不对题，违背了新闻的真实性原则，损害的不仅是单个媒体或记者的形象，而是整个传媒行业的形象。

（二）精彩性

精彩是指新媒体记者在制作新闻标题时不仅要抓住要点，将新闻事实的新闻点、亮点提炼出来，而且要学会运用各种修辞手法，运用创意，增加新闻标题的可读性，吸引受众阅读。

（三）简洁性

标题是新闻的“眼睛”，好的标题要做到“立片言而居要”，这就要求编辑用心提炼标题，使标题言简意赅、字字珠玑。受众每天面对海量信息，新媒体新闻标题若过长，会使受众产生疲惫、厌烦的心理。具体来说，新媒体编辑可以通过使用概括性强的语言、删除多余的字句与不必要的修辞、巧用简称和数字等方式，让标题变得简洁。

（四）贴近性

贴近性原则是新闻价值的一个组成要素，新闻事实与受众的心理距离（包括生活地域、性别年龄、兴趣爱好、教育程度、工作种类、宗教信仰等）越近，就越有新闻价值。因此，标题制作也要遵循贴近性原则，贴近读者心理，以此来引起更多关注和普遍共鸣。

（五）独到性

在今天，新媒体上的新闻标题都大同小异，严重同质化，如果不想自己的标题被淹没在互联网信息的洪流中，新媒体编辑就要做到使标题独特，具体体现在新媒体编辑对内容与角度的选择上，对该突出什么内容、不该突出什么内容的判断上，只有与众不同，才能引人注目。

三、新媒体新闻标题的制作

（一）新闻标题提炼的方法

提炼新闻标题的技巧主要有三个。

一是精心阅读稿件，了解稿件具体内容后，再根据稿件的风格，进行内容提炼，制成标题。编辑只有了解和熟悉了文章内容，才能找出文章的新闻点和亮点，才能制作出好的标题，吸引受众。

二是根据原稿件导语，进行标题的提炼与制作。因为导语往往是一篇新闻最重要的部分，因此导语也可以成为提炼标题的重要参考，但最好提炼完标题后，再通读全文，确保标题和文章内容的衔接。

三是直接根据原标题改写。传统媒体新闻也是新媒体新闻稿件的来源之一，因此在转载时，应将传统媒体新闻的标题改为适应新媒体新闻使用的标题，同样，在拟定完标题后，依然要通读全文，以保证标题与文章内容相符。

（二）新闻标题的呈现

在提炼完标题后，需要用恰当形式予以呈现，我们需要注意以下几点。

一是标题要长短适中，不能太长也不能太短。太长了过于复杂，不利于受众阅读与理解，太短了不能准确表意且破坏版面整体的和谐统一。

二是要单行成题且以实题为主。在新媒体新闻中，单行的标题居多，并且，新媒体新闻标题多是实题，以便读者能以最快的速度理解文章要表达的内容。当然，有时使用虚题会起到吸引受众的目的，但要适量且适度，不能用看起来“云里雾里”的标题，容易打消读者阅读的积极性。

三是要精彩生动，包括使用各类修辞手法，巧用数字与符号，借用诗词佳句、流行用语等，以此让标题更加生动且富有文采。

（三）标题形式的选择

在制作标题时，还要注重标题形式的选择。

一是要根据标题所处页面的等级不同，对标题长度进行不同处理。一般来说，新媒体页面具有不同等级，网站基本都是二级或三级页面的设置。一级页面的标题常用单行实题且尽量简明扼要，而二级、三级页面的标题则可以相对较为详细一些。

二是根据需要采用不同字体、字号。不同字体、字号给读者带来的阅读体验和心理作用是不一样的。新媒体编辑可以运用不同字体来呈现不一样的内容，例如，引用的内容用楷体，正文用黑体或宋体等。就字号来说，则可以通过调整字号大小来体现新闻内容的重要程度。

三是可以对标题形式进行补充说明，即可以在标题之前或之后标注这条新闻的呈现形式。例如，《马来西亚 2 名女孩迷失丛林 46 天获救（图）》，该标题后另注明了“图”，读者因此对新闻类型一目了然。

四、“标题党”

由于新媒体时代，海量信息存储在网络上，并且多数新媒体新闻的标题同质化严重，为了使自己的标题脱颖而出，一些新媒体开始“剑走偏锋”，用低俗的文字吸引受众，或标题足够吸引人但往往文不对题，这也就是俗称的“标题党”。

《汉语新词新语年编》中将“标题党”定义为“利用各种颇具创意的标题吸引眼球的人或者行为”。词典中对“标题党”的定义较为中性，在实际使用中“标题党”多为贬义。在新闻领域，“标题党”一般是指新闻标题夸张或奇特，而标题内容却往往与文章内容关系不大，纯粹靠标题吸引眼球，增加点击量或提高知名度。

“标题党”的具体表现如下。

（1）断章取义。某些媒体编辑往往会从新闻信息中直接选取或提炼一部分甚至一句话内容，以此作为标题，不顾及全篇新闻或采访任务的本质，导致标题与新闻原意不符。

（2）虚假夸大。这类新闻标题往往夸大事实或无中生有，目的在于制造出耸人听闻的效果，吸引读者目光，增加点击量。标题党多用“竟然”“震惊”“崩溃”“惊呆了”“出人意料”“不忍直视”“惨不忍睹”“头皮发麻”“背后发凉”“倒吸一口凉气”“如今竟这般模样！”“99% 的人不知道”“男人看了 xxx 女人看了 xxx”等夸张的词语及惊叹号组成标题，例如在 2020 年新冠肺炎疫情期间，口罩脱销时，一微信公众号文章标题为“震惊！这个东西竟然比口罩还重要！”其文章内容其实就是提醒大家注意分辨网上有关新冠肺炎疫情消息的真假。

（3）低俗庸俗。这类新闻标题往往包含“三俗”内容，使用色情、暴力等字眼来吸引读者目光。大河网 2014 年 4 月 21 日发布了一则题为《本欲争“文明”，奈何一地血》的新闻，其内容是当地人为争创“文明县城”突击执法，城管局执法人员与存在违法占道经营行为的商户发生争执，路过行人对此情景进行拍照，执法人员及商户要求其停止拍照无果后，商户与路人发生冲突。

（4）偷换概念。这类新闻标题往往通过更换某个词语或表达方式，改变新闻原意，制造出耸人听闻的效果以增加点击量。人民网 2014 年 4 月 2 日发布的一则新闻《武汉大学生学小龙女“睡钢丝”一条绳 1 550 元》。这则新闻当事人是该校体育学院的大二学生，其主修专业是武术，并且他是武汉地区最早玩扁带的一批人。“走钢丝”的学名叫扁带运动，器材费用为 1 550 元。

“标题党”违背了新闻标题的制作原则，违反公共秩序，丧失道德良知，甚至突破了法律底线，因此作为新媒体记者、编辑，要警惕、拒绝“标题党”。

第五节　各类新媒体新闻写作技巧

一、网页新闻写作技巧

（一）专题的表现形式

网页新闻所处的新闻门户网站的新闻资源具有丰富性和综合性特点，自主选择在新闻门户网站上获取新闻的受众必然是想获取更多信息。因此，记者或编辑在撰写新闻的时候，尽量在排版中，加入与此新闻事件背景、后续、涉及的相关政策和相关报道等相关的图片、视频、文字等超链接，形成专题，增加信息量，以新闻资源整合的综合性来吸引受众。

（二）图片的使用

图片在网页新闻中的使用频率较高，若网页新闻中只有文字内容，必定会让人感觉枯燥无味，因此图片的使用极其重要。首先，要注重图片的质量，及图片的分辨率、角度等，要给受众带去良好的视觉体验；其次，要重视图片的数量，在一篇字数固定的文章中，图片的数量太多或者太少都不好，因此要找到图片与文字维持稳定平衡的点；最后，要注重图片的排序，应按照文字叙述的顺序或事件发生的时间、逻辑等顺序进行排序。

（三）适当提高报道的深度

相较于多媒体形式更加丰富的 H5 新闻、短视频新闻和更加注重社交的社交媒体新闻，网页新闻可以在报道的深度上多下功夫，从与众不同的报道角度出发，进行新闻事件的报道，使报道具有深度、广度和独家性。网页新闻既然在形式上比不过别人，就要在内容上夺得头筹，使自身有一定竞争力。

（四）提供互动平台

网页新闻也可以适当增加互动性，例如，可以在文章最后提出与报道内容或新闻事件相关的问题，让受众进行投票或评论，以吸引受众，或在文章下设置留言板，让受众提出自己的看法，并且可以与其他受众讨论。

案例：人民网专题报道——《学习贯彻党的十九届五中全会精神》（详情扫下面二维码）

图 12-3　人民网专题报道——《学习贯彻党的十九届五中全会精神》

二、社交媒体新闻写作技巧

（一）利用新媒体的多媒体形式

由于社交媒体极强的社交性，其社交场内传播、分享的新闻种类繁杂、形式多样。因此，在社交媒体推送新闻时，也可以运用多种新媒体形式，而不仅仅局限于“文字 + 图片”的形式。例如，可以在某个特殊的日子推送 H5 新闻，也可以在文字新闻前端添加短视频新闻，用短视频的形式来表述新闻事件，吸引到受众注意后，再用文字进行详细描述或评论。

元宵节

长按识别或扫描二维码可查看详情

图 12-4　邯郸广电融媒体于 2019 年元宵节制作的关于元宵节节日介绍的 H5 新闻

（二）结合热点事件

大部分网民在网络上谈论的事件，就是最近的热点事件，因此社交媒体将报道与这样的热点事件结合，才更有助于吸引受众的注意力，并且受众的激烈讨论，进一步推动了社交，自身的报道也因此获得了更广泛传播。

财新网于 2020 年 11 月 19 日发布微信公众号文章《微信又上线新表情了！热搜第一！网友：打工人必备》，这篇文章的标题就“蹭”了“打工人”这一网上自嘲称呼的热点。

（三）对话、故事性、具有感染力的细节

受众利用碎片化时间在社交媒体中阅读新闻，长篇大段的文字必然不适合在社交场中传播，那么怎样才能吸引受众的注意力呢？可以利用对话、故事性的情节以及具有感染力的细节来吸引受众注意。对话是通过两人你一句我一句的沟通，在交流中将事件清晰地摆在受众面前。对话语句虽然是大白话，但句子较短、通俗易懂。故事性的情节和具有感染力的细节，就是记者将新闻事件通过讲故事的方式表达出来，这种方式较考验记者的文字功底，故事要写得生动、形象，才能吸引受众。

（四）运用社交化语言，适当突出某些重点字

受众在与不同性格、身份、年龄的人交流时，必然会发生思想的碰撞，擦出一些不一样的火花，由此产生一套特殊的“社交化语言”。“社交化语言”一般由一些热点事件、动漫影视剧或一些梗延伸出来，并且在多数时候也会用表情包等代替。例如，之前在“蔡徐坤事件”中延伸出来的“律师函警告”等语句和一些表情包就是典型的“社交化语言”。在新闻报道中，也可以适当运用这些“社交化语言”或表情包，能更加贴近受众的心理，吸引受众注意。此外，适当改变一篇报道中某些文字的字体、颜色及字号等，也会使文章的重点更加清晰明了。

新华网在2020年11月23日发布的微博短讯《美国宣布正式退出开放天空条约》中，带上了#美国又退群了#的话题，并使用社交化语言使原本严肃的政治性新闻变得生动，拉近了受众与国际话题的距离感，也吸引受众参与新闻内容的或探讨或吐槽。

三、新闻客户端新闻写作技巧

（一）人文情怀

新闻客户端内的新闻往往是新闻专业机构所提供的，具有严肃性、准确性的特征。但新闻是有温度的，媒体更应具有人文情怀，贴近群众，反映民意，关注民生，助力公益。在新媒体时代，移动新闻客户端对人们产生了巨大影响，应充分利用自身传播优势，坚持正确的舆论导向，满足用户的精神文化生活需求。随着现代社会节奏的加快，加上经济利益的诱惑，浮夸的娱乐新闻、大尺度的照片、断章取义的解读，以及铺天盖地的标题党，这些不利于媒体长远发展。移动新闻客户端应主动承担社会责任，以客观的态度和公正的立场传播新闻，通过平台为社会公益事业做出贡献，提高自身的公信力和美誉度，提高用户的满意度，进而提升品牌的影响力。

（二）运用多元新媒体形式

移动新闻客户端应构建多元化内容生态，拓宽内容渠道。因此，新闻客户端内，新闻也不能仅仅局限于“文字+图片”的形式，而要运用多元的新媒体形式对同一新闻事件进行报道。直播和短视频是发展的流行趋势，目前短视频的播放量大有超过图文阅读量的势态。可以将一个新闻事件制作成专题，专题中包含文字新闻的介绍和深度报道、对新闻事件简单概括的短视频、对人物或事件流程进行详细梳理的H5新闻产品以及相关制作的VR二维码等。

新华网App、澎湃新闻App及《人民日报》App在其新闻客户端中除发表文字图片新闻外，还增加了直播、短视频、云课堂等分类。

（三）精确定位，内容为王

所有新闻报道始终逃不开的就是内容为王，只要新闻本身的价值够高，无论以怎样的形式呈现，都是值得受众津津乐道的新闻。新闻客户端的新闻来源是专业的新闻生产机构，内容更重要，报道的深度必须得有，另外新闻客户端还要对自身做一个精准定位，如果是地方

性的移动新闻客户端，除了一些大事件外，其他的新闻要具有地方贴近性，如《西江日报》新闻客户端是肇庆本地新型主流媒体，其内容应对肇庆人而言具有贴近性。若是全国大型的新闻客户端，如今日头条，提供的就是较为宏观的内容，如国内的大事件甚至国际上的大事件。

《人民日报》App、新华网 App 以及澎湃新闻 App 都会根据用户所在区域，提供区域性新闻。此外，新华网 App 界面，有新闻分类，如国际新闻、军事新闻等。

（四）强化受众参与

所有新媒体都强调了受众的参与性，因为只有受众高度参与，才能吸引更多受众，才会增加受众的黏性，移动新闻客户端也不例外。除了基于社交化需求的分享，以及留言、评论功能外，移动新闻客户端还可以在新闻报道的最后增加投票、弹幕等功能，此外，即使是严肃的时政新闻传播，也需要调动受众积极性，让受众参与到新闻传播中。

例如，“学习强国”学习平台里面的专题内容丰富，激发用户每天积极打卡，刷新实时新闻，如遇到精彩的用户立刻分享便可以增加积分。用户在“专题考试”和“答题活动”模块中也可以检验出学习成效，找出自己学习中的不足与问题。通过对视频和文章的学习，广大党员群众可以不断提升思想意识和政治觉悟，在工作交谈中增加自信心，从而在学习与互动当中感受到“使用与满足”的乐趣。

四、H5 新闻制作技巧

（一）内容为王，技术表达为辅

在制作 H5 作品时，技术和内容的使用方面，要始终坚持以内容表达为主，技术的运用也是为了更好地表达内容，应将技术自觉归类为表现内容的辅助手段，而不能盲目追求炫目的视觉效果而舍本逐末，忽视内容，甚至导致重大的传播议题被边缘化和过度娱乐化。

（二）精练信息，切忌长篇大论

H5 新闻和传统新闻的一个很大不同之处在于，H5 新闻是通过更加主动的方式为大众所接收并进行主动传播的。在新闻制作中，如果将整篇报道直接放在页面上，即使结合了 H5 技术，也容易造成页面内容的赘述，易使受众丧失阅读兴趣。因此，制作 H5 新闻时应提炼报道的核心内容，将最重要的内容通过简单易懂的方式表现出来，这样更容易为大众所接受和理解，最终达到对信息的宣传效果。此外，H5 新闻长度也不宜过长，浏览时间一般在 3 分钟以内，若内容过长，也容易引起受众的疲惫心理。

（三）强化互动，建立亲密关系

H5 新闻产品更需要注重互动性，建立与用户的亲密关系，除了媒体与用户的互动，还有用户之间的互动。H5 新闻产品的互动，除了可以借助游戏，也可以借助技术，例如，双屏互动、照片识别、语音识别、个性化定制等。双屏互动即利用手机与不同终端媒介互动，并获得新体验。一般来说，两个屏幕之间通过扫码，便可以实现多媒体内容的传输、展示、互动。双屏互动的语音识别场景具有延展性，常常用于场景的组合，比单一场景的 H5 更具有互动性。照片识别与语音识别需要受众拍摄照片、录入语音，例如以手势、朗读文字等形式进行信息的输入。另外，媒体一般使用个性化定制生成个性化海报，让受众分享，借助用户分享更迅速地传播产品。新闻产品的互动性有助于建立用户与媒体之间的亲密关系，提升媒体自身的品牌影响力，也有助于新闻产品的传播推广。

《快听！习近平通过人民日报客户端向你发来元宵节问候》这则 H5 新闻是 2016 年 2 月推出的，该新闻用来电显示的形式传播新闻，增强了受众的互动性。

图 12-5　人民日报社 H5 新闻《快听！习近平通过人民日报客户端向你发来元宵节问候》

（四）找好角度，提高接近性

要找好报道的角度，就需要媒体在前期工作中做好充分准备。首先应明确用户画像，针对目标用户确定其诉求。其次，H5 新闻内容要与受众自身密切相关，从而拉近与受众的关系，使受众在接收信息过程中感受到超越信息本身的情感互动，通过情感共鸣，受众的多方面需求得到满足。若是时政类的新闻，除了运用 H5 技术，让受众获得体验感和新奇感之外，还应该从民众的基本诉求出发，结合政策、法规或重大讲话回应人们的诉求。

具体操作上，可以运用 H5 技术，结合 VR、AR、短视频等手段，尽可能将有用信息进行精简；叙事语言上，也可以使用较为轻松的、符合网络社区语言风格的表达方式。

案例：南方报业集团——《打破次元壁，网红来找你！》

此则 H5 是南方报业集团于 2017 年 4 月推出的，根据流行的网红现象，推出南方报业集团自己的名记网红团，逐页介绍了每一名资深“网红”记者的风格和擅长领域，其中穿插着的是南方报业集团一直未变的新闻专业素养。漫画画像风格、二次元的流行文化以及浓厚的互联网气息等都提高了受众接近性。

图 12-6 南方报业集团 H5 作品《打破次元壁，网红来找你》

（五）嫁接热点，实现裂变式传播

学会嫁接热点，在特殊事件或时间节点发布特定内容的 H5 页面，不仅可提高曝光率，也会提升受众二次传播的欲望。H5 作品虽然主要是基于微信社交平台进行传播的，但若是受众感兴趣，其也可能将内容转发到其他各类平台，例如微博、QQ 等其他客户端都是现如今 H5 应用最为广泛的社交平台。因此，媒体应该重视与其他平台的联动合作，充分利用 H5 作品在微信平台的强关系链的固有优势，实现 H5 产品的裂变式传播。

案例：闽西日报——《烽火家书，纸短情长》

此则 H5 是《闽西日报》于 2020 年 3 月 6 日推出的，嫁接了新冠肺炎疫情的热点，运用家书的形式体现出面对疫情医护人员及其家属的思念之情，以及他们对疫情防控的决心。

图 12-7 《闽西日报》H5 作品《烽火家书，纸短情长》

五、短视频新闻制作技巧

短视频越来越成为融媒体新闻传播的重要形式之一，那么制作短视频新闻需要注意什么呢？在此处我们从表现形式、内容设计以及镜头运用三个方面进行说明。

（一）表现形式

一是从小切口、新角度切入新闻主题。融媒体新闻短视频，特别是时政专题类产品，应该远离高高在上的严肃风格，在满足新闻制作标准的情况下，选择新角度，做得有温度、接地气。

2018年，中共中央对外联络部推出《外国政要看改革开放》系列短视频。围绕改革开放四十周年这一主题，该系列短视频并没有从宏大的历史角度切入，而是以四位来华与会的外国政党代表为主人翁，跟拍他们在深圳参会、走访、考察的故事，由点及面，巧妙地借外国人的视角讲述改革开放后中国的历史性变化。

二是注意使用无解说形式或同期声形式，防止受众感到枯燥。

《外国政要看改革开放》系列短视频采用主人翁自述的方式，以第一人称的角度叙事，增强了用户的代入感，短视频在轻松、流畅的叙事中有力地展现了主题。相较于传统解说词，这种无解说形式赋予了短视频更多个性化能量，契合短视频诉诸情感的特点。它并非简单地在同期声基础上配画面，而是立足具体场景和环境，穿插访谈，让现场感与感染力同时提升。整个语境更像是在和用户对话，因此也更符合移动互联网传播规律。此外，及时记录并合理应用现场环境音、后期音效，也有助于形成多层次、立体、过渡自然的感官体验。

三是善用动画包装短视频。动画呈现风格、字幕字体等细节，能起到四两拨千斤的作用。在契合短视频“气质”的前提下，恰当地用动画包装会让视觉效果跃升，同时能强化主题与风格。

第二十八届中国新闻奖的部分获奖作品，记者就使用了动画形式，他们在充分策划和架构主题之后，选择讨巧的动画展现特定主题，例如将常规的二维图片三维化处理，或者用虚拟抠像与实景结合的形式讲述故事。这些动画包装为融媒体新闻短视频打破刻板印象、创新展现形式提供了更多可能。

（二）内容设计

一是主题要尽量贴近生活。要扩大短视频的传播力、影响力，就必然要依托社交网络，因此短视频作品要精准地命中当前人们普遍关心的议题，促使人们自发地在社交网络中传播短视频，这样新闻作品才能实现宣传效果。一方面，日常生活与人们的切身利益关系最为密切，因此关注度最高，最具有贴近性；另一方面，所有的正能量、真善美、核心价值观，最后都是通过日常生活才得以呈现，有关日常生活的短视频更容易使人们产生价值观的共鸣。

二是要提供有价值的信息，即使内容贴近生活，也不能像记流水账一样。借助短视频获取资讯、观点，满足时效性、知识性、实用性等需求，是用户观看短视频的一大源动力。内容为王，依旧是传统媒体的优势所在。作为PGC提供者，传统媒体身居资讯一线，更能关注到与用户紧密相关的故事、话题和事件。填满用户碎片化时间的短视频看似零散，实则遵循着各个垂直细分领域的逻辑规则。目前，在各大平台上，时政、财经、军事、科技、生活等领域里，真正能提供有价值信息的融媒体新闻短视频“吸睛”无数，以品质满足细分市场下的用户需求。

三是内容要人性化，具有人情味，能触动用户心灵引发情感共鸣。

央视新闻2020年11月17日发布一则29秒的短视频《心疼！钟南山刷屏照片的真相》，其中讲述了钟南山院士在列车上小憩的照片背后的实际情景，其实钟老看似在小憩，实则是在闭目思考，仅仅思考了十分钟就继续起身投入工作中，此条短视频引发网友纷纷致敬钟南山院士。

（三）镜头运用

一是要善用小景深捕捉细节。基于融媒体短视频的内容特征与传播特点，细节丰富、情感细腻的镜头相较常规镜头更显重要。无论是对场景环境的交代，还是人物情感的刻画、物品形态的展现，由大光圈和长焦组合捕捉到的小景深画面，可以提供更锐利的视角，充分体现巧思与质感，特别是利用长焦拍摄塑造的压缩感较强的画面，可以在短时间内强化主题，甚至能将部分看似“无用”的花絮，变成凸显主题与情感的放大器。

二是要巧用运动镜头，提升张力。运动镜头、第一视角等特殊镜头，是媒体为提升短视频张力和感染力采用的重要手段。近年来，各类平台稳定器，如大疆如影 Ronin–S、灵眸 Osmo Pro 相继问世。这类平台兼具便携性与操控性，在创作运动镜头方面优势明显，可大幅提升短视频画面的流畅度。GoPro、Action 等运动相机也日趋普及，其引领的视角可上天入海，极大地丰富了融媒体新闻短视频创作手段。

三是要利用升格降格镜头，渲染情绪。一方面，升格镜头所呈现的慢动作画面，为短视频的情感铺垫与抒情升华部分提供了重要技术保障。降格镜头，或说延时摄影，则是压缩时间的手法，在展示时间流转方面灵动、震撼。另一方面，航拍也是当下各类视频制作的标配，其在宏大叙事方面直接有力。随着无人机技术的升级，大疆御 –2 等机型已可进行延时摄影，相当于将流动斑斓的延时摄影搬到了空中。此类镜头在调节视频节奏、提高画面精彩程度方面可发挥巨大作用。

思考与练习

1. 新媒体新闻有什么特点？
2. 新媒体新闻写作有哪些标准？
3. 如何制作新媒体新闻标题？
4. 参照网页新闻写作技巧，制作一则网页新闻。
5. 参照社交媒体新闻写作技巧，制作几则社交媒体新闻。
6. 参照客户端新闻写作技巧，制作一则客户端新闻。
7. 参照 H5 新闻制作方法，制作一则 H5 新闻。
8. 参照短视频新闻制作方法，制作一则短视频新闻。

参考文献

[1] 编写组 . 新闻采访与写作 [M]. 北京：高等教育出版社，2019.
[2] 陈秉科 . 深一度：新闻采访与写作 [M]. 北京：中国广播影视出版社，2016.
[3] 武斌 . 融媒体背景下的新闻采访 [M]. 山东：电子工业出版社，2017.
[4] 熊高 . 新闻采访 [M]. 北京：中国传媒大学出版社，2006.
[5] 章玉兴 . 人物新闻采访与写作 [M]. 北京：人民日报出版社，2014.
[6] 徐国源 . 当代新闻采访写作 [M]. 江苏：苏州大学出版社，2006.
[7] 朱洁 . 采访提问 100 例 [M]. 四川：四川大学出版社，2013.
[8] 王芳 . 新闻采访与写作 [M]. 北京：九州出版社，2018.
[9] 高钢，潘曙雅 . 新闻采访与写作 [M]. 北京：中国人民大学出版社，2018.
[10] 郭光华 . 新闻写作 [M]. 北京：中国传媒大学出版社，2006.
[11] 王春星，杜春海 . 新闻写作 [M]. 重庆：重庆大学出版社，2010.
[12] 欧阳霞，张晨 . 新闻采访与写作 [M]. 北京：清华大学出版社，2014.
[13] 刘京林 . 新闻心理学概论 [M]. 北京：中国传媒大学出版社，2014.
[14] 陈相雨 . 新闻采访研究导引 [M]. 南京：南京大学出版社 ,2015.
[15] 李希光，孙静惟，王晶 . 新闻采访写作教程 [M]. 北京：清华大学出版社，2011.
[16] 欧阳明 . 深度报道采写概论 [M]. 北京：清华大学出版社，2011.
[17] 沈固朝，施国良 . 信息源和信息采集 [M]. 北京：清华大学出版社，2012.
[18] 付晓光 . 新媒体实务 [M]. 北京：中国传媒大学出版社 ，2018.
[19] 尹章池 . 新媒体概论 [M]. 北京：北京大学出版社，2017.
[20] 张征 . 新闻采访教程 [M]. 北京：中国人民大学出版社，2008.
[21] 刘明华，徐泓，张征 . 新闻写作教程 [M]. 北京：中国人民大学出版社，2002.

附录：近十年中国新闻奖消息获奖作品目录

（2011—2020 年）

表 1　第二十二届中国新闻奖消息获奖作品目录

奖项等次	项目	作品名称	作者	刊播媒体
特别奖	电视消息	胡锦涛主席在中南海会见美国佩顿中学访华师生	集体	中央电视台
一等奖	报纸消息	基层科技创新遇“无米之炊” 去年我省 28 个县（市、区）财政研发投入为零	郭伟 王敬照	河北日报
	报纸消息	就业局长“潜伏”打工探扬州用工	胡俭	扬州日报
	广播消息	公安微博危机公关十小时	集体	济南广播电视台
	电视消息	刁娜：舍己一条腿 救人一条命	韩信 郭志强	山东广播电视台 烟台电视台
	电视消息	张春贤“逛”夜市	周一凡 熊超 孟宪梅	新疆电视台
	国际传播报纸消息	中国发生特大动车相撞事故伤亡严重	张祎 张和平 岳德亮	新华社
二等奖	报纸消息	我军第一代女导弹操作号手高原亮剑 35 名平均年龄不足 23 岁的军中女“剑客”首次实弹发射圆满成功	梁蓬飞 李永飞	解放军报
	报纸消息	小读者横穿大半个上海来还书	乐梦融	新民晚报
	报纸消息	牧民开始用卫星放牧	哈丹宝力格	内蒙古日报
	报纸消息	民营医院检查结果公立医院也认	孙泽锋	辽沈晚报
	报纸消息	中国早期共产主义运动又一重要档案解密 91 年前的今天，中国最早的共产主义组织在重庆诞生 本报获准公开发表《四川省重庆共产主义组织的报告》	向泽映 程必忠 刘志平	重庆日报
	报纸消息	兵团节水技术辐射我国北方主要旱区	李秀萍	兵团日报
	广播消息	芜湖查获全国“醉驾入刑”第一人	李蠡 鲁金茗	安徽广播电视台
	广播消息	濮阳发现日本绘制的《大清全地图》钓鱼岛属中国	崔淑芬 刘红	濮阳电台
	广播消息	陈炳德马伦纵论中美军事关系	梁永春	中央电台
	电视消息	致敬“抢修哥”	杨俊伦 王忠理 何勇 杜元	湖北广电总台

续表

奖项等次	项目	作品名称	作者	刊播媒体
二等奖	电视消息	富裕的“低保户”	集体	河北电视台
	电视消息	北京告别 91 年钢铁生产历史	马国颖 金蕾 王晓龙 李琪	北京电视台
	电视消息	嘉陵江一餐饮船翻沉 11 人落水	穆黎一 蓝凯	重庆广电集团（总台）
	国际传播报纸消息	Chinese company lights up prospects of Midwest city（中国企业给美国中西部小镇带来希望之光）	张语薇	中国日报
三等奖	报纸消息	近 6 亿元房地产项目被叫停、按世界文化遗产标准重建台儿庄古城：舍了房产换遗产	逄春阶 齐淮东	大众日报
	报纸消息	“秋日”成我国首获欧盟授权 我省自主知识产权花卉新品种地域保护步入国际化	陈云芬 李绅崇	云南日报
	报纸消息	上海工商从“翻词典”到“编词典”	陈玺撼	解放日报
	报纸消息	武汉出台全国首份“餐饮行业工资专项集体合同”范本 餐饮行业最低工资上浮 30%	宋兰兰 胡文辉	长江日报
	报纸消息	听孝道故事，眼泪刷地下来了——山东卫视《天下父母》感动千万观众	赵秋丽	光明日报
	报纸消息	走股份制经营之路让集体资产裂变式增值 红星村失地农民成股东	柏凡露 薛婧 韩丽平	黑龙江日报
	报纸消息	787 死魂灵混进广东新农保	蒋悦飞	广州日报
	报纸消息	广东近七成服刑人员将参加县乡人大代表选举 惠州监狱四千在押犯昨投下庄严一票	邓新建 刘洪群 阚淼	法制日报
	报纸消息	今年我国农业农村经济全线飘红	瞿长福 李力	经济日报
	报纸消息	多种新特弹药颠覆传统“班进攻” 标志我军基本作战单元战斗样式发生历史性转变	梅常伟 马峰 张能华	前卫报
	报纸消息	苏州城乡低保提标并轨	周建明 吴军	苏州日报
	报纸消息	我省旱地小麦种植技术取得重大突破 全膜覆土穴播技术为保障口粮安全提供科技支撑	王朝霞	甘肃日报
	广播消息	黑龙江大小兴安岭林区全面停止主伐	赵鸿洋 任广镇 郭亚洲 于清江	黑龙江电台
	广播消息	溜索 再见	补平 彭震 陶方军 甘露	云南电台
	广播消息	城乡最低生活保障预算，钱多得花不完?	陈霞 张明霞	上海广播电视台
	广播消息	“农社对接”让高菜价低头	杨晓伟 王宏强 刘轶群	宝鸡电台
	广播消息	调车员王连军的中秋夜	陈昕 张若鹏	吉林电台
	电视消息	雨后排“堵”	白琳琳 李立家 马超 梁冰雪	天津电视台
	电视消息	鄱阳湖遭遇罕见干旱 区域生态链受到威胁	易义华 陈吟影 廖晓峰 杨农	江西电视台

续表

奖项等次	项目	作品名称	作者	刊播媒体
三等奖	电视消息	记者目击：震后的盈江县城	岩晓 舒倩 周舟 胡彬	德宏电视台
	电视消息	袁隆平超级稻突破926.6公斤 90岁争取亩产实现1 000公斤	易可可 李智广 肖永根 李越胜	湖南广播电视台
	电视消息	移民故事：最后的春耕	唐泽 王丰 吴爱兵 冯晓莺	宁夏广播电视总台
	电视消息	近万只待产藏羚羊一夜集结卓乃湖	赵莉 杜汉成 韩青峰 陈新云	青海广播电视台
	电视消息	美式校车为啥难上路	陈孚 刘尚武 张冲 王梓豪	沈阳广播电视台
	国际传播广播消息	中国首架自利比亚撤离人员包机安全抵京	夏航 耿海艳	国际电台
	国际传播电视消息	武汉市总工会助推50万餐饮行业员工涨薪	黄葆华 董松	中央电视台
	国际传播广播消息	去年今年同一天 中缅互助一家亲	罗成 杨春 唐茴茴	广西电台

表2 第二十三届中国新闻奖消息获奖作品目录

奖项等次	项目	作品名称	作者	刊播媒体
特别奖	电视消息	习近平在参观《复兴之路》展览时强调 承前启后 继往开来 继续朝着中华民族伟大复兴目标奋勇前进	集体	中央电视台
一等奖	文字消息	中共中央党史研究室主任披露7常委参观《复兴之路》出行不封路	瞿凌云	长江日报
	文字消息	火车站见证兰考经济变迁	童浩麟	河南日报
	广播消息	万里长江第一条过江地铁今天运营	刘群 赵阳 应响洲	武汉广播电视总台
	广播消息	元上都遗址成功列入世界文化遗产名录	雪梅	内蒙古人民广播电台
	电视消息	神舟九号返回舱成功着陆四子王旗草原 三名航天员平安归来	菅海霞 梁兆峰 石藤正一 韩巍	内蒙古电视台
	国际传播文字消息	习近平访爱荷华州：一些小事，一生的回忆	Kelly ChungDawson（陶凯丽）张语薇 谭英姿	中国日报美国版
二等奖	文字消息	山东作家莫言获诺贝尔文学奖	集体	大众日报
	文字消息	七十三团上千少数民族群众全部就业	李秀蓉 谭冬初	伊犁垦区报
	文字消息	临沂大学八位处长辞职当教授	周华 赵秋丽 文锋	光明日报
	文字消息	昌元化工力压美国百年老店 掌握全球高锰酸钾定价权	陈钧	重庆日报
	文字消息	广东“腾笼”五年换来一批“好鸟”	谢思佳 陈韩晖	南方日报
	文字消息	成立年余未获任何捐赠 发出千余邀请无一应答	赵福中 李丰	工人日报
	广播消息	一场不谈成绩 只谈问题的座谈会——十八大后李克强首次与地方官员共谋经济发展	冯悦 王磊（大）郭亮	中央人民广播电台

续表

奖项等次	项目	作品名称	作者	刊播媒体
二等奖	广播消息	天堑之间架起“信息桥”	张艳梅 管昕 马岳波	云南广播电视台
	广播消息	爱心联动，援救早产婴儿	杨燕	江西广播电视台
	广播消息	“挡丑墙”揭了谁的丑	张劲 单洁 魏敏	泗县广播电视台
	电视消息	兰州桃树坪隧道五名被困工人获救瞬间	刘龙龙 邵通	甘肃广播电影电视总台
	电视消息	危急时刻踢倒歹徒 张槐乾好样的	曹钦永 史俊 黄黔光	贵阳广播电视台
	电视消息	中原实验：“三化”一盘棋解河南之“难”	集体	河南电视台
	电视消息	东莞首创“四方联网” 3天业务20分钟搞掂	林泽珊 何春辉 潘少均	东莞广播电视台
	国际传播电视消息	达沃斯：天津从听众到主角	庾慧明 胡炳垠 任晓路 王京	天津电视台
三等奖	文字消息	中国全面掌握交会对接技术	黄琦	中国航天报
	文字消息	关爱“老基层”厚爱“老基层”偏爱“老基层”百名“老海岛”“老山沟”落户大上海	凌欣生 徐鲲 张兴福	人民前线报
	文字消息	共和至玉树：国内首条高速化公路挺进三江源	星子 侯万军	青海日报
	文字消息	“乖孩子”培养法 扼杀创新精神	殷莹 潘瑞云	今晚报
	文字消息	一岁时被夹子夹断脚趾 一群爱心志愿者帮养伤 一只白鹤坐飞机来鄱阳湖找亲人	刘勇	江西日报
	文字消息	“党义”后代沐党恩	孙滨利 张茁	吉林日报
	文字消息	全省逾六成农民用上自来水	宋振峰	甘肃日报
	文字消息	8 100年前稻谷为考古成果增添新证据 顺山集遗址将江苏文明史至少推前1 600年	王劲秋 许昌亮 许哲	宿迁日报
	文字消息	Patrol around Diaoyu Islands successful: official（中国海监船成功执行钓鱼岛巡航执法）	张建松 张云龙 易凌	新华社
	文字消息	中科大量子隐形传态首跨百公里	桂运安	安徽日报
	文字消息	20万亩平原造林工程启动 北京打响空气质量“攻坚战”	苏民 金晶	经济日报
	文字消息	先看病后付费 医患两相宜 山东省济宁市率先推行“先看病后付费”诊疗模式，68万余人受益，无一例恶意逃费	解希民	中国财经报
	文字消息	余姚“道德银行”助好人创业——28个村200多农户凭道德积分获千万元信用贷款	杨静雅 谢敏军	宁波日报
	广播消息	“三直评”激活宁夏吴忠农村基层组织能量	丁半农 许新霞 李丽	宁夏广播电视总台
	广播消息	热登家的期盼	王晓丽 罗华群央 付淳	西藏人民广播电台
	广播消息	吉林依靠科技实现粮食生产“九连增”	集体	吉林人民广播电台
	广播消息	国内首个民间借贷平台——温州民间借贷登记服务中心今天正式挂牌	李晓华 王乐乐 吕瑞峰 张勤	浙江人民广播电台

续表

奖项等次	项目	作品名称	作者	刊播媒体
三等奖	广播消息	600 公里 7 小时，两省爱心接力生死营救小彬彬	集体	广东人民广播电台
	电视消息	淮安设立爱心互助点	陈阳 张振平	淮安广播电视台
	电视消息	黑龙江：战罕见秋雨 争颗粒归仓	杨国栋 王志鹏	黑龙江电视台
	电视消息	老人跌倒众人多围观 小伙救助手机证清白	谢丹青 张蔚	上海广播电视台
	电视消息	喜迎十八大·小故事 大跨越 农民王爱国："期货"交易所里卖鸡蛋	艾涛 孙勇 李东杰	湖北广播电视台
	电视消息	新春走基层：从"解困"到"达顺" 小区更名背后的故事	徐中华 毕可佳 季阳	吉林电视台
	电视消息	马背电视走进高原牧场	李文韬 李明	四川广播电视台
	电视消息	新疆兵团今年六成多棉花实现机采	黄土根 何新民 文静 吕阳	兵团电视台
	电视消息	峡江水利枢纽："抬田"破解国内水利建设头号难题	朱林 温俊 王志奇 朱隆	江西广播电视台
	国际传播电视消息	Overseas students gear up for Chinese proficiency final contest （同乐江苏 洋学生恋上中国风）	范萍萍 刘小淙 费青	江苏广播电视总台

表 3 第二十四届中国新闻奖消息获奖作品目录

奖项等次	项目	作品名称	作者	刊播媒体
特别奖	电视消息	习近平春节前夕赴甘肃看望各族干部群众 向全国各族人民表达美好的新春祝福	集体	中央电视台
一等奖	文字消息	准备打仗，先向"和平积习"开刀——北京军区三九演兵重在端正训练作风一针见血查问题	魏兵 覃照平	解放军报
	文字消息	利益面前，干部退一步	徐蒙 谢金晶	解放日报
	广播消息	总理向我问灾情	魏鸣 陈军 殷江 陈超	四川广播电视台
	广播消息	辽宁在全国首开"雾霾罚单"，八城市被罚	那其灼 林凌 郭亚男	辽宁广播电视台
	电视消息	超强农民：1=190	杨国栋 李永和 李鑫	黑龙江电视台
	电视消息	廉价蒲草"编"出亿元淘宝村	牟宗平 李伟	山东广播电视台
二等奖	文字消息	上海自贸区挂牌——中国打造改革开放新"模板"	韩淼 许晓青 张祎	新华社
	文字消息	世界首例青海蒙古族人"生命密码"成功获得并有效破译	陈芃 赵静	青海日报
	文字消息	"五个担心"让领导出一身"汗"	刘建林 谢卫群	人民日报
	文字消息	我国科学家在国际上首次"看见"氢键	齐芳	光明日报
	文字消息	海军第一艘核潜艇去除核反应堆退役——我国核潜艇从研制生产、使用管理到退役处置形成全寿命保障能力	钱晓虎 张科进	解放军报
	文字消息	兵团占据国际彩棉产业主导地位	兰玲玲	兵团日报

续表

奖项等次	项目	作品名称	作者	刊播媒体
二等奖	文字消息	“海峡光缆1号”开启两岸通信“直航”新时代	李向娟	福建日报
	广播消息	尾砂中提炼出大产业	周围 彭世翔 李兴满	江西广播电视台 赣州广播电台
	广播消息	洪峰袭来，五星红旗在祖国东方照常升起	任广镇 韩天	黑龙江人民广播电台
	广播消息	吉林省海外粮食基地首批三万吨水稻回运	刘海英 淳于慧雪	吉林人民广播电台
	电视消息	21张火车票 敦煌全城找主人	周尚业 刘龙龙 刘珊 王皓 王云海	甘肃广播电影电视总台
	电视消息	最有爱的“报刊亭爷爷”突发脑溢血离世 百名学生流泪悼念	刘雅利 王一姗 徐婷	湖南广播电视台
	电视消息	南矶湿地启动“点鸟奖湖”新尝试	曾佳 卢美联 谢祥震 朱隆	江西广播电视台
	电视消息	鲍美利：歌声营造欢乐 共创幸福晚年	周云 徐卫国	上海广播电视台
	国际传播电视消息	本台记者探访大马士革南郊战区	王薇薇 余宗晋 章成竹 马紫雯 刘念	中央电视台
	国际传播文字消息	Living Buddha takes on a new political role（青年活佛的政治履新）	王化中 达穷	中国日报
	国际传播文字消息	中国首次进行太空授课	任珂 赵薇 白瑞雪	新华社
	国际传播文字消息	义乌社区有了“洋委员”	骆逸群 章建民	环球华报
三等奖	文字消息	小小字条传递医患真情	高羽	今晚报
	文字消息	民企员工竟视职称为“绊脚石”	庞慧敏 黎敏	工人日报
	文字消息	跑三条街买不到一个顶针	郑晔	宝鸡日报
	文字消息	汉族大学生村官李浩 全票当选回族村支书	李东梅 李云华 朱立杨	宁夏日报
	文字消息	南海昨日开出广东首份行政审批“负面清单” 收紧政府的“手”放开市场的“腿”	胡智勇 何又华 林焕辉	南方日报
	文字消息	宿州在全国率先“试水” 土地流转信托	何雪峰 曹珂	安徽日报
	文字消息	藏族连长拉巴次仁3次人生跨越成就光荣梦想	集体	战友报社
	文字消息	产的是玻璃 卖的是创意	张永利 庞超	河北日报
	文字消息	兰考乐器奏响农民致富的幸福乐章 全国民族乐器行业90%的音板取材于兰考	刘会敏 卢浩然	开封日报
	文字消息	Chinese puts in a good word for the English language（中文热词为英语注入活力）	金珠 陈佳	中国日报
	文字消息	立德讲理72姓氏相处怡然自乐 十都村唱响和谐“好声音”	傅云 郑颖	江西日报

续表

奖项等次	项目	作品名称	作者	刊播媒体
三等奖	文字消息	武汉一药企57载亏本生产救命药	集体	湖北日报
	广播消息	去年西藏13.5万贫困农牧民群众摘掉“穷帽子”	王腾 罗华 侯晓燕 普穷	西藏人民广播电台
	广播消息	老人被撞不求偿一封书信唤良知	符强 薛唯侃	闽行广播电视台
	广播消息	鹿泉GDP增长率排名倒数，反获全省经济发展先进县（市）第一	周文宣 许海涛 戈希庭 史建中	河北人民广播电台
	广播消息	协和医院：一台手术竟让患者开两次刀	高翔 谢先进	北京人民广播电台
	广播消息	“树坚强”筑起三峡库区消落带“绿色长廊”	吕治 吴狄	万州广播电视台
	电视消息	牧民的“微”生活	宋红梅 苏雅拉 哈那 徐友力	锡林郭勒广播电视台
	电视消息	惊心动魄八小时	苏姝 杨宁 周雅婷 王玮	贵州广播电视台
	电视消息	新年里升挂经幡 祈福幸福安康	花地敏 边巴次仁	西藏电视台
	电视消息	玛多百名干部冰凌黄河勇救牛群	张晓巍 赵莉 达日拉毛	青海广播电视台
	电视消息	从一分钱到一个亿	于东洋 丁玎 李楠 周旭 孙雅书	天津广播电视台
	电视消息	阳洋：生命的最后一刻定格在新闻现场	唐永波 义庆峰 周自金 吕泰松	贺州电视台
	电视消息	珲春：东北虎频“造访”五天四袭牛	付刚 汤振峰	吉林电视台
	电视消息	有奖批评大会：“奖”出真心话“批”出生产力	冯莹莹 刘晨 李书军 魏向青	淮南市广播电视台
	国际传播广播消息	环球勇士归航 郭川创造单人不间断环球航行世界纪录	闫莉华 李雪蓉	中国国际广播电台
	国际传播广播消息	厦启用首台24小时自助受理机，港澳台再签证随时可办	陈仙蓉 袁亚盟	厦门广播电视集团
	国际传播文字消息	中央纪委监察部网站上线20天 网络举报达15 253件 日均逾760件	陈治治	中国纪检监察报
	国际传播电视消息	医疗卫生服务共同体延伸到老挝南塔	陶锐 李开连	西双版纳广播电视台

表4 第二十五届中国新闻奖消息获奖作品目录

奖项等次	项目	作品名称	作者	刊播媒体
一等奖	文字消息	项目审批“长征”698天 泰豪动漫变“动慢”	桂榕 何宝庆	江西日报
	广播消息	“数字敦煌”工程让敦煌文化遗产得以永续留存	王心怡 王成梧 李艳芬 王磊	甘肃广播电影电视总台
	电视消息	习近平同美国总统在中南海会晤	集体	中央电视台

续表

奖项等次	项目	作品名称	作者	刊播媒体
一等奖	电视消息	寒酸的县委办 不寒酸的民生	曾佳 程鹏 肖瀚 王志奇 张龙	江西广播电视台 萍乡广播电视台
二等奖	文字消息	苏尼特牧民：赶着羊群上天猫	乌日吐那斯图 赵双喜	内蒙古日报蒙文版
	文字消息	领导过问案件“打招呼”先登记	刘冠南 周志坤	南方日报
	文字消息	马德里迎来首趟“义新欧”货运班列	何百林	金华日报
	文字消息	中国首次以国之名公祭南京大屠杀遇难者	集体	新华社
	文字消息	祖国强祖国昌：“忠勇孪生兄弟”10 年演绎血性军人精武传奇	陈建平 刘汝山 陈云	人民前线报
	文字消息	道德荣誉，贷来“真金白银”	陈亮 林丹 张知松	福建日报
	文字消息	孟津政府大院没“围墙”	胡心洁 刘晓波	河南日报
	广播消息	章开沅成为我国辞去“资深教授”第一人	杨刚 曾小曼 陈波	武汉广播电视台
	广播消息	从追赶到领跑 中国高铁亮出中国创造新名片	袁丹 崔咏梅	青岛广播电视台
	广播消息	李克强首次回应冒险访问尼日利亚原因 强调保护海外中国公民安全问题	刘乐 郭亮 冯悦 邢斯嘉	中央人民广播电台
	电视消息	千万富翁送四个儿子上维稳一线	陈国庆 王拓 宋冬梅 曹慧	阿克苏地区电视台
	电视消息	高空行走安装间隔棒 川藏电力联网飞越金沙江完成	王军 王静 廖玉良 童米	四川广播电视台
	电视消息	市长痛斥不作为：不要为我市长干	集体	绍兴广播电视总台
	电视消息	一道命令执行一生 一生使命屯垦戍边	刘晨 吕阳 陈成 金光磊	兵团广播电视台
	国际传播电视消息	怀化芷江首次对外公布日本投降原始视频	田连友 张继 滕健 谭仕光	怀化广播电视台
三等奖	文字消息	社区干部：能否少点“纸上文章”	杨超	宁夏日报
	文字消息	68 年前南京人民曾大力援助拉贝一家	许军 丁邦杰	金陵晚报
	文字消息	三一集团关联公司在美起诉奥巴马获胜	唐爱平	湖南日报
	文字消息	生死三代情 维汉一家亲	赵剑平 肖一沙	人民武警报
	文字消息	工商登记排长龙 持续半年未解决	刘熠 谢思佳	南方日报
	文字消息	水果湖派出所全国首创“拦截奖”	万勤 孙逊	武汉晚报
	文字消息	天津双街村成全国首个“微博村”	何会文 李玉峰	天津日报
	文字消息	人大代表卡汉拜有道“特色菜”	王高升 陈文	塔城日报
	文字消息	青海湿地面积居全国第一	魏金玉	西海都市报
	文字消息	迪力胡马尔成为海军首位维吾尔族女军官	鲁焰哈丽达·吾不力	新疆日报
	文字消息	七十二团带动周边地方乡镇融合发展	李秀蓉 张晓林	伊犁垦区报

续表

奖项等次	项目	作品名称	作者	刊播媒体
三等奖	广播消息	东莞打破户籍限制 近四万名外来工子女可享医保	廖唯方 田飞跃 曹雪皎 解冉锐	东莞广播电视台
	广播消息	放下锄头“种太阳”	刘旭斌 任颖丽 王红荣	山西广播电视台
	广播消息	我国新能源汽车首次出口美国	洪卫 吴蔚群 鲁捷	合肥市广播电视台
	广播消息	珍贵“国礼”眼角膜让中国患者重见光明	俞林榕 柯惠萍 郑珑 陈忠坤	厦门广播电视集团
	广播消息	吉林省档案馆新公布一批侵华日军档案	姜新 李佳星	吉林人民广播电台
	电视消息	区域通关一体化启动 企业通关成本降三成	王浩 史旷裔 王忠 李刚 高欣	天津广播电视台
	电视消息	贺军：一碗热粥 传递温暖	孙宁 吴成轩 谢程程	陕西广播电视台
	电视消息	我国首次取得东北虎渡江迁徙证据	杨建涛 王宇 李宁 蔚宝春	黑龙江电视台
	电视消息	广西好女孩撞了北京好大爷	施明华 唐瑞芳 陈华丽 唐周杰	广西电视台
	电视消息	一条求助微信唤来的爱心传递	李森 扎西玉措 肖海军 王跃华	西藏电视台
	电视消息	青海湖出现“龙吸水”奇观	集体	青海广播电视台
	电视消息	植树节：是植树 还是过节？	李文瑾 沈宇华	苏州广播电视台
	电视消息	公交司机姚静为乘客安危奔跑	吴瑶 汤鲁彬 罗萍	贵州广播电视台
	国际传播广播消息	塔州小朋友的中国梦——习主席同澳大利亚小学生的书信情缘	王潇 陈枫 李丛 Shane Bigham	中国国际广播电台

表 5 第二十六届中国新闻奖消息获奖作品目录

奖项等次	项目	作品名称	作者	刊播媒体
特别奖	电视消息	纪念中国人民抗日战争暨世界反法西斯战争胜利 70 周年大会在京隆重举行	集体	中央电视台
一等奖	文字消息	629 户人的藏乡走出 359 名大学生	徐中成	四川日报
	国际传播文字消息	中老缅泰湄公河联合巡逻执法成效明显	杨玺 李鹏飞 崔同江	边防警察报
二等奖	文字消息	我首批自主培养舰载战斗机飞行员拿到“海天通行证”	梅云龙	人民海军报
	文字消息	我区将加入丝绸之路海关通关一体化改革	常川	西藏日报
	文字消息	700 吨氰化钠已找到 尚未发生大范围泄漏	冯国梧	科技日报
	文字消息	中国新发射卫星有望揭开暗物质之谜	王聪 喻菲 吴晶晶	新华社
	文字消息	盐池县扶贫贷款零违约	沙新 连小芳 王玉平	宁夏日报
	文字消息	农民租飞机给农田喷药	李大川 赵赫男	吉林日报

续表

奖项等次	项目	作品名称	作者	刊播媒体
二等奖	文字消息	600 家店铺为拾荒阿婆攒纸箱	宋亮亮	海口日报
	文字消息	纪委收到贺卡拍案：顶风违纪，查！	杨宏斌 天纪轩	湖北日报
	广播消息	山东平邑“12·25”石膏矿垮塌事故第六天发现 8 名被困矿工 救援加速推进	王成林 刘华栋	中央人民广播电台
	广播消息	简政放权下级部门如何接得住	刘硕	上海广播电视台
	电视消息	黑龙江省规模最大合作社联社诞生	杨国栋 姜禹	黑龙江广播电视台
三等奖	文字消息	污水处理站建成三年未见一滴水	于丽爽	北京日报
	文字消息	榆林 860 万亩流沙全部得到治理	呼东荣 张富强	榆林日报
	文字消息	伊宁市推动建立各民族互相嵌入式居住结构	黄晶	伊犁日报
	文字消息	流失境外的 32 件珍贵文物回归甘肃	施秀萍	甘肃日报
	文字消息	国际黄金定价发出“中国声音”	张伟超	中国黄金报
	文字消息	浙江提前高标准消除绝对贫困	祝梅	浙江日报
	文字消息	邯郸在全国首创“闭合清欠”	郭东 赵晓清	河北日报
	文字消息	法治之手解开彩石山庄“死结”	张春晓 贾瑞君 吴允波	大众日报
	文字消息	湖北鄂州盘活腾退超标办公用房	雷宇	中国青年报
	文字消息	把七千多人信息装在脑子里	耿建扩	光明日报
	文字消息	政府买保险为甬城装上“安全阀”	杨静雅 杨绪忠	宁波日报
	文字消息	12 元高温津贴竟被克扣 9 元	张翀	工人日报
	广播消息	兄弟，我们一起上去	夏晓青 张瑞芳 宋丽娟 刘征	湖北广播电视台
	广播消息	福建向金门供水工程今天开工 两岸共饮一江水指日可待	陈东培 陈琪 赵星	福建广播影视集团
	电视消息	鹤舞高原描绘美丽画卷 我区成黑颈鹤“越冬乐园”	景美蓉 顿珠 多吉仁青	西藏电视台
	电视消息	山水画换进度表 优劣公开晒排名	张敬民 段瑞忠 官炜 祁朝晖	山西广播电视台
	电视消息	上海：完成世界首例“废弃肝脏救治肝病患儿”手术	霍云 竺仪鹰	上海广播电视台
	电视消息	【湖北荆州 7·26 手扶电梯事故追踪】事发前 5 分钟商场监控视频曝光	佘利霞 王伟超 王波涛	中央电视台
	国际传播电视消息	“芷江受降”彩色照片首次公布	刘水华 谭仕光	怀化广播电视台
	国际传播文字消息	全国首个中缅货币兑换中心落户瑞丽	杨雪梅	德宏团结报
	国际传播文字消息	China，US work to clear legal hurdles（中美两国联手合作清除法律障碍）	张琰	中国日报

表 6 第二十七届中国新闻奖消息获奖作品目录

奖项等次	项目	作品名称	作者	刊播媒体
特别奖	电视消息	习近平在青海考察时强调 尊重自然顺应自然保护自然 坚决筑牢国家生态安全屏障	集体	中央电视台
一等奖	文字消息	1 445 种全新病毒科被发现	金振娅	光明日报
一等奖	文字消息	折翼海天，用生命为航母事业铺路	徐双喜 陈国全	解放军报
	广播消息	惊心动魄 160 分钟——首次揭秘“长五”推迟发射	张棉棉 丁飞 马喆 吴媚苗	中央人民广播电台
	广播消息	速度与激情：“中国标准”动车组成功通过时速 420 公里高速交会试验	蒋凯香 马松林 殷洁	中国国际广播电台
	电视消息	中国笔王贝发小笔尖大制造 杭州 G20 元首笔撬动高端市场	廖建斌 闫全 董寅寅 陈旭	宁波广电集团
	国际传播文字消息	Putin eyes closer partnership with China（普京接受新华社社长独家专访 表示期待打造更紧密俄中伙伴关系）	蔡名照	新华社
二等奖	文字消息	武城农民率先持证带“权”进城	杨学莹 张宇鸿 王涛	大众日报
	文字消息	4 亿元科研“替代经费”无奈沉睡	刘天纵 张茜 彭一苇	湖北日报
	文字消息	“亲清八条”构建新型政商关系	黄碧云	佛山日报
	文字消息	一项研发将淘汰充电器	陈璟（陈景）	长春日报
	文字消息	让干部放手放胆干事创业	孟兴	天津日报
	文字消息	环境执法“牙齿”越来越硬	曹红艳	经济日报
	文字消息	深夜挨户敲门寻找 救下昏迷夫妇	彭放 杨芳	长沙晚报
	广播消息	工业废料改良盐碱地技术施用获成功 新疆亿亩盐碱地有望变良田	宗晓莉 杨柳	石河子人民广播电台
	广播消息	钢铁侠创造新奇迹	王越 李静 陈志强 朱春媛	青海广播电视台
	广播消息	“中蒙俄国际道路货运试运行活动”在天津港启动	王潇颐	天津广播电视台
	电视消息	“FAST 之父”南仁东：22 年坚持 铸就大国重器	郭裕娇 曾明 黎露佳 时小千	贵州广播电视台
	电视消息	湖北实施退湖还湖“第一爆” 梁子湖的牛山湖成功实施破垸分洪	集体	湖北广播电视台
	电视消息	方家大院的中国年	谢永芳 付忆静 赵洪潭 程小刚	江西广播电视台
	国际传播文字消息	Chinese netizens help boy in US with cancer realize his dream（中国网友助美国癌症男孩圆梦）	赵欣莹	中国日报
	国际传播广播消息	布哈里：尼中都有加强双边合作的强烈意愿	徐璟 Saminu Alhassan 陈利明 袁奇	中国国际广播电台

续表

奖项等次	项目	作品名称	作者	刊播媒体
三等奖	文字消息	研究生在陇县当羊倌 瞄的是世界市场空白	杨楠	宝鸡日报
	文字消息	引江济淮为候鸟调整方案	刘旸 项磊 刘建昌	新安晚报
	文字消息	封存公章六十枚 办照仅需一小时	白昕	沈阳晚报
	文字消息	36 年“捡”出一座图书馆	吴晓铃	四川日报
	文字消息	一线代表“接力”建言：艰苦岗位津贴免征个税	李瑾 罗娟	工人日报
	文字消息	纳税失信 306 人被取消参选资格	集体	中国税务报
	文字消息	我市公布首批 11 个 “蜗牛奖”事项	叶桂华	泰州日报
	文字消息	梁平率先在全国试点退出承包经营权	张国勇 罗成友	重庆日报
	文字消息	菲南海仲裁案所谓最终裁决公布 中方强调不接受不承认	刘芳 甘春	新华社
	文字消息	普光气田技术输出国外看好国内遇冷	李忠宇 仇国强 薛相才	中原石油报
	文字消息	Manila urged to put aside upcoming ruling（消息人士呼吁菲方搁置即将公布的仲裁结果 称中方不会基于裁决重启涉争议谈判）	张陨璧 吴姣	中国日报
	文字消息	海军组织航母编队实际使用武器演习	刘文平 蒲海洋	人民海军报
	广播消息	重温初心再出发	唐佳菲 邸玉玲 那其灼	辽宁广播电视台
	广播消息	北京现代沧州工厂首车下线	吴思妤 王凌艳 高茜 徐炜昀	沧州广播电视台
	广播消息	芙蓉社区废弃自行车变“帮帮快车”	雷艳飞 黄春元	长沙人民广播电台
	广播消息	中国最高法院宣判“乔丹”商标争议案 损害姓名权的 3 件“乔丹”商标应予撤销	乔全兴 台林珍 何凌飞	中国国际广播电台
	电视消息	重庆交大：破解沙子土壤化密码 沙漠有望变绿洲	毛林涛 蒲克	重庆广播电视集团（总台）
	电视消息	36 天生死营救 平邑矿难 4 名被困矿工成功升井	高昌洁 高杰 韩苗苗 孙国栋	山东广播电视台
	电视消息	有机种植：为了明天 回到昨天	杨国栋 孙鹏 顾芳 张晓光	黑龙江广播电视台

表 7　第二十八届中国新闻奖消息获奖作品目录

奖项等次	项目	作品名称	作者	刊播媒体
一等奖	文字消息	习近平首次沙场阅兵 号令解放军向世界一流军队进发	李宣良 王玉山	新华社
	文字消息	创造港珠澳大桥的“极致”	陈新年 廖明山	珠江晚报
	广播消息	拥抱新时代，担当新使命——习近平参加党的十九大贵州省代表团审议侧记	马闯 刘乐 刘会民 赵雪花	中央人民广播电台
	广播消息	福州市民为钓鱼岛自古就属于中国又添铁证	刘学 阮怡 赵林 阮娜	福建省广播影视集团

续表

奖项等次	项目	作品名称	作者	刊播媒体
一等奖	电视消息	习近平在瞻仰中共一大会址时强调 铭记党的奋斗历程 时刻不忘初心 担当党的崇高使命矢志永远奋斗	集体	中央电视台
二等奖	文字消息	苍南叫停大渔湾围垦工程	沈建波 施力维 胡丹	浙江日报
	文字消息	收养脑瘫儿 14 年 环卫工夫妇感动众人	宋雨	三秦都市报
	文字消息	安徽阜南 8 275 名学生今年“回流”乡镇学校	王磊	中国青年报
	文字消息	35 名贫困村第一书记申请留任	夏海军	安徽日报
	文字消息	等不是办法，干才有希望	张帆 徐元锋	人民日报
	文字消息	井冈山在全国率先脱贫“摘帽”	刘勇 郑颖	江西日报
	文字消息	寸土寸金地 让与贫困户	刘勇 张尚武 肖玉泉	湖南日报
	文字消息	省政府首次提起环境公益诉讼	杭春燕	新华日报
	广播消息	世界首条量子通信干线今天正式开通	徐洋（黄学林）程蕾 任荣荣 王雷	安徽广播电视台
	广播消息	再见，天意市场	张煜	北京广播电视台
	电视消息	一张规划图调整的背后	集体	天津广播电视台
	电视消息	我国实现世界首次洲际量子通信	陈杰 刘鑫 帅俊全 付海亮	中央电视台
	电视消息	海尔：全球家电巨头的小微化转型	刘仁超 陈琛 伊力	山东广播电视台
	国际传播文字消息	诺奖得主尤努斯精准扶贫到河南	郭戈	河南日报
	国际传播电视消息	Uncertainty clouds China-US ties （笼罩中美关系的不确定性）	陈卫华	中国日报美国版
三等奖	文字消息	6 张“停工通知书”咋管不住 1 个违法项目？	胡小峰 余嘉熙	工人日报
	文字消息	云南发布全国首个省级生物物种红色名录	胡晓蓉	云南日报
	文字消息	乌兰察布攻克“四虫两病” 防治世界性难题	薛来	内蒙古日报
	文字消息	河池脱贫经验“出口”亚非国家	龙隆	河池日报
	文字消息	两位诺奖得主将在沪拿“中国绿卡”	俞陶然	解放日报
	文字消息	青海产光纤一年可绕地球 325 圈	周建萍	西海都市报
	文字消息	普光气田为长江经济带注入绿色动能	刘传波 王瑞	中原石油报
	文字消息	千万“活鱼”搅活广东市场	刘倩 黄应来	南方日报
	文字消息	国产煤制油核心技术装备 逆袭国际市场	王建君	神华能源报
	文字消息	安吉九成村庄用上城市物业	李晓俊 王炜丽 俞乐斌	湖州日报
	文字消息	Nation launches mighty new ‘island-maker’（中国性能强劲的新型“造岛神器”下水）	赵磊	中国日报

续表

奖项等次	项目	作品名称	作者	刊播媒体
三等奖	文字消息	炎黄的祖先不是来自非洲	陈炜 赵慎珠 温小娟	河南日报
	文字消息	我省以电代煤“放大招”	杨悦	吉林日报
	广播消息	新疆玛湖地区发现全球最大砾岩油田	张佳佳 王菲 张采频 丰志辉	克拉玛依人民广播电台
	广播消息	四川达古冰山景区 全国首例网友定票价	易军 李红 王思睿	四川广播电视台
	广播消息	美中贸易全国委员会报告驳斥有关美中贸易的不实之词	吕晓红 高玉杰 康炘冬	中国国际广播电台
	广播消息	全国首家互联网法院落户杭州	袁奇翔 徐锦萍 何冰倩	浙江广播电视集团
	广播消息	扭亏践诺，“钢铁长子” 完成总书记考卷	杨勇 裴晓华	鞍山广播电视台
	电视消息	云南首例因辍学“官告民”案在怒江兰坪县审理	李春珍 严正华 和倩 熊羽 李娟	怒江广播电视台
	电视消息	吐逊古·黑力力：一步一步朝着梦想前进	郭惠婷 葛红霞 相华 邹正海 高景垒	兵团广播电视台
	电视消息	“一户一马”？ “一户一码”！	韦良成 陈宁 杨世友 郑妮	黔南广播电视台
	电视消息	中国青海可可西里申遗成功 成为我国面积最大的世界自然遗产地	李焱 张晓巍 杨惠瑾 魏文婷 戴建勋	青海广播电视台
	电视消息	外国使节神山村里探寻中国脱贫经验	谢永芳 赵洪潭 付忆静 聂运筹 王敏	江西广播电视台 吉安广播电视台
	国际传播广播消息	十一世班禅额尔德尼·确吉杰布向海内外藏族同胞致以藏历新年祝福（藏语）	集体	中央人民广播电台
	国际传播文字消息	China to jump supercomputer barrier（中国突破超级计算机技术壁垒）	张之豪 张敏	中国日报

表 8 第二十九届中国新闻奖消息获奖作品目录

奖项等次	项目	作品名称	作者	刊播媒体
特别奖	电视消息	习近平同金正恩举行会谈	集体	中央电视台
一等奖	文字消息	23 年圆梦，福建晋江水流进金门	刘益清 吴洪 刘深魁	福建日报
	文字消息	浙江为“最多跑一次”改革立法 审议通过全国“放管服”改革领域首部综合性地方法规	翁浩浩 何双伶	浙江日报
	广播消息	日本前首相福田康夫参观侵华日军南京大屠杀遇难同胞纪念馆	王小燕 齐鹏 王玉清 王悦	中央广播电视总台 中国国际广播电台
	广播消息	农民在国新办新闻发布会上唱主角——首个“中国农民丰收节”中外记者见面会	崔铁宁 申佳	邢台广播电视台

续表

奖项等次	项目	作品名称	作者	刊播媒体
一等奖	电视消息	问政现场：书记递上小纸条	郭小容 田园 胡芳 刘庆志	湖北广播电视台
	电视消息	《南京市国家公祭保障条例》是怎样炼成的	罗聪懿 张正 杨时盛 李栋	江苏广播电视总台
	国际传播电视消息	中东沙漠种植中国海水稻获成功	韩信 李化成 孙国栋 郭静	山东广播电视台
二等奖	文字消息	蓝田发现迄今为止中国最早的人类活动痕迹	郭青	陕西日报
	文字消息	我科学家刷新暗物质探测灵敏度	邓晖	光明日报
	文字消息	新疆最长铁路桥合龙贯通 台特玛湖特大桥建设不留一点垃圾在湖区	陈蔷薇	新疆日报
	文字消息	苏明娟设立助学基金传递“希望”	陈牧 夏丽霞	新安晚报
	文字消息	农民卞康全一家三代守护五条岭烈士墓 70 余载 收集 836 名烈士资料 替 98 名烈士找到亲人	孙凤志 王谷雨	盐阜大众报
	文字消息	卫计委主任“转岗”社区家庭医生	左妍	新民晚报
	文字消息	让千年大运河只留下遗产不留下遗憾 沧州市区运河两岸 2.8 万亩土地不做商业开发	王晓东 戴绍志 王雅楠	河北日报
	广播消息	218 国道建设为粉红椋鸟安心繁育停工 1 个月	李燕 李永升 朱德佳	伊犁人民广播电台
	广播消息	“地壳一号”万米钻机：伸向地球的望远镜	王曼 张文汇 夏禹祥	吉林广播电视台
	广播消息	浙江改革职业农民职称评审 首批 49 位新型职业农民评上	涂希冀 李振阳	浙江广播电视集团
	电视消息	“棉花姑娘”们收获新喜悦	陈建新 王磊 滕晨晨 孙亮 王永年	济南广播电视台
	电视消息	驾驶舱玻璃高空脱落 川航客机安全备降成都	王琰 李景良 顾婕 邓绍希 李明泽	四川广播电视台
	电视消息	张榜之后	集体	天津海河传媒中心
	电视消息	江西余江：“1 元门诊” 免费医疗	张龙 易义华 揭恒旺 冯安琪 付忆静	江西广播电视台
三等奖	文字消息	9 天，216 小时，青海改写世界纪录	魏金玉	西海都市报
	文字消息	封井 284 口 只为普氏野马跑得欢	宋鹏 周林 边旭	中国石油报
	文字消息	我国市场主体总量突破亿户	李晶 黄鹏	中国市场监管报
	文字消息	芬兰“美卓”在华被侵权获顶格赔偿	余东明	法制日报
	文字消息	17 名教师同出一家 40 年培养万名山娃	范文龙 李彦水	石家庄日报
	文字消息	小岗村集体首次给 4 288 位村民分红	史力	安徽日报
	文字消息	城市规划“不折腾” 开发建设“不滥权” 玉山一张规划图“接力”35 年	黄颖 郑荣林	江西日报

续表

奖项等次	项目	作品名称	作者	刊播媒体
三等奖	文字消息	丰满水电站原大坝开始爆破拆除	高海峰	江城日报
	文字消息	学分不达标，华中科大 18 名本科生变专科生	杨佳峰 王潇潇	武汉晚报
	文字消息	纪念马克思诞辰 200 周年的一份珍贵献礼 马克思原始手稿国内首次亮相	顾星欣 杨频萍	新华日报
	文字消息	13 名军长首次接受战役指挥能力大考	钱晓虎 李大勇	解放军报
	文字消息	望城探索宅基地资源跨村配置	刘勇 李泰卢 叶剑楠	湖南日报
	广播消息	宁夏平罗纪委“带温度”回访教育，重新点燃受处分党员干部工作热情	郭长江 许新霞 徐升 石竹林	宁夏广播电视台
	广播消息	清水塘老工业区产能全面关停开启株洲发展新空间	陈庆 杨智 邱浩	株洲市广播电视台
	广播消息	天坛医院完成全球罕见手术 脑瘤患者保留三种语言能力	韩萌	北京广播电视台
	电视消息	三江源国家公园惊现 70 余只野生白唇鹿渡江奇观	任龙祥 冷程 齐培福	青海广播电视台
	电视消息	阿卜杜许库尔·果加木尼亚孜：我家脱贫了	郭惠婷 李亚军 幕进军	兵团广播电视台
	电视消息	为了一位客户 政府组团服务	杨国栋 朱茱 李今龙 陈强	黑龙江广播电视台
	电视消息	“与死神赛跑”的 120 秒	郭明航 吴滨 支岩 刘彤	辽宁广播电视台
	电视消息	见证历史性时刻：扫雷官兵牵手蹚过雷场	张麟 卢朝学	文山广播电视台
	电视消息	珲春：“稀客”访农家 小豹成“网红”	丛龙静 任广岩 吴冬 袁亦芳	吉林广播电视台
	电视消息	诸暨：请来的“洋专家”又走了 “退出机制”动真格	邵一平 杨川源 许勤 胡正涛	浙江卫视
	国际传播广播消息	福建首张台湾居民居住证今天在福州核发	叶军民 黄守明 蓝松祥 郭福佑	福建广播影视集团

表 9 第三十届中国新闻奖消息获奖作品目录

奖项等次	项目	作品名称	作者	刊播媒体
一等奖	文字消息	习近平：我将无我，不负人民	杜尚泽	人民网官方微信公众号
	文字消息	告别“同命不同价”！	董柳 陈虹伶 王静	羊城晚报
	广播消息	5G 技术助力国产机器人完成全球首场骨科实时远程手术	韩萌	北京广播电视台
	广播消息	云南开出全国首张区块链电子冠名发票 智慧旅游继续领跑全国	章婷	云南广播电视台
	电视消息	习近平出席庆祝人民海军成立 70 周年海上阅兵活动	张伟 冀惠彦 徐少兵 步晓强 李斌	中央广播电视总台
	电视消息	贺兰山生态环境整治后 大批野生动物重回家园	张春华 牛大力 高凌	宁夏广播电视台
	电视消息	新型大马力国产犁打破国外进口垄断	仲辉 吕阳 陈成	兵团广播电视台

续表

奖项等次	项目	作品名称	作者	刊播媒体
二等奖	文字消息	城乡居民同病同保障	夏胜为 田婷	安徽日报
	文字消息	丽水发布全国首份村级GEP核算报告 1.6亿元！这个村的绿水青山“有价”	翁浩浩 聂伟霞 暴妮妮	浙江日报
	文字消息	老外在机场教训激进示威者：香港属于中国，你该去找个工作	付国豪 崔天也	环球网
	文字消息	海文大桥没路灯照明？省交建局解释：避免灯光太亮导致候鸟撞灯杆 赞！这座桥为保护越冬候鸟装矮灯	邵长春 张璐	海南日报
	文字消息	（时政）革命圣地延安告别绝对贫困	沈虹冰 梁娟 陈晨	新华社
	文字消息	把“放管服”变“管卡压” 甘肃省人社厅任性用权被问责处理	梁军	新华社
	文字消息	以陕北为核心的黄土高原地区成为全国连片增绿幅度最大地区	王永锋 赵侠	陕西日报
	广播消息	山东能源肥矿集团梁宝寺能源公司“11·19”火灾事故11名矿工安全升井	刘华栋 王成林	中央广播电视总台
	广播消息	武钢一号高炉永久停炉 将作为国家工业遗产整体保留	刘爽 刘征	湖北广播电视台
	广播消息	中俄首座公路跨境大桥成功合龙	韩天 刘天宇 牟维宁 张立波	黑龙江广播电视台
	电视消息	郑渝高铁郑襄段 郑阜高铁 京港高铁商合段 三条高铁今天同时开通运营	史博翰 苏利超 张丽娟 李庆宇	河南广播电视台
	电视消息	同穿“一双鞋”的好兄弟	杜毅 丰志辉 黎子嘉 萨拉姆·麦麦提 李琳	克拉玛依广播电视台
	电视消息	95岁战斗英雄张富清 深藏功名60余载	岑卓 吴皓 屠赟涛 王珣 全晟	湖北广播电视台
	电视消息	革命老区延安实现整体脱贫	王新宇 郑原 樊鹏 李志 张武辉	陕西广播电视台
三等奖	文字消息	实现西藏一张网的阿里与藏中电网联网工程开工——38万农牧民将告别“电荒”	唐启胜 王雅慧	西藏日报
	文字消息	昔日摆床堆柴禾 今朝架设光伏板 吐鲁番房顶之变乐百姓	闫俊	吐鲁番日报
	文字消息	自强巷65号楼外墙粉刷只刷临街两面 居民：民心工程还是面子工程？	李锦	宁夏日报报业集团
	文字消息	中国科学家首次证实临界冰核的存在	陆成宽	中国科技网
	文字消息	8院士参与深圳保障房建设	丁时照 李秀瑜	深圳商报
	文字消息	我科学家首次实现高维度量子隐形传态	常河	光明日报
	文字消息	电动汽车充电便利 车主告别“续航焦虑”	王颂	国家电网报
	文字消息	96家院士专家工作站被摘牌	朱建华 陈洁	长江日报
	文字消息	兰考“焦桐”意外长成“摇钱树”	李忠峰	中国财经报

续表

奖项等次	项目	作品名称	作者	刊播媒体
三等奖	文字消息	“这两天是哪天？今天还是明天？”凉山易地扶贫搬迁工作调度会辣味足	侯冲	川报观察
	文字消息	90后士兵杜富国以雷场壮举作答时代之问	张永红 李大勇 张首伟	人民陆军报
	文字消息	群众呼声放心上“关键小事”抓到底 全省百万家庭“三点半难题”得解	马利 董琳烨	河北日报
	文字消息	沂蒙老区驶出首班“复兴号”	常青	大众日报
	文字消息	重要里程碑！哈工大教授破解“T细胞”世界之谜	衣春翔 赵一诺	黑龙江日报
	文字消息	回乡大学生三项发明为800多牧户节省1亿元	苏日嘎拉图	锡林郭勒盟日报
	广播消息	世界上首个集风、热、调、荷一体的多能互补科技创新项目建设完成	刘革平 李瑾 鲜青华 马彩萍	格尔木市融媒体中心
	广播消息	牢记总书记重托，挺起中国装备制造业脊梁！徐工自主研制的全球最大吨位全地面起重机首吊成功	李婷婷 柳亦刚 陈永峰 臧静茹	徐州广播电视台
	广播消息	163份留下来的初心与使命	龚小娟 王重锴	江西广播电视台
	广播消息	小橱窗里有“乾坤”	陈振国 郑兆富 许娟 齐方	济南广播电视台
	广播消息	脱贫后的“烦恼”	任静 于文文 申晨	湖南广播电视台广播传媒中心
	电视消息	夫妻实现“六年前的约定”让八人重获“新生”	朱韶栋 何晁 韩涛 邵猛 孙军涛	石家庄广播电视台
	电视消息	“海上巨无霸”交付巴西 “中国制造”加速走向世界	袁丹 王晋 徐建 李巍	青岛市广播电视台
	电视消息	实证中华5 000年文明史 良渚古城遗址申遗成功	周文 张楠 黄利伟 李阳	浙江广播电视集团
	电视消息	三江源首次拍摄到黄喉貂生活画面	曹民锴 雅格·多杰 马秀花 桑斗	班玛县广播电视台
	电视消息	火情危急！19岁小伙用吊车救出14人	李慕寒 卢小可（芦小可）尚冬梅	辽宁广播电视台
	电视消息	HONG KONG UNREST：Protesters set fire to PLA garrison and government offices（香港暴力升级现场追踪报道）	沈小蒙 徐兆群 葛云飞 梁启鹏	中央广播电视总台
	电视消息	《感同身受》：这首歌为和平而唱	姜超楠 俞铭义 郭锴峰 杜震宇 郭艺	江苏省广播电视总台
	电视消息	“人退猴进” 和谐共生	赖秋羽 梁家鸿 宋永杰 蓝茁赫	广西广播电视台
	国际传播文字消息	一个朋友引来五个朋友	张依盟	大众日报海外版（北美版）

表 10 第三十一届中国新闻奖消息获奖作品目录

奖项等次	项目	作品名称	作者	刊播媒体
一等奖	文字消息	从“暂停”到“重启”：武汉解除离汉通道管控	唐卫彬 李鹏翔 胡喆	新华社
	文字消息	湖北新冠肺炎新增病例首次零报告	集体	湖北日报
	文字消息	我国最后一个不通公路的建制村车路双通 滴滴！阿布洛哈村来车了	梁现瑞 王眉灵 王代强	四川日报
	广播消息	全国首个！浙江为数字经济立法	王娴 涂希冀 叶澍蔚	浙江之声
	广播消息	东丽中学家属院唯一公厕为“迎检”被街道强拆，居民“内急”成难题	马晓萌 刘倩	天津海河传媒中心
	电视消息	陈立群的最后一次家访：即使拄着拐杖也要来关心台江的教育	杨川源 孙汉辰 王西 王鑫 叶欢娜	浙江卫视
	电视消息	吉林首次遭遇台风三连击 “梨树模式”扛住了	薄凯文 吴晓昕 张傲然 毕可佳 李永飞	吉林广播电视台
二等奖	文字消息	复兴号奔向“未来之城”	李蓉	《人民铁道》报业有限公司
	文字消息	除夕夜，陆海空三军军医大学医疗队紧急出征驰援武汉	集体	中国军网
	文字消息	钟南山院士：疫情首先出现在中国 不一定发源在中国	陈亮 孙唯 陈玉霞	羊城晚报
	文字消息	我国所有贫困县全部脱贫	侯雪静	新华社
	文字消息	推出“好差评”，所有实名差评均已回访整改 上海“一网通办”迈向“一网好办”	刘士安 谢卫群	人民日报
	文字消息	降低干部舒适度 提升群众满意度 盐城：政府机关用电要为中小学教室“让路”	李超	中国青年报社
	文字消息	（肩）16 年一以贯之走生态发展之路，率先通过国家试点验收（主）浙江，全国首个生态省	陈文文 王世琪 郑亚丽	浙江日报
	广播消息	祖国大陆距台湾最近铁路通车	杨陆海 洪媛媛 陈真 强若诗	福建省广播影视集团
	广播消息	黑龙江粮食产量实现“十七连丰”	牟维宁 王伟 丛志成 陈潜	黑龙江广播电视台
	广播消息	资溪“两山银行”：存储“绿水青山” 收益“金山银山”	危志娟 姜萍 周嫣婷	抚州市广播电视台
	电视消息	一墙之隔 两种景象	赵洪潭 易义华 高磊 张晓琪 杨汉青	江西广播电视台
	电视消息	写信告诉总书记：我们毛南族脱贫了！	集体	广西广播电视台
	电视消息	新疆第三条沙漠公路建设与环保“同行”	郭惠婷 李亚军 陈成 潘玉	新疆生产建设兵团广播电视台
	电视消息	成功了！珠峰高程测量登山队今天登顶	集体	中央广播电视总台（央视）

续表

奖项等次	项目	作品名称	作者	刊播媒体
二等奖	国际传播文字消息	清零！中国所有贫困县脱贫	周而捷 胡星 向定杰	新华社
	国际传播文字消息	Economists expect GDP to return to growth in Q2（中国经济有望强劲复苏，二季度GDP或由负转正）	李想	中国日报
	国际传播电视消息	青海玉树：罕见雪豹妈妈 岩洞中哺育幼崽	陈新云 谢荣 张玲	青海广播电视台
三等奖	文字消息	超历史大洪水之年白鹤依然舞鄱湖 白鹤“娘家人”激动地流下泪水：“它们在这里生活得很好”	刘勇 宋思嘉	江西日报
	文字消息	“九章”问鼎全球最快计算机	陈婉婉	安徽日报
	文字消息	“世界屋脊的屋脊”通了大网电	田雪乔 索朗多吉	国家电网报
	文字消息	战斗在曾祖父殉国的土地上	王亮 赵乃政 粘青	吉林日报社
	文字消息	37秒生死抉择彰显大爱忠诚	许毅 房磊磊	空军报
	文字消息	昔日围着锅台转 今天握上方向盘 墨玉县一村庄95名妇女考驾照	刘东莱	新疆日报
	文字消息	云南80万毫升爱心血液驰援湖北	党晓培 普建彬 李秋明	云南日报
	文字消息	姐弟俩放下35张钱共300元留下一封信转身离开，“武汉只是生病了……”	姬娜	秦闻 App
	文字消息	32岁的“高工”笑了！甘肃214人通过“绿色通道”晋升高级职称	魏娟 王梓懿	甘肃日报客户端（新甘肃客户端）
	文字消息	河北：全国首部反对餐饮浪费地方性法规今起实施	赵娇莹 张登峰 王日成	长城网
	文字消息	西藏历史性消除绝对贫困	潘璐 刘芳	西藏日报社
	文字消息	跨越80多年的守望相助！南京捐赠抗“疫”物资驰援拉贝后人	田梅 黄欢	交汇点新闻客户端
	文字消息	“中国第一位个体工商户”精彩蝶变 以民营企业家章华妹命名的市场昨开业	王若江 方温力 王亮	温州晚报
	文字消息	查处形式主义官僚主义问题数据首次公布	毛翔	中国纪检监察报
	广播消息	28个“临时妈妈”，谢谢你们！	罗苏	广东广播电视台
	广播消息	范登铅捐船	李伟 赵婧 彭寿熙	山东广播电视台
	广播消息	郭建雄种植“黑金刚”成“网红”	郭佳 张炜 张旭 史小美	固原市新闻传媒中心
	广播消息	中国首宗成功交易的雨水资源正式投入使用	钟林 于红臣	湖南广播电视台广播传媒中心
	广播消息	别了，方舱！	向秀 刘爽	湖北广播电视台
	电视消息	最暖心的延误：推迟8小时 厦门航空顺利接回96名中国同胞	孙茜 姚婕 庄冠俊	厦门广播电视集团

续表

奖项等次	项目	作品名称	作者	刊播媒体
三等奖	电视消息	藏族老阿妈阻击疫情的三件事	云梅 丁增 次仁多吉 拉巴平措	西藏广播电视台
	电视消息	量子计算原型机“九章号”在中国诞生 运算速度世界第一	方田 凌和平	安徽广播电视台
	电视消息	甘肃科技为月面五星红旗添上浓墨重彩的一笔	孙亮 赵宏杰	甘肃省广播电视总台
	电视消息	贫困人口最多的贵州省今天整体脱贫 全国所有贫困县摘帽	集体	贵州广播电视台
	电视消息	记者探访育民小学：教学正常 部分学生完成核酸检测	张平 田立 孟小曼 游勇超	中国教育电视台
	电视消息	小西湖里的别样团圆	周茉莉 姚翔 张博阳 张心宇	南京广播电视台
	国际传播广播消息	Bw. Guterres aitaka jumuiya ya kimataifa kuimarisha ushirikiano na kuisaidia China kupambana na virusi vya korona （联合国秘书长呼吁国际社会加强合作，杜绝歧视，助力中国战胜疫情）	彭睿 Ronald Mutie 李宏 夏文娴	中央广播电视总台（国广）
	国际传播电视消息	一墙一洞一“熊掌” 治愈系咖啡店背后的暖心故事	蔡晨艺 吴骥 蒋文越 孙启萌 汪晓	FOX

后 记

新闻写作能力是很多高校新闻院系重视的一项核心能力，以往通常将写作报道类课程分为《采访学》《消息写作》《通讯写作》《深度报道》等几门课程，按照媒体不同分得更细的还有《广播电视采访与写作》《融媒体报道》等课程。在教学实践中，笔者深感将《采访学》和其他写作课程单独分开，有些不方便。采访课如果不和写作课结合起来，采访的训练就无从检验，没有落脚点。写作课不和采访课结合，写作徒流于文字形式，不符合新闻报道从现实取材的客观实际。因此笔者将《采访学》与《消息写作》合为《新闻采写基础》一门课。

作为其他写作报道类课程的基础课，采访部分涉及的原理和技巧是有普遍性的，而消息写作部分相对于通讯写作和深度报道来说，不仅框架简单，篇幅小，最主要是蕴含着大众传播、效率传播、附加值传播等新闻思维，这点即便在广电媒体和新媒体写作当中，也是一以贯之的。

在实际教学中，作为基础写作的消息写作，是基础但不简单：比如要与学生的写作惯性相抗衡，他们往往不能区分报道与评论，习惯用议论代替陈述。他们习惯首尾照应，起承转合，不大适应运用跳笔。他们喜欢从头细说，娓娓道来，不擅长将新闻点一语道出。他们不善于取舍，喜欢在报道中展现自己的采访行踪。他们的思维习惯中，往往渗透着文学写作、私人化写作的影子，写作时心中缺乏受众的形象。消息写作是一种有新闻点，有效率的对象化写作，是一种公共写作。学生需要在和自己写作惯性的抗衡中，在逐步的训练中才能真正确立新闻思维。本书的部分章节在这方面试图做出一点努力。

本书的另一位主编田颂云老师，是《广播电视采访与写作》课的讲授者。本书由黄晓军、田颂云商讨后列出写作大纲，达成共识：在内容上注重采写的基础性，在分类新闻写作方面只列出“事件性”和“非事件性”，以简驭繁，同时也注意到新媒体新闻的采写，为融媒体报道或融合新闻类课程提供准备知识。本书采访部分由田颂云写作并把关，写作部分由黄晓军写作并把关。

本书在成书过程中要感谢我的一些研究生辛苦的付出，他们写出了部分初稿并进行了简单的校对。第一章、第二章（杨艺苗、严雅雯），第三章、第四章（李淑娴、张璐）、第五章、第六章（刘聪、周学江）、第七章、第八章（贾丽娟、张玉芹），第九章、第十章（田森杰、彭朝旭、张艺馨）、第十一章、第十二章（沈雯、朱欣、石铃萍）。

本书引用了不少新闻作品，还参考了部分媒体从业者的经验总结和一些学者的研究成果，限于篇幅，不一一列出，在此向作者及其单位一并致谢！

感谢南昌大学新闻与传播学院，值百年校庆之际，推出“薪传书系”，本书名列其中，与有荣焉。还要感谢中国传媒大学出版社的裴向敏编辑，她耐心细致、沟通及时，认真负责，本书得以顺利出版！

黄晓军于南昌梅岭

2021 年 4 月

图书在版编目（CIP）数据

新闻采写基础 / 黄晓军，田颂云编著. -- 北京 :中国传媒大学出版社，2021.9（2025.5 重印）
新闻学与传播学“十四五”规划教材. 案例型系列教材
ISBN 978-7-5657-2953-9

Ⅰ. ①新… Ⅱ. ①黄… ②田… Ⅲ. ①新闻采访—教材 ②新闻写作—教材
Ⅳ. ①G212

中国版本图书馆CIP数据核字(2021)第105856号

新闻学与传播学“十四五”规划教材·案例型系列教材
新闻采写基础
XINWEN CAIXIE JICHU

编　　著	黄晓军　田颂云
策划编辑	裴向敏
责任编辑	裴向敏
封面设计	拓美设计
责任印制	李志鹏

出版发行	中国传媒大学出版社		
社　　址	北京市朝阳区定福庄东街1号	**邮　　编**	100024
电　　话	010-65450532　65450528	**传　　真**	65779405
网　　址	http://cucp.cuc.edu.cn		
经　　销	全国新华书店		

印　　刷	北京中科印刷有限公司
开　　本	787mm × 1092mm　1/16
印　　张	16
字　　数	389千字
版　　次	2021年9月第1版
印　　次	2025年5月第3次印刷

书　　号	ISBN 978-7-5657-2953-9	**定　　价**	58.00元

本社法律顾问：北京嘉润律师事务所　郭建平